जाट बलिदानी

JAT SACRIFICIAL

रनवीर सिंह

समर्पण

भारतवर्ष के आजादी अमृत महोत्सव पर्व पर उन सभी शहीदों को समर्पण
जिन्होनें अपना वर्चस्व देश के लिए नौछावर किया था ।

क्रम-सूची

प्रस्तावना

प्रस्तावना
जाट बलिदानी

दिनांक 13,14 और 15 अगस्त 2022 को घर - घर तिरंगा के साथ आजादी का अमृत महोत्सव मनाया गया। अमृत महोत्सव देश की आजादी (15 अगस्त 1947) के 75 वर्ष पूरे होने के उपलक्ष में मनाया गया। ऐसे अवसर पर देश की आजादी के पूर्व की स्थिति एवं उस संघर्ष के बलिदानियों की कहानियों पर चर्चा होना स्वाभाविक ही है। विशेषकर सन् सत्तावन (57) अर्थात सन 1857 से लेकर सन 1947 तक का 90 वर्ष का समय अपने आप मे मायने रखता है। बचपन की कविता - चमक उठी सन सत्तावन में वह तलवार पुरानी थी, आदि बरबस ही याद आती हैं। उस समय का बलिदान तो अमर ही रहेगा। फिर भी दिल्ली के आसपास के क्षेत्र विशेषकर जाट जाति का बलिदान अतुल्यनीय है जिसे भुलाना इतना आसान नहीं है। यद्यपि आजादी के लिए सभी देशवासियों का अपना - अपना योगदान रहा है, इसमें भी कोई सन्देह नहीं है। फिर भी आज ऐसे अवसर पर जाट बलिदानियों को याद करना एक स्वाभाविक स्थिति बन जाती है। इसी कारण से उनमें से कुछ विशेष चरित्रों का संकलन इस " जाट बलिदानी " पुस्तक में किया गया है । जिससे उन्हें हम पढ़ कर अपने को कृतार्थ कर सकें और उन्हें श्रद्धांजलि अर्पित कर सकें, बस यही मनोविचार हैं।

इन हस्तियों में सबसे पहले बलिदानों में समरवीर गोकुला जाट का नाम आता है जिनके बारे में कहा गया है कि –

1. - समरवीर गोकुला जाट (1 जनवरी 1670)

प्राय: हल्दीघाटी युद्ध (18 जून 1576) और पानीपत की तीन लड़ाईयों (21 अप्रैल 1526, 5 नवम्बर 1556, और 14 जनवरी 1761) की चर्चा सुनने पढ़ने को मिलती हैं, लेकिन समरवीर गोकुला के विषय में कितने जानते हैं, चर्चा होती है, नहीं मालूम । हल्दी घाटी पर श्री श्यामनारायण पाण्डेय द्वारा हल्दी घाटी खण्ड काव्य लिखा गया है । उसी प्रकार समरवीर गोकुला पर प्रबन्ध काव्य श्री बलवीर सिंह "करुण" द्वारा लिखा जा चुका है । कवि के संक्षेप विचार -

हल्दी घाटी का समर विकट, कुछ ही घंटों में गया निपट ।

ये तीन दिवस बाहर जूझे, तिलपट में जूझे तीन दिवस ।।

(सन्दर्भ - समरवीर गोकुला - प्रबंध काव्य – पृष्ठ 103, षष्ठ सर्ग – संग्राम अनूठा तिलपत का)

अब लगे हाथ बतला ही दें, पानीपत के तीनों रण भी ।

एकेक दिवस में निपट गये, देखा न दूसरा तो दिन भी ।।

(सन्दर्भ - समरवीर गोकुला - प्रबंध काव्य – पृष्ठ 104, षष्ठ सर्ग – संग्राम अनूठा तिलपत का)

एक महत्वपूर्ण विवेचना यह भी हैं कि हल्दी घाटी और पानीपत की लड़ाई दो शासकों के मध्य थी, दोनों तरफ अपनी - अपनी सेनाएं थी । फिर भी ये युद्ध एक – एक दिन के थे । जबकि तिलपत का युद्ध एक तरफ एक शासक था, जिसके पास अपनी सैन्य शक्ति थी और दूसरी तरफ एक किसानों का प्रतिनिधि समूह, जो अन्याय के विरुद्ध था । अपने सादा हथियार लाठी, बल्लम, फरसे, कुल्हाड़ी, तलवार आदि ही थे, कोई प्रशिक्षित सेना नहीं थी । तब ऐसी परिस्थितियों में उनका युद्ध 6 दिन तक चला ।

2.- **कान्हा रावत बहीन तहसील हथीन जिला पलवल हरियाणा (1684)** - सन 1684 में बहीन गाँव को चारों तरफ से घेर लिया । रावतों और मुग़ल सेना में युद्ध छिड़ गया । रावत जाटों ने मुग़ल सेना के छक्के छुडा दिए । यदि फिरोजपुर झिरका से मुग़लों को नई सैन्य टुकड़ी का सहारा नहीं मिलता तो मैदान रावत जाटों के हाथ रहता । लेकिन मुग़लों की बहुसंख्यक, हथियारों से सुसज्जित सेना के आगे शस्त्र -विहीन रावत जाट आखिर कब तक मुकाबला करते । इस युद्ध में पांचों रावत गांवों के अलावा अन्य रावत जाट भी लड़े थे और अनुमानतः 2000 से अधिक रावत वीरगति को प्राप्त हुए थे । रावत जाटों के नेता कान्हा रावत को गिरफ्तार कर लिया गया । कान्हा रावत को जिन्दा जमीन में गाड़ा था ।

3. - **महाराजा सूरजमल भरतपुर (25 दिसंबर 1763)**

मराठों के पतन के बाद महाराजा सूरजमल ने गाजियाबाद, रोहतक, झज्जर के इलाके भी जीते । 1763 में फरुखनगर पर भी कब्जा किया । वीरों की सेज युद्धभूमि ही है । 25 दिसंबर 1763 को नवाब नजीबुदौला के साथ युद्ध में महाराज सूरजमल वीरगति को प्राप्त हुए ।

4. - **बाबा शाहमल तोमर (21 जुलाई 1857)** - बाबा शाहमल जाट (तोमर) बागपत जिले में बिजरौल गांव के एक साधारण परन्तु आजादी के दिवाने क्रांतिकारी किसान थे । वे मेरठ और दिल्ली समेत आसपास के इलाके में बेहद लोकप्रिय थे। मेरठ जिले के समस्त पश्चिमी और उत्तर-पश्चिमी भाग में अंग्रेजों के लिए भारी खतरा उत्पन्न करने वाले बाबा शाहमल ऐसे ही क्रांतिदूत थे। गुलामी

की जंजीरों को तोड़ने के लिए इस महान व्यक्ति ने लम्बे अरसे तक अंग्रेजों को चैन से नहीं सोने दिया था।

5. - **अमानी सिंह ठकुरेला (1857)** - शहीद अमानी सिंह का जन्म गहलऊ गाँव में हुआ था। आपने 1857 की आजादी की लड़ाई में भाग लिया था। आपके बारे में प्रसिद्ध था - 'अमानी तो अमानी, बाकी घोड़ी हूँ न मानी । इगलास के आसपास का क्षेत्र ठकुरेले जाटों का है। इसे लागसमा भी कहते हैं। ठकुरेलों की बाईसी और अठाईसी की पंचायत ने पाई नगला में सर्वसम्मति से अमानी सिंह को नेता मान लिया था। लगसमा का यह वीर अंग्रेजों पर 1857 की क्रांति में बहुत भारी पड़ा था। जनश्रुति है कि बलिष्ठ शरीर वाले अमानी सिंह घोड़ी की लगाम नहीं थामते थे और दोनों हाथों से तलवार चलते थे ।

6. - राजा नाहर सिंह **बल्लभगढ़** (1823 से 9 जनवरी 1858) - राजा नाहर सिंह (1823-1858) हरियाणा के फरीदाबाद जिले में बल्लभगढ़ की रियासत के एक जाट राजा थे। उनके पूर्वज तेवतिया गोत्र के जाट थे जिन्होंने 1739 के आसपास फरीदाबाद में एक किले का निर्माण किया था। वह 1857 के भारतीय विद्रोह में शामिल थे। बल्लभगढ़,फरीदाबाद का छोटा राज्य दिल्ली से केवल 20 मील की दूरी पर है। उनके महल को हरियाणा सरकार ने हरियाणा पर्यटन के अधीन ले लिया है। फरीदाबाद के नाहर सिंह स्टेडियम का नाम उनके नाम पर रखा गया है। वायलेट लाइन में बल्लभगढ़ मेट्रो स्टेशन का नाम भी राजा नाहर सिंह के नाम पर रखा गया है।

7. - देवी सिंह राया मथुरा (15 जून 1858) - राजा देवी सिंह गोदारा टप्पा राया मथुरा के जाट राजा थे। राया क्षेत्र पर गोदारा जाटों का राज रहा था. गोदारा जाटों को ब्रज क्षेत्र में गोदर भी बोला जाता है। गोदारों के नाम पर यह क्षेत्र गोदरपट्टी कहलाता है। 1857 के समय उन्होंने अंग्रेजों को मार भगाया था। और राया शहर समेत इस क्षेत्र के लगभग 80 गांवों पर कब्जा करके स्वतंत्रता की घोषणा कर दी थी। दिल्ली के मुगल बादशाह बहादुर शाह जफ़र ने इन्हें राजा का टाइटल प्रदान कर दिया था। इनका राज कई महीनों तक चला और उस क्षेत्र में खुशहाली की लहर दौड़ गयी थी। ये कचहरी लगाकर लोगों की समस्या सुनते व निदान करते। फिर दोबारा अंग्रेजों ने बड़ी सेना व तोपें लेकर हमला किया जिसमें अनेकों अंग्रेज व क्रांतिकारी खेत रहे। अंत में राजा साहब को धोखे से कैद कर लिया गया था एवं उन्हें 15 जून 1858 को राया में फांसी दे दी गयी थी।

8. - **शहीद भगत सिंह** (28 सितम्बर 1907 से 23 मार्च 1931) - शहीद भगत सिंह के नाग पर पाक का लाहौर चौक - लाहौर - पाकिस्तान ने लाहौर के शादमन

चौक का नाम बदलकर शहीदे आजम भगत सिंह के नाम पर कर दिया है। इस चौक के पास कभी लाहौर की सेंट्रल जेल होती थी । वहीं 23 मार्च 1931 को भगत सिंह, राजगुरु और सुखदेव को फांसी दी गई थी । साल 1961 में इस जेल को ध्वस्त कर दिया गया । वहां शादमन कालोनी बनाई गई । शादमन चौक पर हर साल 23 मार्च को दोनों देशों के लोग यहां मोमबत्ती रैली निकालते हैं । भारत-पाकिस्तान दोस्ती मंच से जुड़े लोगों और भगत सिंह के परिजनों ने इस चौक का नाम बदले जाने का स्वागत किया है ।

9. - **संत बाबा गंगादास** (14 फरवरी 1823 से 1973) - 1857 के अग्रदूत व महान स्वतन्त्रता सेनानी - सन्त जी अपनी मातृभूमि से बहुत प्रेम करते थे व इसे अंग्रेजो की दासता से मुक्त करवाना चाहते थे। इस समय वे अपने आश्रम गंगादास की शाला ग्वालियर में रहते थे।

1857 की क्रांति में गंगादास जी सक्रिय रहे और अपने घोड़े पर चढ़कर जगह जगह घूमकर लोगो को स्वतन्त्रता संग्राम में शामिल होने के लिए उत्साहित किया।

बहुत से क्रांतिकारी उनसे गुप्त रूप से मिलने आते थे। गंगादास जी उन्हें मार्दर्शन करते थे। वे अपने उपदेशों से क्रांतिकारियों में एकता लाते एवं उनकी सहायता के लिए हमेशा तैयार रहते थे। 1857 की क्रांति के समय उनके आश्रम में राजाओ की एक मीटिंग भी हुई थी। जहां उन्होंने उपदेश दिया व रणनीति निर्माण में उनका मार्गदर्शन किया।

महारानी लक्ष्मीबाई के सद्गुरु -

महात्मा गंगादास जी महारानी लक्ष्मीबाई जी के पिता के गुरु थे। लक्ष्मीबाई जी को भी बचपन मे उन्होंने दीक्षा दी थी ।

शादी के बाद भी जब भी रानी लक्ष्मीबाई व्यथित होती थी तो वे अपने पारिवारिक गुरु गंगादास जी से अपनी सहेली मुंढेर के साथ उनसे मार्गदर्शन के लिए मिलने आती थी ।

एक बार लक्ष्मीबाई ने उनसे पूछा के स्वराज किस प्रकार मिलेगा? गुरुजी ने कहा कि स्वराज बलिदानों से मिलेगा । जब हम सब भेदभाव भूलकर एक हो जाएंगे और स्वराज रूपी भवन के लिए बलिदान रूपी पत्थरो को लगाते जाएंगे तो एक दिन स्वराज जरूर मिलेगा ।

10. - राजा महेन्द्र प्रताप मुरसान हाथरस (1 दिसम्बर 1886 से 29 अप्रैल 1979) - भारत की पहली निर्वासित सरकार: एक दिसंबर 1915 का दिन था, राजा महेंद्र प्रताप का जन्मदिन, उस दिन वो 28 साल के हुए थे । उन्होंने भारत से बाहर

देश की पहली निर्वासित सरकार का गठन किया, बाद में सुभाष चंद्र बोस ने 28 साल बाद उन्हीं की तरह आजाद हिंद सरकार का गठन सिंगापुर में किया था । राजा महेंद्र प्रताप को उस सरकार का राष्ट्रपति बनाया गया यानी राज्य प्रमुख । मौलवी बरकतुल्लाह को राजा का प्रधानमंत्री घोषित किया गया और अबैदुल्लाह सिंधी को गृहमंत्री ।

11. – हरियाणा का स्वातन्त्र्य संग्राम - इस संग्राम के विरोधी एवं विरोध इस प्रकार थे -

विरोधी - अंग्रेजी राज्य के विरोधी और विरोध के कारण नीचे लिखे जा रहे हैं ।

1. अंग्रेजों का प्रथम विरोधी हरियाणा सर्वखाप पंचायत का संगठन था क्योंकि –

क - अंग्रेजों ने गरीब किसानों पर अत्याचार किये । अन्न बलपूर्वक लेते थे । किसानों और गरीबों से बेगार लेते थे । कारीगरों की देशी चीजों को बाहर नहीं जाने देते थे । छोटे मोटे व्यापार धन्धे नष्ट कर डाले ।

ख - अदालतें बनाकर पंचायतों के संगठन और शक्ति को नष्ट कर डाला । लोगों के आपसी झगड़े अदालतों में जाने लगे । गरीबों की लुटाई होने लगी । झूठ, मक्कारी, बेईमानी और रिश्वत फैलाई जाने लगी । लोग तंग हो गये ।

ग - किसानों पर साहूकारों के अत्याचार बढ़ने लगे ।

घ - अंग्रेजी माल जबरदस्ती बेचा जाने लगा ।

ङ - अच्छे-अच्छे आचार वाले कुलों को दबाया जाने लगा ।

च - पंचायती नेताओं का अपमान किया जाने लगा ।

इन कारणों से सर्वखाप पंचायत ने सबसे पहले अंग्रेजों के विरोध में झंडा ऊँचा किया । हरियाणा सर्वखाप पंचायत के दो भाग किये । जमना (यमुना) आर और पार । पंचायत ने दोनों ओर देहली को केन्द्र मानकर मेरठ, मुजफ्फरनगर, सहारनपुर, बुलन्दशहर, बहादुरगढ़, रेवाड़ी, रोहतक और पानीपत में अंग्रेजी सत्ता को उखाड़ फेंका जिसके कारण भारी कष्ट सहन किये । जनता कोल्हू में पेली गई । जायदाद छीन ली गई । खेद है कि यह जायदाद अब तक नहीं लौटाई गई है ।

2. दूसरा विरोधी दल मराठों का था क्योंकि मराठों का राज्य छिन गया था ।

3. तीसरा दल उन मुसलमानों का था जिनको कि अंग्रेजों ने अपमानित किया था और जागीरें हड़प ली थीं । नवाबों को कंगाल बना दिया था ।

4. यह दल पंडे-पुजारियों और मुल्ला-मौलवियों का था क्योंकि इनके पास धर्म और मजहब के नाम पर जो जायदाद थी, वह छीनी गई ।

5. अनेक जागीरदारों की भूमि छीन ली गई और दूसरों को दे दी गई ।

6. पुराने कर्मचारी नौकरी से निकाल दिए गये थे ।

7. जनता के साथ की गई प्रतिज्ञाओं को तोड़ दिया गया और अंग्रेजों के वचन से विश्वास उठ गया ।

8. ईसाई धर्म का प्रचार राज्य के बल पर किया जाने लगा था । इंग्लैंड की पार्लियामेंट में ऐसा करने का भाषण दिया गया था ।

9. पण्डारी दल के मार्ग में बाधा डाली गई ।

10. बड़े-बड़े राजनैतिक दल समाप्त किये जा रहे थे ।

11. भारतीय सेना में नये कारतूस दिए गए जो कि दांत लगाकर काटने पड़ते थे । इससे हिन्दू और मुसलमान सैनिकों में असन्तोष बढ़ा ।

इसी प्रकार भिन्न-भिन्न कारणों से भारतीय जनता, राजा, नवाब और अन्य दलों में असन्तोष हुआ ।

जाट वंश के बलिदान

वर्तमान हिन्दी सत्याग्रह संग्राम में जाटों ने ही सब से बढ़-चढ़कर बलिदान दिया । हैदराबाद में धर्मयुद्ध में सबसे अधिक सत्याग्रही हरियाणा से गये और उनमें भी सबसे ज्यादा थे जाट । पर जो यश उन्हें मिलना चाहिए था, नहीं मिला । आज भी जाटों में बलिदाताओं की कमी नहीं है । यदि कमी है तो उनको प्रकाश में लाने वालों की । हो सकता है नई पढ़ी-लिखी सन्तति इस तरफ कुछ ध्यान देकर विशाल भू-प्रदेश में बिखरे अपने इतिहास को संग्रहीत करने का प्रयत्न करे । जाटों का इतिहास उत्तर भारत का इतिहास है । आर्यों के विशाल साम्राज्य का इतिहास है ।

काश ! जाट तलवार की तरह कलम का भी धनी होता तो उनका इतिहास यों छिन्न-भिन्न न होता । इस धर्म-निरपेक्ष गणतन्त्र में वे संभल जायें तो भी अच्छा है । आशा है दूसरे लोग भी जाटों से बिदकना छोड़कर इनकी उदारता से नाजायज लाभ उठाना छोड़ेंगे ।

1

समरवीर गोकुला जाट (1 जनवरी 1670)

समरवीर गोकुला जाट (1 जनवरी 1670)

वीर गोकुला जाट ने हिला दी थी मुगलों की सल्तनत

वीरवर अमर ज्योति गोकुल सिंह

वीरवर गोकुल सिंह

मुगल साम्राज्य के विरोध में विद्रोह

मुगल साम्राज्य के राजपूत सेवक भी अन्दर ही अन्दर असंतुष्ट होने लगे परन्तु जैसा कि "दलपत विलास" के लेखक दलपत सिंह [सम्पादक: डा. दशरथ शर्मा] ने स्पष्ट कहा है, राजपूत नेतागण मुगल शासन के विरुद्ध विद्रोह करने की हिम्मत न कर सके । असहिष्णु, धार्मिक, नीति के विरुद्ध विद्रोह का बीड़ा उठाने का श्रेय उत्तर प्रदेश के कुछ जाट नेताओं और जमींदारों को प्राप्त हुआ । आगरा, मथुरा, अलीगढ़, इसमें अग्रणी रहे । शाहजहाँ के अन्तिम वर्षों में उत्तराधिकार युद्ध के समय जाट नेता वीर नंदराम ने शोषण करने वाली धार्मिक नीति के विरोध में लगान देने से इंकार कर दिया और विद्रोह का झंडा फहराया तत्पश्चात वीर नंदराम

का स्थान उदयसिंह तथा गोकुलसिंह ने ग्रहण किया इतिहास के इस तथ्य को स्वीकार करना पड़ेगा की राठौर वीर दुर्गादास के पहले ही उत्तर प्रदेश के जाट वीरों को कट्टरपंथी मुग़ल सम्राटों की असहिष्णु नीतियों का पूर्वाभास हो चुका था । गोकुल सिंह मथुरा, वृन्दावन, गोवर्धन तथा हिंडौन और महावन की समस्त हिंदू जनता के नेता थे तिलपत की गढ़ी उसका केन्द्र थी । जब कोई भी मुग़ल सेनापति उसे परास्त नहीं कर सका तो अंत में सम्राट औरंगजेब को स्वयं एक विशाल सेना लेकर जन-आक्रोश का दमन करना पड़ा । आज मथुरा, वृन्दावन के मन्दिर और भारतीय संस्कृति की रक्षा का तथा तात्कालिक शोषण, अत्याचार और राजकीय मनमानी की दिशा मोड़ने का यदि किसी को श्रेय है तो वह केवल 'गोकुलसिंह' को है ।

इस बात की चेतना कम ही लोगों को होगी कि वीरवर गोकुलसिंह का बलिदान, गुरू तेगबहादुर से 6 वर्ष पूर्व हुआ था । दिसम्बर 1675 में गुरू तेगबहादुर का वध कराया गया था - दिल्ली की मुग़ल कोतवाली के चबूतरे पर जहाँ आज गुरुद्वारा शीशगंज शान से मस्तक उठाये खड़ा है । गुरू के द्वारा शीश देने के कारण ही वह गुरुद्वारा शीशगंज कहलाता है । दूसरी ओर, जब हम उस महापुरुष की ओर दृष्टि डालते हैं जो गुरू तेगबहादुर से 6 वर्ष पूर्व शहीद हुआ था और उन्ही मूल्यों की रक्षार्थ शहीद हुआ था, और जिसको दिल्ली की कोतवाली पर नहीं, आगरे की कोतवाली के लंबे-चौड़े चबूतरे पर, हजारों लोगों की हाहाकार करती भीड़ के सामने, लोहे की जंजीरों में जकड़कर लाया गया था और जिसको-जनता का मनोबल तोड़ने के इरादे से बड़ी पैशाचिकता के साथ, एक-एक जोड़ कुल्हाड़ियों से काटकर मार डाला गया था, तो हमें कुछ नजर नहीं आता । गोकुलसिंह सिर्फ़ जाटों के लिए शहीद नहीं हुए थे न उनका राज्य ही किसी ने छीना लिया था, न कोई पेंशन बंद करदी थी, बल्कि उनके सामने तो अपूर्व शक्तिशाली मुग़ल-सत्ता, दीनतापुर्वक, संधी करने की तमन्ना लेकर गिड़-गिड़ाई थी । शर्म आती है कि हम ऐसे अप्रतिम वीर को कागज के ऊपर भी सम्मान नहीं दे सके । कितना अहसान फ़रामोश कितना कृतघ्न्न है हमारा हिंदू समाज ! शाही इतिहासकारों ने उनका उल्लेख तक नही किया । गुरू तेगबहादुर की गिरफ्तारी और वध का उल्लेख किसी भी समकालीन फारसी इतिहासग्रंथ में नहीं है । मेवाड़ के राणा प्रताप से लड़ने अकबर स्वयं नहीं गया था परन्तु ब्रज के उन जाट योद्धाओं से लड़ने उसे स्वयं जाना पड़ा था । फ़िर भी उनको पूर्णतया दबाया नहीं जा सका और चुने हुए सेनापतियों की कमान में बारम्बार मुग़ल सेनायें जाटों के दमन और उत्पीड़न के लिए भेजी जाती रहीं और न केवल जाट पुरुष बल्कि उनकी वीरांगनायें भी अपनी ऐतिहासिक दृढ़ता और

पारंपरिक शौर्य के साथ उन सेनाओं का सामना करती रहीं । दुर्भाग्य की बात है कि भारत की इन वीरांगनाओं और सच्चे सपूतों का कोई उल्लेख शाही टुकड़ों पर पलने वाले तथाकथित इतिहासकारों ने नहीं किया । हमें उनकी जानकारी मनूची नामक यूरोपीय यात्री के वृतान्तों से होती है । उसी के शब्दों में एक अनोखा चित्र देखिये, जो अन्य किसी देश या जाति के इतिहास में दुर्लभ है:

"उसे इन विद्रोहियों के कारण असंख्य मुसीबतें उठानी पड़ीं और इन पर विजयी होकर लौटने के बाद भी, उसे अनेक बार अपने सेनापतियों को इनके विरुद्ध भेजने के लिए मजबूर होना पड़ा । विद्रोही गांवों में पहुँचने के बाद, ये सेनानायक शाही आज्ञाओं का पालन क़त्ल और सिर काटकर किया करते थे । अपनी सुरक्षा के लिए ग्रामीण कंटीले झाड़ियों में छिप जाते या अपनी कमजोर गढ़ियों में सरण लेते । स्त्रियां भाले और तीर लेकर अपने पतियों के पीछे खड़ी हो जातीं । जब पति अपने बंदूक को दाग चुका होता, पत्नी उसके हाथ में भाला थमा देती और स्वयं बंदूक को भरने लगती थी । इस प्रकार वे उस समय तक रक्षा करते थे, जब तक कि वे युद्ध जारी रखने में बिल्कुल असमर्थ नहीं हो जाते थे । जब वे बिल्कुल ही लाचार हो जाते, तो अपनी पत्नियों और पुत्रियों को गरदनें काटने के बाद भूखे शेरों की तरह शत्रु की पंक्तियों पर टूट पड़ते थे और अपनी निशशंक वीरता के बल पर अनेक बार युद्ध जीतने में सफल होते थे" ।

औरंगजेब की धर्मान्धता पूर्ण नीति - सर यदुनाथ सरकार लिखते हैं - "मुसलमानों की धर्मान्धता पूर्ण नीति के फलस्वरूप मथुरा की पवित्र भूमि पर सदैव ही विशेष आघात होते रहे हैं. दिल्ली से आगरा जाने वाले राजमार्ग पर स्थित होने के कारण, मथुरा की ओर सदैव विशेष ध्यान आकर्षित होता रहा है. वहां के हिन्दुओं को दबाने के लिए औरंगजेब ने अब्दुन्नवी नामक एक कट्टर मुसलमान को मथुरा का फौजदार नियुक्त किया. सन 1668 के प्रारम्भ में अब्दुन्नवी के सैनिकों का एक दस्ता मथुरा जनपद में चारों ओर लगान वसूली करने निकला. अब्दुन्नवी ने पिछले ही वर्ष, गोकुलसिंह के पास एक नई छावनी स्थापित की थी. सभी कार्यवाही का सदर मुकाम यही था. गोकुलसिंह के आह्वान पर किसानों ने लगान देने से इनकार कर दिया. मुगल सैनिकों ने लूटमार से लेकर किसानों के ढोर-डंगर तक खोलने शुरू कर दिए. बस संघर्ष शुरू हो गया. तभी औरंगजेब का नया फरमान 9 अप्रेल 1669 आया - "काफ़िरों के मदरसे और मन्दिर गिरा दिए जाएं". फलत: ब्रज क्षेत्र के कई अति प्राचीन मंदिरों और मठों का विनाश कर दिया गया. कुषाण और गुप्त कालीन निधि, इतिहास की अमूल्य धरोहर, तोड़-फोड़, मुंड विहीन, अंग विहीन कर हजारों की संख्या में सर्वत्र छितरा दी गयी.

सम्पूर्ण ब्रजमंडल में मुगलिया घुड़सवार और गिद्ध चील उड़ते दिखाई देते थे . और दिखाई देते थे धुंए के बादल और लपलपाती ज्वालायें- उनमें से निकलते हुए साही घुड़सवार.

अत्याचारी फौजदार अब्दुन्नवी का अन्त - मई का महिना आ गया और आ गया अत्याचारी फौजदार का अंत भी. अब्दुन्नवी ने सिहोरा नामक गाँव को जा घेरा. गोकुलसिंह भी पास में ही थे. अब्दुन्नवी के सामने जा पहुंचे. मुग़लों पर दुतरफा मार पड़ी. फौजदार गोली प्रहार से मारा गया. बचे खुचे मुग़ल भाग गए. गोकुलसिंह आगे बढ़े और सादाबाद की छावनी को लूटकर आग लगा दी. इसका धुआँ और लपटें इतनी ऊँची उठ गयी कि आगरा और दिल्ली के महलों में झट से दिखाई दे गईं. दिखाई भी क्यों नही देतीं. साम्राज्य के वजीर सादुल्ला खान (शाहजहाँ कालीन) की छावनी का नामोनिशान मिट गया था. मथुरा ही नही, आगरा जिले में से भी शाही झंडे के निशाँ उड़कर आगरा शहर और किले में ढेर हो गए थे. निराश और मृतप्राय हिन्दुओं में जीवन का संचार हुआ. उन्हें दिखाई दिया कि अपराजय मुग़ल-शक्ति के विष-दंत तोड़े जा सकते हैं. उन्हें दिखाई दिया अपनी भावी आशाओं का रखवाला-एक पुनस्थर्थापक गोकुलसिंह.

शफ शिकन खाँ ने गोकुलसिंह के पास संधि-प्रस्ताव भेजा - इसके बाद पाँच माह तक भयंकर युद्ध होते रहे. मुग़लों की सभी तैयारियां और चुने हुए सेनापति प्रभावहीन और असफल सिद्ध हुए. क्या सैनिक और क्या सेनापति सभी के ऊपर गोकुलसिंह का वीरता और युद्ध संचालन का आतंक बैठ गया. अंत में सितंबर मास में, बिल्कुल निराश होकर, शफ शिकन खाँ ने गोकुलसिंह के पास संधि-प्रस्ताव भेजा कि -

1. बादशाह उनको क्षमादान देने के लिए तैयार हैं.
2. वे लूटा हुआ सभी सामन लौटा दें.
3. वचन दें कि भविष्य में विद्रोह नहीं करेंगे.

गोकुलसिंह ने पूछा मेरा अपराध क्या है, जो मैं बादशाह से क्षमा मांगूगा ? तुम्हारे बादशाह को मुझसे क्षमा मांगनी चाहिए, क्योंकि उसने अकारण ही मेरे धर्म का बहुत अपमान किया है, बहुत हानि की है. दूसरे उसके क्षमा दान और मिन्नत का भरोसा इस संसार में कौन करता है? इसके आगे संधि की चर्चा चलाना व्यर्थ था. गोकुलसिंह ने कोई गुंजाइस ही नहीं छोड़ी थी. औरंगजेब का विचार था कि गोकुलसिंह को भी 'राजा' या 'ठाकुर' का खिताब देकर रिझा लिया जायेगा और मुग़लों का एक और पालतू बढ़ जायेगा. हिंदुस्तान को 'दारुल इस्लाम' बनाने की उसकी सुविचारित योजना निर्विघ्न आगे बढती रहेगी. मगर गोकुलसिंह के आगे

उसकी कूट नीति बुरी तरह मात खा गयी. अत: औरंगजेब स्वयं एक बड़ी सेना, तोपों और तोपचियों के साथ, अपने इस अभूतपूर्व प्रतिद्वंदी से निपटने चल पड़ा. परम्पराएं और मर्यादा टूटने का यह एक ऐसा ज्वलंत और प्रेरक उदाहरण है, जिधर इतिहासकारों का ध्यान नहीं गया है.

औरंगजेब 28 नवंबर 1669 को मथुरा पहुँचा - यूरोपीय यात्री मनूची के वृत्तांत के अनुसार पहले अकबर को जाना पड़ा था और अब औरंगजेब को, जिसका साम्राज्य न सिर्फ़ मुग़लों में ही बल्कि उस समय तक सभी हिंदू-मुस्लिम शासकों में सबसे बड़ा था. यह थी वीरवर गोकुलसिंह की महानता. दिल्ली से चलकर औरंगजेब 28 नवंबर 1669 को मथुरा जा पहुँचा. गोकुलसिंह के अनेक सैनिक और सेनापति जो वेतनभोगी नहीं थे, क्रान्ति भावना से अनुप्राणित लोग थे, रबी की बुवाई के सिलसिले में, पड़ौस के आगरा जनपद में चले गए थे.

औरंगजेब ने अपनी छावनी मथुरा में बनाई और वहां से सम्पूर्ण युद्ध संचालन करने लगा. गोकुलसिंह को चारों ओर से घेरा जा रहा था. उसने एक और सेनापति हसन अली खाँ को एक मजबूत और सुसज्जित सेना के साथ मुरसान की ओर से भेजा. हसन अली खाँ ने 4 दिसंबर 1669 की प्रात: काल के समय अचानक छापा मारकर, जाटों की तीन गढ़ियाँ - रेवाड़ा, चंद्ररख और सरखरू को घेरलिया. शाही तोपों और बंदूकों की मार के आगे ये छोटी गढ़ियाँ ज्यादा उपयोगी सिद्ध न हो सकीं और बड़ी जल्दी टूट गयी. हसन अली खाँ की सफलताओं से खुश होकर औरंगजेब ने शफ शिकन खान के स्थान पर उसे मथुरा का फौजदार बना दिया. उसकी सहायता के लिए आगरा परगने से अमानुल्ला खान, मुरादाबाद का फौजदार नामदार खान, आगरा शहर का फौजदार होशयार खाँ अपनी-अपनी सेनाओं के साथ आ पहुंचे . यह विशाल सेना चारों ओर से गोकुलसिंह को घेरा लगाते हुए आगे बढ़ने लगी. गोकुलसिंह के विरुद्ध किया गया यह अभियान, उन आक्रमणों से विशाल स्तर का था, जो बड़े-बड़े राज्यों और वहां के राजाओं के विरुद्ध होते आए थे. इस वीर के पास न तो बड़े-बड़े दुर्ग थे, न अरावली की पहाड़ियाँ और न ही महाराष्ट्र जैसा विविधतापूर्ण भौगोलिक प्रदेश. इन अलाभकारी स्थितियों के बावजूद, उन्होंने जिस धैर्य और रण-चातुर्य के साथ, एक शक्तिशाली साम्राज्य की केंद्रीय शक्ति का सामना करके, बराबरी के परिणाम प्राप्त किए, वह सब अभूतपूर्व है.

तिलपत युद्ध दिसंबर 1669 - *दिसंबर 1669 के अन्तिम सप्ताह में तिलपत से 20 मील दूर, गोकुलसिंह ने शाही*

सेनाओं का सामना किया. जाटों ने मुग़ल सेना पर एक दृढ़ निश्चय और भयंकर क्रोध से आक्रमण किया. सुबह से शाम तक युद्ध होता रहा. कोई निर्णय नहीं हो सका. दूसरे दिन फिर घमासान छिड़ गया. जाट अलौकिक वीरता के साथ युद्ध कर रहे थे. मुग़ल सेना, तोपखाने और जिरहबख्तर से सुसज्जित घुड़सवार सेनाओं के होते हुए भी गोकुलसिंह पर विजय प्राप्त न कर सके. भारत के इतिहास में ऐसे युद्ध कम हुए हैं जहाँ कई प्रकार से बाधित और कमजोर पक्ष, इतने शांत निश्चय और अडिग धैर्य के साथ लड़ा हो. हल्दी घाटी के युद्ध का निर्णय कुछ ही घंटों में हो गया था. पानीपत के तीनों युद्ध एक-एक दिन में ही समाप्त हो गए थे, परन्तु वीरवर गोकुलसिंह का युद्ध तीसरे दिन भी चला.

तीसरे दिन, फिर भयंकर संग्राम हुआ. इसके बारे में एक इतिहासकार का कहना है कि जाटों का आक्रमण इतना प्रबल था कि शाही सेना के पैर उखड़ ही गए थे, परन्तु तभी हसन अली खाँ के नेतृत्व में एक नई ताजादम मुग़ल सेना आ गयी. इस सेना ने गोकुलसिंह की विजय को पराजय में बदल दिया. बादशाह आलमगीर की इज्जत बच गयी. जाटों के पैर तो उखड़ गए फिर भी अपने घरों को नहीं भागे. उनका गंतव्य बनी तिलपत की गढ़ी जो युद्ध क्षेत्र से बीस मील दूर थी. तीसरे दिन से यहाँ भी भीषण युद्ध छिड़ गया और तीन दिन तक चलता रहा. भारी तोपों के बीच तिलपत की गढ़ी भी इसके आगे टिक नहीं सकी और उसका पतन हो गया.

गोकुलसिंह का वध - तिलपत के पतन के बाद गोकुलसिंह और उनके ताऊ उदयसिंह को सपरिवार बंदी बना लिया गया. उनके सात हजार साथी भी बंदी हुए. इन सबको आगरा लाया गया. औरंगजेब पहले ही आ चुका था और लाल किले के दीवाने आम में आश्वस्त होकर, विराजमान था. सभी बंदियों को उसके सामने पेश किया गया. औरंगजेब ने कहा -

"जान की खैर चाहते हो तो इस्लाम कबूल कर लो. रसूल के बताये रास्ते पर चलो. बोलो क्या कहते हो इस्लाम या मौत?

अधिसंख्य जाटों ने कहा - "बादशाह, अगर तेरे खुदा और रसूल का का रास्ता वही है जिस पर तू चल रहा है तो हमें तेरे रास्ते पर नहीं चलना."

अगले दिन गोकुलसिंह और उदयसिंह को आगरा कोतवाली पर लाया गया- उसी तरह बंधे हाथ, गले से पैर तक लोहे में जकड़ा शरीर. गोकुलसिंह की सुडौल भुजा पर जल्लाद का पहला कुल्हाड़ा चला, तो हजारों का जनसमूह हाहाकार कर उठा. कुल्हाड़ी से छिटकी हुई उनकी दायीं भुजा चबूतरे पर गिरकर फड़कने लगी. परन्तु उस वीर का मुख ही नहीं शरीर भी निष्कंप था. उसने एक निगाह फुव्वारा बन गए कंधे पर डाली और फ़िर जल्लादों को देखने लगा कि दूसरा वार करें. परन्तु जल्लाद जल्दी में नहीं थे. उन्हें ऐसे ही निर्देश थे. दूसरे कुल्हाड़े पर हजारों लोग आर्तनाद कर उठे. उनमें हिंदू और मुसलमान सभी थे. अनेकों ने आँखें बंद करली. अनेक रोते हुए भाग निकले. कोतवाली के चारों ओर मानो प्रलय हो रही थी. एक को दूसरे का होश नहीं था. वातावरण में एक ही ध्वनि थी- "हे राम!...हे रहीम !! इधर आगरा में गोकुलसिंह का सिर गिरा, उधर मथुरा में केशवरायजी का मन्दिर !

गोकुल सिंह के बारे में नए तथ्य - डॉक्टर भानु प्रताप सिंह

17 वीं शताब्दी में मुगलों के घमंड को चूर चूर करने वाले गोकुल सिंह उर्फ गोकुला जाट हरियाणा के गांव तिलपत के रहने वाले नहीं थे जैसा कि कुछ इतिहासकारों ने उल्लेख किया है । वह वास्तव में मौजूदा हाथरस जिले की सादाबाद तहसील के गांव तिलहू –छहत्तर(Tilhu- Chihattar) (जिसे पहले तिलपट कहते थे) के रहने वाले थे। यह गांव बिसावर के पास है । कुछ साल पहले यह मथुरा जिले का हिस्सा हुआ करता था । हाथरस जिला बनने के कारण उसकी सादाबाद तहसील हाथरस में शामिल कर दी गई है ।

इस गांव में अधिकांश लोग जाटों के हगा चौधरी (अगहा) जिन्हें अग्रे अथवा हगा अथवा चौधरी कहते हैं गोत्र के हैं । मथुरा जिले का सिहोरा गांव यहां से ज्यादा दूर नहीं है। गोकुला ने पहली लड़ाई यहीं पर लड़ी थी। उन्होंने औरंगजेब के फौजदार को यहीं पर मारा था। कारण यह था कि राजस्व वसूली नहीं होने के कारण वह ग्रामीणों पर अत्याचार कर रहा था। सेना के साथ यहीं पर मुकाबला हुआ था। इसके बाद गोकुला ने मुगलों की सादाबाद छावनी को जला दिया था। यह सादाबाद भी इस गांव से ज्यादा दूर नहीं है। आखिरी लड़ाई जिसमें गोकुला को उसके चाचा के साथ बंदी बना लिया गया था । गोकुला जाट के गांव में लड़ी गई 3 दिन लड़ाई चली

थी। इसमें तमाम लोग मारे गए मुगलों के लोग ज्यादा मरे। गोकुला पक्ष के लोग ही मरे थे। इस गांव के आसपास जाटों के चौधरी गोत्र के दर्जनों गांव हैं। उन सब ने गोकुला का साथ दिया था। लड़ाई किसानों के उत्पीड़न के खिलाफ थी। मनमानी राजस्व वसूली को गोकुला ने रोक दिया था। पुराने जमाने में कच्चे मकान थे। गोकुला बेशक जमीदार था। लेकिन उसका भी घर कच्चा ही था। इसलिए कोई अवशेष उस समय का गांव में मौजूद नहीं है। लेकिन गांव के लोगों को विश्वास है उनके पूर्वज उन्हें इसके बारे में बताते आए हैं कि गोकुला जाट इसी गांव के थे। गांव में गोकुला जाट के वंशज रहते हैं। उन लोगों सेआगरा के जाने-माने पत्रकार डॉक्टर भानु प्रताप सिंह ने एक इंटरव्यू किया है। वह इंटरव्यू वीडियो के रूप में है कि गांव में आने वाले जगा उन्हें बताते हैं कि गोकुला उनके पूर्वज थे। यह वीडियो यहाँ संलग्न है. हरियाणा का तिलपत गांव दिल्ली के निकट है वहां से आकर मथुरा में बार-बार लड़ाई लड़ने की किसी जमीदार के लिए संभव नहीं था। इसलिए गोकुला जाट के हरियाणा के गांव तिलपत के होने की बात प्रमाणित नहीं होती है। इसके अलावा प्रदेश सरकार में मथुरा के मंत्री और पूर्व विधायक प्रताप सिंह इस संबंध में लिखा पढ़ी करते रहते हैं। सरकारी पैसे से गोकुला के नाम का एक द्वार भी बना है। लेकिन आधा अधूरा है। गांव के लोगों की मांग रहती है कि गोकुला की गांव में विशाल मूर्ति लगवाई जाए और स्मारक बनाया जाए। गांव के लोग इस मामले में एकजुट है।

पुस्तक पढ़ने की रूचि ने अन्य पुस्तक जाटवीर गोकुला से सम्बंधित सम्बन्धित पढ़ीं - जिनसे मुख्य संक्षिप्त जानकारी यह मिलती है -

समरवीर गोकुला जाट

प्राय: हल्दीघाटी युद्ध (18 जून 1576) और पानीपत की तीन लड़ाईयों (21 अप्रैल 1526, 5 नवम्बर 1556, और 14 जनवरी 1761) की चर्चा सुनने पढ़ने को मिलती हैं, लेकिन समरवीर गोकुला के विषय में कितने जानते हैं, चर्चा होती है, नहीं मालूम। हल्दी घाटी पर श्री श्यामनारायण पाण्डेय द्वारा हल्दी घाटी खण्ड काव्य लिखा गया है। उसी प्रकार समरवीर गोकुला पर प्रबन्ध काव्य श्री बलवीर सिंह "करुण" द्वारा लिखा जा चुका है। कवि के संक्षेप विचार -

हल्दी घाटी का समर विकट, कुछ ही घंटों में गया निपट।

ये तीन दिवस बाहर जूझे, तिलपत में जूझे तीन दिवस।।

(सन्दर्भ - समरवीर गोकुला - प्रबंध काव्य – पृष्ठ 103, षष्ठ सर्ग – संग्राम अनूठा तिलपत का)

अब लगे हाथ बतला ही दें, पानीपत के तीनों रण भी।

एकेक दिवस में निपट गये, देखा न दूसरा तो दिन भी ।।

(सन्दर्भ - समरवीर गोकुला - प्रबंध काव्य – पृष्ठ 104, षष्ठ सर्ग – संग्राम अनूठा तिलपत का)

एक महत्वपूर्ण विवेचना यह भी हैं कि हल्दी घाटी और पानीपत की लड़ाई दो शासकों के मध्य थी, दोनों तरफ अपनी - अपनी सेनाएं थी । फिर भी ये युद्ध एक – एक दिन के थे । जबकि तिलपत का युद्ध एक तरफ एक शासक था, जिसके पास अपनी सैन्य शक्ति थी और दूसरी तरफ एक किसानों का प्रतिनिधि समूह, जो अन्याय के विरुद्ध था । अपने सादा हथियार लाठी, बल्लम, फरसे, कुल्हाड़ी, तलवार आदि ही थे, कोई प्रशिक्षित सेना नहीं थी । तब ऐसी परिस्थितियों में उनका युद्ध 6 दिन तक चला ।

गोकुल सिंह जिन्हें 'गोकुलराम' और 'गोकुला जाट' के नाम से भी जाना जाता है । भारतीय इतिहास के प्रसिद्ध व्यक्तियों में से एक हैं । वह सिनसिनी गांव का सरदार था । 10 मई, 1666 ईसवीं को जाटों और मुगल बादशाह औरंगजेब की सेना के मध्य तिलपत में लड़ाई हुई ।

लड़ाई में जाटों की विजय हुई । पराजय के पश्चात मुगल शासक ने इस्लाम धर्म को बढ़ावा दिया और किसानों पर कर बढ़ा दिया । जाट गोकुल सिंह ने किसानों को संगठित किया और कर जमा करने से मना कर दिया । इस बार औरंगजेब ने पहले से अधिक शक्तिशाली सेना भेजी और गोकुल सिंह को बंदी बना लिया गया । 1 जनवरी, 1670 ईसवीं को आगरा के किले पर गोकुल सिंह को मौत के घाट उतार दिया गया । गोकुल सिंह के बलिदान ने मुगल साम्राज्य के खात्मे की शुरुआत कर दी ।

वीरवर गोकुल सिंह के जीवन के बारे में बस यही पता चलता है कि सन 1660 - 1670 के दशक में वह तिलपत नामक इलाके का प्रभावशाली जर्मींदार था । तिलपत के जर्मींदार ने मुगल सत्ता को इस समय चुनौती दी । गोकुलराम (गोकुल सिंह) में संगठन क्षमता थी और वह बहुत साहसी और दृढ़प्रतिज्ञ था । जिसे इतिहास के पन्नों पर लेना अति आवश्यक है ।

इस बात की चेतना कम ही लोगों को होगी कि वीरवर गोकुल सिंह का बलिदान, गुरु तेगबहादुर से 6 वर्ष पूर्व हुआ था । दिसम्बर 1675 में गुरु तेगबहादुर का वध कराया गया था – दिल्ली की मुगल कोतवाली के चबूतरे पर जहां आज गुरुद्वारा शीशगंज शान से मस्तक उठाए खड़ा है । गुरु के द्वारा शीश देने के कारण ही वह गुरुद्वारा शीशगंज कहलाता है । दूसरी ओर, जब हम उस महापुरुष गोकुल सिंह की ओर दृष्टि डालते हैं जो गुरु तेगबहादुर से 6 वर्ष पूर्व शहीद हुआ था और उन्हीं

मूल्यों की रक्षार्थ शहीद हुआ था और जिसको दिल्ली की कोतवाली पर नही, आगरे की कोतवाली के लम्बे - चौड़े चबूतरे पर, हजारों लोगों की हाहाकार करती भीड़ के सामने, लोहे की जंजीरों में जकड़कर लाया गया था और जिसको जनता का मनोबल तोड़ने के इरादे से बड़ी पैशाचिकता के साथ एक - एक जोड़ कुल्हाड़ियों से काटकर मार डाला गया था, तो हमें कुछ नहीं आता ।

गोकुल सिंह सिर्फ जाटों के लिए शहीद हुए थे, न उनका राज्य ही किसी ने छीन लिया था, न कोई पेंशन बंद कर दी थी ।, बल्कि उनके सामने तो अपूर्व शक्तिशाली मुगल सत्ता, दीनतापूर्वक, संधि करने की तमन्ना लेकर गिड़ - गिड़ाई थी ।

आज मथुरा, वृंदावन के मंदिर और भारतीय संस्कृति की रक्षा का तथा तात्कालिक शोषण, अत्याचार और राजकीय मनमानी की दिशा मोड़ने का यदि किसी को श्रेय है तो वह केवल 'गोकुल सिंह' को है ।

गोकुलसिंह पर कवितायें

था इस्लाम का दौर जहां, कटते थे सर बागियों के,

मंदिरों के दिये बुझ चुके, सुनते थे कलमें नमाजियों के,

उस काल में हाहाकार मचा, औरंगजेब के तांडव का,

मर रही थी जनता सारी, नाद थे करते नित रणभैरव का,

सिनसिनी थी ब्रज की रानी, शेरों की जननी कहलाती थी,

जाटों का बाहुबल जाहिर था, खेतों में तलवारें लहलहाती थी,

हर किसान यहां का बागी था, था भैरवी सी हुंकार लिये,

हल तलवार साथ था रखता, जाट नंदराम का आगाज लिये,

इसी नंदराम की गद्दी पर, आसीन हुआ फिर जलजला,

ब्रज में जिसकी तूती बोलती, जनता कहती इसे गॉड गोकुला,

वीर बड़ा महावीर बड़ा, था वीरभद्र सा विकराल मनुज,

अकेला तुर्कों पर भारी रहा, डर जाते तुफां भी सम्मुख,

किसान कौम की ताकत का, असली अहसास उसने करवाया,

जब राजे महाराजे दुबक गये, उसी ने मुगलों का दंभ पिघलाया,

10 मई 1666 का भीषण रण, इतिहास बना जाट गोकुला,

चंद किसानों की ताकत ने, तिलपत में ला दिया जलजला,

उत्तर भारत का पहला वीर वो, जिसने मुगलों की नाक उड़ादी,

जमीर बेचके राज करने वालों की, औकात इस रण में बता दी,

दरबारों की बोटियों के दम पर, इतिहास झूठे लिखे गये,

असली यौद्धा दफन हो गये, कायर सियारों के थोथे शौर्य रचे गये,

जिस दुर्गादास को तुम पूज रहे, वो गोकुला का था अनुयायी,

चार साल पहले ही गोकुल ने, मुगलों के छाती पे रणभेरी बजायी,

गुरू तेगबहादुर को नमन मेरा, शीश अर्पण था कर दिया,

मगर 6 साल पहले ही, कौम रक्षा हेतू गोकुला था कट गया,

जब मुगलों का हर सेनापती, पिट पिट कर जाता था,

भारतवर्ष के हर यौद्धा का, सीना गर्व से भर जाता था,

ना राजा आया ना महाराजा आया, न आया कोई रजपूत-मराठा,

अकेला किसान जाट गोकुला, औरंगजैब की सीमा पर रहा डटा,

जब सारे षड़यंत्र विफल हुए, उखड़ रहे थे मुगलों के पांव,

भीषण सेना लेकर तब, औरंगजैब चला सिनसिनी गांव,

कितना खौफ रहा होगा, उस ब्रज भूमि के वीर प्रचंड का,

मुट्ठी भर कृषक वीरों के आगे, जलसा लाया गज-तुरंग अखंड था,

उस दिन भारत ने ऐसा समर देखा, देखा भीषण आगाज यहां,

रण में वीरगति चाहता था वो, मगर तुर्कों ने सोचा कुछ और था,

गोकुल का विद्रोह भयंकर था, हर हिंदुस्तानी था जाग रहा,

मगर इतिहास के पन्नों में, यह वीर सदा ही बेनाम रहा,

आओ मिलकर नमन करें, इस शौर्यवीर पराक्रमी मनुज को,

भारत धरा के अप्रतीम साहस, पौरूष झलकता सिंहानुज को,

नमन करे वैभवमय साहस को, कलमदूत ये तेजाभक्त बलवीर,

नित नित पूजनीय कर्म तेरे, सदा अमर है तू गोकुल वीर,

लेखक- बलवीर घिंटाला तेजाभाक्त

गोकुल का विद्रोह भयंकर था, हर हिंदुस्तानी था जाग रहा,

मगर इतिहास के पन्नों में, यह वीर सदा ही बेनाम रहा,

आओ मिलकर नमन करें, इस शौर्यवीर पराक्रमी मनुज को,

भारत धरा के अप्रतीम साहस, पौरूष झलकता सिंहानुज को,

नमन करे वैभवमय साहस को, कलमदूत ये तेजाभक्त बलवीर,

नित नित पूजनीय कर्म तेरे, सदा अमर है तू गोकुल वीर,

2

कान्हा रावत बहीन
(1640 -1684)

कान्हा रावत बहीन (1640 -1684)

कान्हा रावत बहीन तहसील हथीन जिला पलवल

कान्हा रावत का जन्म और बचपन

हिंदुस्तान का इतिहास बलिदानी, साहसी देशभक्त वीरों की वीरगाथा से भरा पडा है । ऐसे वीर जिन्होंने भारतीय संस्कृति, रीति-रिवाजों और स्वाभिमान की रक्षा के लिए अपना सर्वस्व बलिदान कर दिया । राष्ट्रीय राजधानी दिल्ली के निकट वीरभूमि हरियाणा वैदिक सभ्यता नैतिकता, विशाल त्याग, यज्ञों की स्थली तथा विद्वानों की कर्म स्थली रही है। यहां के रणबांकुरों ने समय-समय पर देश

की रक्षा व स्वाभिमान के लिए अपने प्राणों की बलि दे दी। हरियाणा के जिला फरीदाबाद के मेवाती उपमंडल हथीन के निकटवर्ती गांव बहीन भी प्राचीन संस्कृति का एक दृश्य है ।

धर्म बलिदानी कान्हा रावत का जन्म दिल्ली से 60 मील दक्षिण में स्थित रावत जाटों के उद्गम स्थान बहीन गाँव में चौधरी बीरबल के घर माता लाल देवी की कोख से संवत 1697 (सन 1640) में हुआ। वह समय भारत में मुग़ल साम्राज्य के वैभव का था । हर तरफ मुल्ले मौलवियों की तूती बोलती थी। कान्हा ने जन्म से ही मुग़लों के अत्याचारों के बारे में सुना था। यही कारण था कि कान्हा को छोटी अवस्था से ही लाठी, भाला, तलवार, ढाल चलाने की शिक्षा दी गई ।

पारिवारिक जीवन

युवा होने पर उनका विवाह अलवर रियासत के गाँव धीका की कर्पूरी देवी के साथ कर दिया गया। उनके दो पुत्र हुए लेकिन शीघ्र ही कर्पूरी देवी स्वर्ग सिधार गई। कर्पूरी देवी के चल बसने के बाद रिश्तेदारों के आग्रह पर कान्हा ने गुडगाँव जिले के ग्राम घरोंट निवासी उदयसिंह बड़गुजर की पुत्री तारावती को दूसरी जीवन संगिनी बना लिया लेकिन कान्हा के भाग्य में कुछ और ही लिखा था । जिस दिन कान्हा घरोंट से तारावती का गौना लेकर लाये उसी दिन बहीन के रावतों को मुग़लों ने घेर लिया । वीर कान्हा और तारावती अपने होने से पहले ही बेगाने हो गए । कान्हा 44 वर्ष की उम्र में अमर पथ का पथिक बन गया ।

फाल्गुन मास की अमावस्या सन् 1684 को कान्हा रावत अपनी दूसरी शादी घरोंट गांव से करके लाए औरंगजेब ने इसी अवसर का लाभ उठाना चाहा था । उन्होंने उसने बहीन गांव को चारों ओर से घेर लिया जब कान्हा रावत अपनी नई नवेली दुल्हन तारावती को लेकर बहीन पहुंचा तो मुगल सेना को देखकर दंग रह गया । कान्हा रावत को इस्लाम धर्म स्वीकार करने के लिए बहुत प्रलोभन दिए गए, परन्तु मातृभूमि के मतवाले को गुलामी की जंजीरे मंजूर नहीं थी । इसलिए कंगन बंधे हाथों से मुगल सेना से भिड गया । बताया जाता है कि शाही हथियारों का मुकाबला, लाठी, फरसा, बल्लम और भालों से किया, कई दिनों तक चले इस युद्ध में जब कान्हा निहत्था रह गया तो अब्दुन नबी ने उसे बंदी बना लिया।

औरंगजेब की धर्मान्धता पूर्ण नीति

औरंगजेब ने 9 अप्रेल 1669 को फरमान जारी किया- "काफ़िरों के मदरसे और मन्दिर गिरा दिए जाएं"। फलत: ब्रज क्षेत्र के कई अति प्राचीन मंदिरों और मठों का विनाश कर दिया गया । कुषाण और गुप्त कालीन निधि, इतिहास की अमूल्य धरोहर, तोड़-फोड़, मुंड विहीन, अंग विहीन कर हजारों की संख्या में सर्वत्र छितरा

दी गयी । सम्पूर्ण ब्रजमंडल में मुगलिया घुड़सवार और गिद्ध चील उड़ते दिखाई देते थे । और दिखाई देते थे धुंए के बादल और लपलपाती ज्वालायें- उनमें से निकलते हुए साही घुड़सवार ।

सर यदुनाथ सरकार लिखते हैं - "मुसलमानों की धर्मान्धता पूर्ण नीति के फलस्वरूप मथुरा की पवित्र भूमि पर सदैव ही विशेष आघात होते रहे हैं । दिल्ली से आगरा जाने वाले राजमार्ग पर स्थित होने के कारण, मथुरा की ओर सदैव विशेष ध्यान आकर्षित होता रहा है । वहां के हिन्दुओं को दबाने के लिए औरंगजेब ने अब्दुन्नवी नामक एक कट्टर मुसलमान को मथुरा का फौजदार नियुक्त किया । सन 1678 के प्रारम्भ में अब्दुन्नवी के सैनिकों का एक दस्ता मथुरा जनपद में चारों ओर लगान वसूली करने निकला । अब्दुन्नवी ने पिछले ही वर्ष, गोकुलसिंह के पास एक नई छावनी स्थापित की थी । सभी कार्यवाही का सदर मुकाम यही था । गोकुलसिंह के आह्वान पर किसानों ने लगान देने से इनकार कर दिया। मुग़ल सैनिकों ने लूटमार से लेकर किसानों के ढोर-डंगर तक खोलने शुरू कर दिए । बस संघर्ष शुरू हो गया ।

मुगल साम्राज्य के विरोध में विद्रोह

मुगल साम्राज्य के राजपूत सेवक भी अन्दर ही अन्दर असंतुष्ट होने लगे परन्तु जैसा कि "दलपत विलास" के लेखक दलपत सिंह [सम्पादक: डा. दशरथ शर्मा] ने स्पष्ट कहा है, राजपूत नेतागण मुगल शासन के विरुद्ध विद्रोह करने की हिम्मत न कर सके. असहिष्णु, धार्मिक, नीति के विरुद्ध विद्रोह का बीड़ा उठाने का श्रेय उत्तर प्रदेश के कुछ जाट नेताओं और जर्मींदारों को प्राप्त हुआ । आगरा, मथुरा, अलीगढ, इसमें अग्रणी रहे । शाहजहाँ के अन्तिम वर्षों में उत्तराधिकार युद्ध के समय जाट नेता वीर नंदराम ने शोषण करने वाली धार्मिक नीति के विरोध में लगान देने से इंकार कर दिया और विद्रोह का झंडा फहराया । तत्पश्चात वीर नंदराम का स्थान उदयसिंह तथा गोकुलसिंह ने ग्रहण किया ।

इतिहास के इस तथ्य को स्वीकार करना पड़ेगा कि राठौर वीर दुर्गादास के पहले ही उत्तर प्रदेश के जाट वीरों को कट्टरपंथी मुग़ल सम्राटों की असहिष्णु नीतियों का पूर्वाभास हो चुका था । गोकुलसिंह मथुरा, वृन्दावन, गोवर्धन तथा हिंडौन और महावन की समस्त हिंदू जनता के नेता थे तिलपत की गढ़ी उसका केन्द्र थी। जब कोई भी मुग़ल सेनापति उसे परास्त नहीं कर सका तो अंत में सम्राट औरंगजेब को स्वयं एक विशाल सेना लेकर जन-आक्रोश का दमन करना पड़ा ।

गोकुला जाट ने, अथक साहस का परिचय देकर मथुरा, सौंख, भरतपुर, कामा, डीग, गोवर्धन, छटीकरा, चाट, सुरीर, छाता, भिड़ूकी, होडल, हसनपुर, सौंध,

बनचारी, मीतरोल, कोट, उटावड, रुपाडाका, कोंडल, गहलब, नई, बिछौर के पंचों व मुखियों को रावत पाल के बडे गांव बहीन के बंगले पर एकत्र कर एक विशाल पंचायत बुलाई । इस पंचासत में औरंगजेब से निपटने की योजना तैयार की गई । इस पंचायत में बलबीर सिंह ने गोकला जाट को आश्वासन दिया कि वे अपनी आन बान और शान के लिए अपने प्राण तक न्यौछावर कर देंगे, लेकिन विदेशी आक्रांताओं के समक्ष कभी नहीं झुकेंगे । युद्ध करने की समय सीमा तय हो गई । जंगल की आग की तरह खबर विदेशी आंक्राता औरंगजेब तक पंहुच गई । उसने अपना सेनापति शेरखान को तुंरत बहीन भेजा । माघ माह की काली घनी अंधेरी रात में देव राज इंद्र द्वारा किसानों की फसलों के लिए बरस रहे मेघ की बूंदों, काले बादलों के बीच नागिन की तरह चमकती बिजली, जानलेवा कडकडाती शीत लहर में गांव के चुनिंदा लोग वर्णित पंचायत में लिए गए फैसले की तैयारी कर रहे थे, कि अचानक गांव के चौकीदार चंदू बारिया ने औरंगजेब के सेनापति दूत शेरखान के आने की सूचना दी। बंगले पर विराजमान वृद्धों ने भारतीय संस्कृति की रीतिरिवाज के अनुसार शेरखान को आदर सहित बंगले पर बुलवाया तथा उससे आने का कारण पूछा. शेरखान शाह मिजाज से वृद्धों का अपमान करता हुआ बोला - हम बादशाह औरंगजेब का फरमान लेकर आए है । यहां के लोग सीधे-सीधे ढंग से इस्लाम धर्म स्वीकार करते हैं, तो तुम्हारे मुखिया को नवाब की उपाधि से सम्मानित करेंगे । खास चेतावनी यह है कि यदि तुम लोगों ने गोकुला जाट का साथ दिया तो अंजाम बुरा होगा।

इतनी बात सुनकर कान्हा रावत वहां से उठे और अपनी निजी बैठक में गया और भाला लेकर वापिस शेरखान पर टूट पडा

इतनी बात सुनकर कान्हा रावत वहां से उठे और अपनी निजी बैठक में गया और भाला लेकर वापिस शेरखान पर टूट पडा । गांव के वृद्धों ने उसे रोकने का प्रयास किया, लेकिन वे असफल रहे. इधर शेरखान ने भी अपने साथियों को आदेश दिया कि वे इस छोकरे को शीघ्र काबू करके बंदी बनाएं । कान्हा रावत का उत्साह देखकर उसके युवा साथी भी लाठी, बल्लम आदि शस्त्र लेकर टूट पडे । युवाओं ने उन सैनिको को वहां से भगा कर ही दम लिया ।

मुग़ल सेना से युद्ध

तारावती को लाने से पूर्व रावतों के पांच गावों (बहीन, नागल जाट, अल्घोप, पहाडी, और मानपुर) की एक महापंचायत हुई थी जिसमे कान्हा रावत के अध्यक्षता में निर्णय लिए गए थे -

- हम अपना वैदिक हिन्दू धर्म नहीं बदलेंगे ।
- मुसलमानों के साथ खाना नहीं खायेंगे ।
- कृषि कर अदा नहीं करेंगे ।

रावत पंचायत के निर्णयों की खबर जब औरंगजेब को लगी तो वह क्रोध से आग बबूला हो उठा । उसने अब्दुल नवी सेनापति के अधीन एक बहुत बड़ी सेना बहीन पर आक्रमण के लिए भेजी । सन 1684 में बहीन गाँव को चारों तरफ से घेर लिया । रावतों और मुग़ल सेना में युद्ध छिड़ गया । रावत जाटों ने मुग़ल सेना के छक्के छुडा दिए । यदि फिरोजपुर झिरका से मुग़लों को नई सैन्य टुकड़ी का सहारा नहीं मिलता तो मैदान रावत जाटों के हाथ रहता । लेकिन मुग़लों की बहुसंख्यक, हथियारों से सुसज्जित सेना के आगे शस्त्र-विहीन रावत जाट आखिर कब तक मुकाबला करते । इस युद्ध में पांचों रावत गांवों के अलावा अन्य रावत जाट भी लड़े थे और अनुमानतः 2000 से अधिक रावत वीरगति को प्राप्त हुए थे । रावत जाटों के नेता कान्हा रावत को गिरफ्तार कर लिया गया ।

कान्हा रावत को जिन्दा जमीन में गाड़ा

सात फ़ुट लम्बे तगड़े बलशाली युवा कान्हा रावत को गिरफ्तार करके मोटी जंजीरों से जकड़ दिया गया । उसके पैरों में बेड़ी, हाथों में हथकड़ी तथा गले में चक्की के पाट डालकर कैद करके दिल्ली लाया गया । वहां उसको अजमेरी गेट की जेल में बंद कर दिया गया । उसी जेल के आगे गढा खोदा गया. कान्हा को प्रतिदिन उस गढे में गाड़ा जाता था तथा अमानवीय यातनाएं दी जाती थी लेकिन वह इन अत्याचारों से भी टस से मस नहीं हुआ ।

शेर पिंजरे में बंद होकर भी दहाड़ रहा था -

'जिन्दा रहा तो फिर क्रांति की आग सुलगाऊंगा'

रावतों के इतिहास के लेखक सुखीराम लिखते हैं कि - कान्हा रावत के कष्टों की दास्ताँ से निर्दयी औरंगजेब का दिल भी पसीज गया । एक दिन वह प्रात काल की वेला में अजमेरी गेट की जेल गया । कान्हा रावत की हालत देख वह बोला -

"वीर रावत मैं तुम्हारी वीरता का कायल हूँ और तुम्हें माफ़ करना चाहता हूँ । तेरी युवा अवस्था है, घर में बैठी तेरी प्राण प्यारी विरह में रो-रोकर सूख कर कांटा हो गई है । तेरी माँ, बहन-भाई और रिश्तेदार बेहाल हैं । बहुत दिनों से रावतों के घर में दीपक नहीं जले हैं । किसी ने भी भर पेट खाना नहीं खाया है । तुम्हारे जैसा सात फुट का होनहार जवान अपने दिल की उमंगों को साथ लिए जा रहा है । मुझे इसका अफ़सोस है । अरे पगले ! अपने ऊपर और अपनों पर रहम कर. यदि तू मेरी बात मानले तो तुझे मैं जागीर दे सकता हूँ. सेनापति बना सकता हूँ । तेरी मांगी मुराद पूरी हो सकती है । मेरे साथ चल । बाल कटवा, नहा धो और अच्छे कपडे पहन। दोनों साथ मिलकर खाना खायेंगे। अब बहुत हो चूका । तेरी हिम्मत ने मुझे हरा दिया है । अब तो दोस्ती का हाथ बढा दे ।"

औरंगजेब की बात सुनकर वीर कान्हा रावत ने जवाब दिया था -

"बादशाह तुम्हारा परिश्रम व्यर्थ है । खाना ही खाना होता, जागीर ही लेनी होती तो यहाँ इस तरह नहीं आता, इतना जान माल का नुकसान नहीं होता । मैंने सुब कुछ सोच विचार कर यह करने का निश्चय किया है । तुम ज्यादा से ज्यादा मुझे फांसी लगवा सकते हो, गोली से मरवा सकते हो या जमीन में दफ़न करवा सकते

हो लेकिन मेरे अन्दर विद्यमान स्वाभिमान तथा देश एवं धर्म के प्रति प्रेम को तुम मार नहीं सकते । हाँ यदि तुझे मुझ पर रहम आता है तो बिना शर्त रिहा करदे ।"

औरंगजेब अपमान का घूँट पीकर चला गया ।

कान्हा रावत ने औरंगजेब के साथ खाना खाने से इंकार कर दिया. उसको अपना धर्म त्यागना भी स्वीकार नहीं था । उसने अब्दुन नबी (मुग़ल सेनापति) के विरोध में उठने वाले किसान-आन्दोलन को नंदराम और गोकुला के साथ मिलकर हवा दी थी । इस जाट वीर ने प्राण भय से स्वधर्म और संघर्ष नहीं छोड़ा था । उसने जजिया कर के खिलाफ डटकर लड़ाई लड़ी थी । एक दिन बड़ी मुश्किल से मिलने की इजाज़त लेकर कान्हा का छोटा भाई दलशाह उसे मिलने के लिए आया। उस समय कान्हा के पैर जांघों तक जमीन में दबाये हुए थे तथा हाथ जंजीरों से जकडे हुए थे. कोड़ों की मार से उसका शरीर सूखकर कांटा हो गया था । दलशाह से यह दृश्य देखा नहीं गया तो उसने कान्हा से कहा भाई अब यह छोड़ दे । तब कान्हा तिलमिला उठा और बोला:

"अरे दलशाह यह तू कह रहा है । क्या तू मेरा भाई है । क्या तू रावतों की शान में कायरता का कलंक लगाना चाहता है । मैंने तो सोचा था कि मेरा भाई अब्दुन नबी की मौत की सूचना देने आया है । ताकि मैं शांति से मर सकूं । मैंने तो सोचा था कि मेरे भाई ने मेरा प्रतोशोध ले लिया है। मैंने सोचा था कि तू रौताई (रावत पाल) का कोई हाल सुनाने आया है और मेरा सन्देश लेने आया है. लेकिन तुझे धिकार है । तू यहाँ आने से पहले मर क्यों नहीं गया । तूने मेरी आत्मा को छलनी कर दिया है ।"

कान्हा का छोटा भाई दलशाह कान्हा को प्रणाम कर माफ़ी मांग कर वापिस गया । कान्हा रावत के छोटे भाई दलशाह ने रावतों के अतिरिक्त उस क्षेत्र के अनेक गावों के जाटों को इकठ्ठा कर अब्दुल नवी पर हमला बोल दिया। यह खबर कान्हा को उसकी मृत्यु से एक दिन पहले मिली । इस खबर से कान्हा को बड़ी आत्मिक शांति मिली । इस घटना के बाद औरंगजेब ने कान्हा रावत पर जुल्म बढा दिए । अंत में चैत्र अमावस विक्रम संवत 1738 (सन 1682 /सन 1684)को वीरवर कान्हा रावत को जिन्दा ही जमीन में गाड दिया । वह देशभक्त हिन्दू धर्म की खातिर शहीद होकर अमरत्व को प्राप्त किया । कान्हा रावत के बलिदान ने दिल्ली के चारों तरफ बसे जाटों को जगा दिया । चारों और बगावत की ध्वनि गूंजने लगी। यह घटना मुग़ल सल्तनत के हरास का कारण बनी ।

जिस स्थान पर कान्हा रावत को जिन्दा गाडा गया था वह स्थान अजमेरी गेट के आगे मौहल्ला जाटान की गली में आज भी एक टीले के रूप में विद्यमान है । दिल्ली स्थित पहाडी धीरज पर आज भी वह जगह रावतपाडा के नाम से प्रसिद्ध

है। कान्हा रावत को विदेशी छतरी को निर्माण कराया, जो आज भी विद्यमान है। रावत पाल के लोगों ने उनकी स्मृति गौशाला का निर्माण कराया, जहां पर हर वर्ष दो दिन का उत्सव मनाया जाता है।

यह वक्त की ही विडम्बना है कि किसी भी राष्ट्रीय स्तर के लेखक ने इस शहीद पर कलम चलाने का प्रयास नहीं किया ।

कवियों की नजर में

स्वर्गीय **कवि रतन सिंह आर्य** ने कान्हा रावत की वीरता और निडरता पर यह कविता लिखी है:

शरीर आलमगीर आया रावत को तसखीर करने
तीर क्या शमशीर संग भारी तोपखाना था
कुकर्मी अधर्मी का हुकूमत की गर्मी का
रौब और आतंक आर्यों पर बिठाना था
धर्म कर्म नष्ट भ्रष्ट ललनाओं की लाज करी
हरंग सजाये बड़े जुल्म का जमाना था
रावत ने बगावत करके मुग़लों का विरोध किया
शाही रकाबत को नहीं गिरना था
पहचान स्वधर्म ठाना म्लेच्छों से विकट युद्ध
मन नहीं खौप युद्ध महाबली कान्हा था
देश के इतिहास में प्रकाशमान आज तलक
रावत कुलभूषण रतन सिंह मरदाना था कान्हा रावत के दुःख की दास्तान को स्थानीय **कवि खेम सिंह** ने इस तरह वर्णन किया है: हाथ में पड़ी हथकडी, सर पर थी केसरिया पगड़ी
तगडी कली सी खिली, कर प्रणाम आखिरी चल दिया जब कान्हा बली
देश धर्म जाती के लिए, नर थोड़े दिन ही जिया करे
मुसीबत सर पर लिया करे, जहर के प्याले पिया करे
जिनमें कुर्बानी का मादा, वे ना जिया करे नर ज्यादा
इज्जत उन्ही को मिली

कान्हा रावत की मूर्ति का अनावरण

कान्हा रावत की मूर्ति

हरियाणा के जिले पलवल के गांव बहीन में शहीद कान्हा रावत की मूर्ति का अनावरण कार्यक्रम फरवरी 2014 में भरतपुर नरेश और डीग कुम्हेर के विधायक विश्वेन्द्रसिंह ने किया। इस मौके पर सिंह ने शहीद कान्हा की शहादत को वीर गोकुला के समान बताते हुए कहा कि रावतों का भरतपुर से खून का संबंध है।

इस मौके पर उन्होंने हरियाणा सरकार से गुड़गांवा कैनाल के द्वारा भरतपुर व राजस्थान के हिस्से का पानी देने की मांग कार्यक्रम के मुख्य अतिथि हरियाणा के सीएम भूपेंद्रसिंह से की। ताकि लोगों को सिंचाई एवं जानवरों को पीने के लिए मीठा पानी मिल सके। इस पर कार्यक्रम के मुख्य अतिथि हरियाणा के सीएम भूपेंद्रसिंह ने शीघ्र ही पानी दिलाने का आश्वासन दिया। सिंह ने रावत जाट पाल की सरदारी द्वारा समाज सुधार के किए जा रहे कार्यों की सराहना की।

अखिल भारतवर्षीय जाट महासभा के राष्ट्रीय महामंत्री राम वीरसिंह वर्मा ने जाटों को आरक्षण दिए जाने की मांग की। कार्यक्रम में डॉ. बलराम जाखड़, करन सिंह दलाल, हर्ष कुमार सिंह, सांसद अवतार सिंह भड़ाना, डीएस तेवतिया, रामचंद्र बेंदा, डा. योगानंद शास्त्री, भगवान सहाय रावत आदि मौजूद थे।

3

महाराजा सूरजमल भरतपुर (13 फरवरी 1707 से 25 दिसंबर 1763)

महाराजा सूरजमल भरतपुर (13 फरवरी 1707 से 25 दिसंबर 1763)

महाराजा सूरजमल: एक श्रेष्ठ शख्सियत

जन्म: 13 फरवरी 1707

ताजपोशी : 22 मई 1755, डीग में

वीर गति: 25 दिसम्बर 1763

sketch of Maharaja Surajmal by Painter Pawan Thakan

अट्ठारवीं शताब्दी को भारतीय इतिहास की सबसे अस्थिर, उथल-पुथल से भरी और डांवाडोल शताब्दी माना जा सकता है। इस शताब्दी के जिस रियासती शासक में वीरता, धीरता, गम्भीरता, उदारता, सतर्कता, दूरदर्शिता, सूझबूझ, चातुर्य और राजमर्मज्ञता का सुखद संगम सुशोभित था, वह था महाराजा सूरजमल। मेल-मिलाप और सह-अस्तित्व तथा समावेशी सोच को आत्मसात करने वाली भारतीयता का वह सच्चा प्रतीक था।

भरतपुर जहां स्थित है, वह इलाका सोघरिया जाट सरदार रुस्तम के अधिकार में था। यहां पर सन 1733 में भरतपुर नगर की नींव डाली गई। सन 1732 में बदनसिंह ने अपने 25 वर्षीय पुत्र सूरजमल को डीग के दक्षिण-पश्चिम में स्थित सोघर गांव के सोघरियों पर आक्रमण करने के लिए भेजा। सूरजमल ने सोघर को जीत लिया। वहाँ राजधानी बनाने के लिए किले का निर्माण शुरू कर दिया। भरतपुर में स्थित यह किला लोहागढ़ किला (Iron fort) के नाम से जाना जाता है। यह देश का एकमात्र किला है, जो विभिन्न आक्रमणों के बावजूद हमेशा अजेय व अभेद्य रहा। बदन सिंह और सूरजमल यहां सन 1753 में आकर रहने लगे।

भरतपुर के किले का निर्माण- कार्य शुरू करने के कुछ समय बाद बदनसिंह की आंखों की ज्योति क्षीण होने लगी। अतः उसने विवश होकर राजकाज अपने योग्य और विश्वासपात्र पुत्र सूरजमल को सौंप दिया। वस्तुतः बदनसिंह के समय भी शासन की असली बागडोर सूरजमल के हाथ में रही।

मुगलों, मराठों व राजपूतों से गठबंधन का शिकार हुए बिना ही सूरजमल ने अपनी धाक स्थापित की। घनघोर संकटों की स्थितियों में भी राजनीतिक तथा सैनिक दृष्टि से पथभ्रांत होने से बचता रहा। बहुत कम विकल्प होने के बावजूद उसने कभी गलत या कमजोर चाल नहीं चली। उसने यत्न किया कि संघर्ष का पथ अपनाने से पहले सब शांतिपूर्ण उपायों को अवश्य आज़माया जाए।

नवजात जाट राज्य की रक्षा करने और उसे सुरक्षित बनाए रखने के लिए उसने साहस तथा सूझबूझ का परिचय दिया।

रण-कौशल और चतुराई में अव्वल:

1.बागड़ू की लड़ाई - सन 1743 में जयपुर-नरेश सवाई जयसिंह की मृत्यु के बाद राजगद्दी पर आसीन होने के मसले पर उसके पुत्रों ईश्वरी सिंह और माधो सिंह में भ्रातृघाती युद्ध हुआ। माधो सिंह की मां उदयपुर की होने के कारण मेवाड़ के राणा ने अपने पद और प्रभाव का प्रयोग करके अपने भांजे के लिए प्रबल समर्थक जुटा लिया। मराठों तथा जोधपुर, बूंदी और कोटा के शासकों ने भी माधोसिंह का साथ दिया। केवल भरतपुर के सिनसिनवार बदन सिंह ने जयसिंह को दिए अपने वचन को निभाते हुए ईश्वरी सिंह को सक्रिय सहयोग प्रदान करने के लिए अपने वीर पुत्र सूरजमल को जयपुर भेजा। सूरजमल ने दस हज़ार घुड़सवार ,दो हज़ार पैदल सैनिक और दो हज़ार बर्छेबाज को साथ लेकर कुम्हेर से जयपुर की ओर कूच किया। उसकी सेना में जाट, गुर्जर, अहीर, राजपूत और मुसलमान थे। ईश्वरी सिंह ने सूरजमल को बराबरी का सम्मान देते हुए उसका स्वागत किया।

ईश्वरीसिंह और माधोसिंह की सेनाओं का आमना- सामना 21 अगस्त 1748 को जयपुर से 18 मील दूर दक्षिण-पश्चिम गें स्थित बागड़ू में हुआ। बेशक युद्ध बेमेल था। माधोसिंह के पक्ष में शामिल नामी योद्धाओं में मल्हारराव होलकर, गंगाधर टांटिया ,मेवाड़ के महाराणा, जोधपुर नरेश तथा कोटा व बूंदी के राजा थे। उसकी सहायता करने के लिए महाराणा, राठौड़, सिसोदिया, हाड़ा, खींची व पंवार सब शासक शामिल थे। ईश्वरी सिंह के साथ लड़ने वाला सूरजमल अप्रसिद्ध- सा था। सूरजमल के सैनिक संख्या में अवश्य कम थे, परन्तु भली -भांति प्रशिक्षित थे। उनका सेनापति सूरजमल परखा हुआ शूरवीर था। ईश्वरी सिंह की सेना के अग्र भाग का नेतृत्व संभालने वाला सीकर का सरदार शिव सिंह युद्ध के दूसरे दिन युद्ध के मैदान में ढेर हो गया। तब तीसरे दिन हरावल (अग्रभाग) का नेतृत्व सूरजमल को सौंपा गया। मराठा सरदार मल्हारराव होलकर ने गंगाधर टांटिया को एक शक्तिशाली सैन्य दल के साथ ईश्वरी सिंह की तैनाती वाले सेना के पृष्ठ भाग पर अचानक धावा बोल देने के लिए भेज दिया। युवा सूरजमल ने आगे बढ़ते

हुए शत्रु-सेना के पार्श्व भाग पर धावा बोल दिया। दो घंटे तक भीषण युद्ध हुआ। अंत में गंगाधर को पीछे धकेल दिया। सूरजमल ने छिन्न-भिन्न पृष्ठभाग को फिर व्यवस्थित किया। उस घोर संकट के समय सूरजमल ने लड़ाई में जबरदस्त शौर्य दिखाया। सूरजमल की वीरता ने हारती बाजी को पलट दिया। ईश्वरीसिंह को राजगद्दी पर आसीन करवाने में वह सफल हो गया। रण-भूमि में इस जीत ने सूरजमल को विख्यात कर दिया।

"सूरजमल की नेतृत्व शक्ति और उसके सैनिकों के पराक्रम की ख्याति तेजी से फैल गई, और देश के उच्चतम शासकों की ओर से बार-बार उसके पास सैनिक सहायता की मांग आने लगी।"(गंगासिंह, यदुवंश ,पृष्ठ 156)

2. **मुगलों से मुकाबला** - 20 जून 1749 को जोधपुर नरेश महाराजा अभयसिंह की मृत्यु के बाद महाराजा की गद्दी पर आसीन हुए रामसिंह को उसके मामा बख़्त सिंह ने चुनौती दी। रामसिंह ने आमेर के तत्समय राजा ईश्वरीसिंह से सहायता मांगी। मुगल सम्राट अहमदशाह ने बख़्त सिंह का समर्थन करते हुए नवंबर में मीर बख्शी सलाबतजंग को 18000 सैनिकों के साथ उसकी सहायता के लिए भेजा। मीर बख्शी ने जाट राजा के अधीन मेवात के रास्ते जोधपुर जाने का निश्चय किया। योजना यह थी कि मीर बख्शी जाटों से आगरा और मथुरा सूबे के उन भागों को भी वापस छीन लेगा, जिन पर उन्होंने कब्जा कर लिया था। जाटों से निपटने के बाद मीर बख्शी को मारवाड़ पहुँचकर बख्तसिंह से जा मिलना था। मीर बख्शी ने जाट-राज्य में मेवात को लूटा और नीमराना के मिट्टी से बने किले पर 30 दिसम्बर 1749 को अधिकार कर लिया। अभिमान से चूर हो चुके मीर बख्शी ने सूरजमल को सबक सिखाने की ठान ली और सराय शोभचंद आ धमका। सूरजमल ने अपने छ हज़ार सैनिकों का नेतृत्व करते हुए सन 1750 के नववर्ष के दिन मुगल-सेना को चारों ओर से घेर लिया। सूरजमल के साथ जाट सरदार थे। मीर बख्शी चारों तरफ से घिर गया था। आक्रमण में सैनिकों के साथ दो प्रमुख मुगल सेनाध्यक्ष अली रुस्तम खां और हकीम खां भी मारे गए। मीर बख्शी अब सूरजमल के वश में था। तीन दिन बाद उसने लड़ाई की जिद्द छोड़कर सूरजमल से संधि की याचना की। सूरजमल ने संधि के लिए निम्नलिखित चार शर्तें रखीं और मीर बख्शी ने इन्हें स्वीकार कर लिया:

1. सम्राट की सरकार पीपल के वृक्षों को न कटवाने का वचन देगी;

2. इस वृक्ष की पूजा में कोई बाधा नहीं डालेगी;

3. इस प्रदेश के हिंदू मंदिरों का अपमान या नुकसान नहीं करेगी;

4. सूरजमल अजमेर प्रांत की मालगुजारी के रूप में राजपूतों से 15 लाख रुपए लेकर शाही खजाने में दे देगा, बशर्ते मीर बख्शी नारनोल से आगे न बढ़े ...।

इस सफलता से सूरजमल और जाटों में नया आत्मविश्वास भर गया। जाटों का सैनिक सामर्थ्य प्रमाणित हो गया। इस संधि की शर्तों में स्पष्ट रूप से ब्रज-मंडल में भरतपुर के शासकों की उत्कृष्ट स्थिति को मान्यता दी गई थी, जिससे 'बृजराज' उपाधि का औचित्य सिद्ध होता है। सूरजमल के अलावा दूसरा कोई राजा नहीं हुआ जो ऐसी शर्तें मुस्लिम शासकों से मनवा सका।

3. दिल्ली में सूरजमल की धमक - सन 1748 में मुगल सम्राट मुहम्मदशाह की मृत्यु के बाद शहज़ादा अहमदशाह शाहंशाह और अवध का सूबेदार सफ़दरजंग वजीर बना। मुगल दरबार में आपसी कलह से घोर अव्यवस्था का दौर शुरू होना लाज़िम था। सफदरजंग को उसकी निजी जागीर बल्लभगढ़ व रुहेलखंड में विद्रोह का सामना करना पड़ा। इनमें से पहले संग्राम में सूरजमल ने उसका विरोध किया और दूसरे में उसका समर्थन किया। मुगल दरबार में सफदरजंग के काफी शत्रु थे और रुहेलों ने भी उसके खिलाफ मोर्चा खोल दिया। ऐसी स्थिति में उसने सूरजमल का नाम अपने विरोधियों की सूची में जोड़ना ठीक नहीं समझा। दोनों में हुए समझौते के तहत झगड़ा खत्म हो गया। रुहेले जब सफदरजंग के प्रभुत्व को खुली चुनौती देने लगे तो बंगश पर चढ़ाई करने के अभियान में सफदरजंग के साथ सूरजमल था। उसने अहमद बंगश की राजधानी फर्रुखाबाद पर अधिकार कर लिया।

रुहेलों के विरुद्ध संग्राम में जाटों ने जो सराहनीय वीरता दिखाई उससे बल्लभगढ़ की समस्या का हल सूरजमल ने अपनी इच्छा के अनुकूल करवा लिया। रुहेलों का दमन करने के लिए दूसरी बार प्रस्थान करने से पहले सफदरजंग ने मराठों से मैत्री- संधि कर ली। जाट और मराठा सैनिकों ने रुहेला प्रदेश को तहस-नहस कर डाला। दिल्ली लौटकर सफदरजंग ने रुहेलों के विरुद्ध अपने दो संग्रामों में सूरजमल द्वारा दी गई सहायता को कृतज्ञतापूर्वक याद रखा। 20 अक्टूबर 1752 को जब वज़ीर सफ़दरजंग के साथ सूरजमल दरबार में उपस्थित हुआ तो सम्राट ने सूरजमल को 'राजेंद्र' की उपाधि देकर 'कुंवर बहादुर' और उसके पिता बदनसिंह को 'महेंद्र' की उपाधि देकर 'राजा' बना दिया।

कालांतर में मुग़ल दरबार में कलह का खेल कुछ ऐसा चला कि सफदरजंग और सम्राट के बीच तनातनी चरम पर पहुंच गई। सम्राट ने सफदरजंग को पदच्युत कर उसकी जागीरें ज़ब्त कर लीं। सफदरजंग ने अपने अहसान फ़रामोश बादशाह को सबक सिखाने के लिए दिल्ली पर घेरा डाल दिया और सूरजमल से सहायता

की गुहार की। मार्च से नवंबर 1753 तक दिल्ली में गृह- युद्ध के हालात बने रहे। सफदरजंग की पुकार पर सूरजमल मई के पहले सप्ताह में विशाल सेना तथा 15 हज़ार घुड़सवार लेकर दिल्ली जा धमका। तत्कालीन नवाब गाजीउद्दीन(इमाद) से जोरदार लड़ाई लड़ी। 9 मई और 4 जून1753 के बीच जाटों ने पुरानी दिल्ली में अपनी मनमर्जी चलाई। 16 मई को तो उन्होंने वहाँ खूंखार तरीके से उधम मचाई। बादशाह की सेना लाचार बनी रही; कुछ नहीं कर सकी।

'तारीख़-ए- अहमदशाह' के लेखक ने यह लिखा है: "जाटों ने दिल्ली के दरवाजे तक लूटपाट की ; लाखों- लाख लूटे गए; मकान ढहा दिए गए; और सब उपनगरों (पुरों) में और चुरनिया और वकीलपुरा में तो कोई दीया ही नहीं दीखता था।" उसी समय से 'जाट- गर्दी' शब्द प्रचलन में आया। परंतु यह भी याद रखना होगा कि इसके तत्काल बाद अहमदशाह अब्दाली की 'शाह-गर्दी' और मराठों की 'भाऊ-गर्दी' के सामने सूरजमल के सैनिकों द्वारा की गईं ज्यादतियां फीकी पड़ गई थीं।

सूरजमल ने जब तक अपनी तलवार म्यान में रखने से इंकार कर दिया जब तक कि उसके मित्र सफदरजंग को अवध और इलाहाबाद के उपराजत्व वापस न दे दिए जाएं। अंत में इन शर्तों पर संधि हो गई। सूरजमल ने सफ़दरजंग से मित्रता-धर्म निभाते हुए उसे विनाश से बचा लिया, चाहे इसके कारण उसे गाजीउद्दीन की कट्टर शत्रुता मोल लेनी पड़ी। दिल्ली की हार का बदला लेने एवं सूरजमल को डराने के लिए नवाब गाजीउद्दीन (इमाद) ने दक्षिण से मराठा मल्हारराव होलकर को सूरजमल पर आक्रमण करने के लिए न्योता दिया।

4. मुग़ल-मराठा संयुक्त सेना से मुकाबला - सूरजमल सतर्क एवं चतुर पुरुष था। वह संघर्ष के रास्ते पर आगे बढ़ने से पहले सब शांतिपूर्ण उपायों को आजमाए जाने के पक्ष में रहता था। वह अपने पांव रखने से पहले जमीन को जांच लेता था। साहस और धैर्य दोनों ही गुण उसमें थे। मराठों के विपरीत, सूरजमल अपनी चादर से बाहर पांव पसारने या अपने सामर्थ्य से अधिक जिम्मेदारी अपने सिर लेने से बचता था।

सूरजमल मराठों के साथ तनातनी से बचने का प्रयास करता रहा। परंतु मराठों के मन में संधि नहीं, लूट का लालच भरा था। फलता-फूलता जाट- राज्य उनकी खीझ व लोभ का कारण बन गया था। मराठों द्वारा सूरजमल को नीचा दिखाने की कुटिल चालें चली जा रहीं थीं। सन 1753 के दिसंबर के अंत में खांडेराव ने दिल्ली में मुगल सम्राट तथा इमाद के सम्मुख यह बात स्पष्ट कर दी थी --'मैं अपने पिता के आदेश से यहां सूरजमल के विरुद्ध आपके अभियान में सहायता देने आया हूं... ।'

सूरजमल के राज्य के केंद्र में स्थित सामरिक महत्व के कस्बे कुम्हेर में मुगल-मराठा की सम्मिलित सेना (80 हजार से अधिक सैनिक जिनमें जयपुर-नरेश द्वारा मल्हारराव के साथ भेजी गई छोटी-सी सेना भी शामिल थी।) ने जनवरी 1754 में घेरा डाल दिया। कुछ समय बाद मीर बख्शी अर्थात मुग़ल सम्राट की सेनाओं के प्रधान सेनापति गाजीउद्दीन खां शाही सेनाओं के साथ मराठों की सहायता के लिए आ पहुंचा। इस विशाल सेना के सम्मुख भी सूरजमल ने हिम्मत नहीं हारी और उसने मई 1754 तक चार माह तक डटकर मुकाबला किया।

सूरजमल संकट और संग्राम की स्थिति में काल और परिस्थिति के हिसाब से चाल चलने में माहिर था। कुम्हेर पर चढ़ाई के दौरान मल्हारराव का रूपवान वीर पुत्र खंडेराव जाटों की एक हल्की तोप के गोले से 15 मार्च 1754 को मारा गया। खाँडेराव का पिता मल्हारराव 'शोक से बिल्कुल पागल सा हो गया और उसने प्रतिज्ञा की कि वह इसका बदला जाटों का समूल नाश करके लेगा।'

मल्हारराव ने आक्रमण का दबाव बढ़ाया। सूरजमल की सहायता के लिए कोई नहीं आया। रानी हंसिया ने मराठा शिविर की फूट और गुटबंदियों की जानकारी प्राप्त कर जियाजीराव सिंधिया के पास एक पत्र भिजवाया। सिंधिया और सिनसिनवार शासकों के मध्य हुए इस संपर्क के समाचार का पता चलते ही मल्हारराव होल्कर के हौसले टूट गए। उसने परिस्थितियों का मूल्यांकन करते हुए 18 मई 1754 को सूरजमल से संधि कर ली। इस घेरे की समाप्ति के समय सूरजमल का राज्य ज्यों का त्यों था और उसकी प्रतिष्ठा में भी वृद्धि हुई।

"सूरजमल की धाक इस घेरे के दिनों में और भी बढ़ गई थी और सारे हिंदुस्तान भर छा गई थी; अब उसे यह यश और प्राप्त हो गया कि वह उन दो सरदारों से, जो अपनी -अपनी सेनाओं में उसके पद के समकक्ष थे, सौदेबाजी करने में और उनसे अपनी मनचाही शर्तें मनवाने में सफल हुआ।"(फ़ादर वैन्देल , और्म की पांडुलिपि)

कुम्हेर के घेरे से सूरजमल के कुशल और अक्षत बच जाने में चरित्र बल एवं सौभाग्य के साथ-साथ रानी हंसिया के साहसपूर्ण प्रयत्न और उनके सुयोग्य सलाहकार/विश्वसनीय मंत्री रुपाराम कटारिया के संधि वार्ता कौशल से भी बहुत सहायता मिली।

5. **अहमदशाह अब्दाली से मुकाबला:** 18 वीं शताब्दी के मध्य में मुगल साम्राज्य दुर्बलता, अराजकता और दरिद्रता की चपेट में आ चुका था। अफगानी आक्रांता अहमदशाह अब्दाली ने सन 1756 में पंजाब को जीतकर दिल्ली की ओर कूच कर दिया। 27 जनवरी 1757 को अब्दाली आतंक मचाने बगी नीयत से

दिल्ली के बाहरी अंचल में आ धमका। 29 जनवरी को मुगल सम्राट आलमगीर द्वितीय अब्दाली के समक्ष नतमस्तक हो कर उपस्थित हो गया। क्रूर स्वभाव के लिए कुख्यात अब्दाली ने एक महीने तक दिल्ली में आतंक मचाए रखा। 22 फरवरी 1757 को 'दिल्ली में अपना काम निपटा कर और आलमगीर द्वितीय को उसका राजसिंहासन दुबारा देकर अहमदशाह दुर्रानी ने जाट राजा से राज-कर वसूल करने के लिए दक्षिण की ओर कूच किया'।(जदुनाथ सरकार, 'फॉल ऑफ द मुगल एंपायर', खंड 2 पृष्ठ 80) अब्दाली के मन में उस समय हिंदुस्तान में सबसे धनी शासक सूरजमल का धन हड़पने की इच्छा बलवती हो चली। उसने सूरजमल के पास संदेश भिजवाया कि वह राज-कर देने के लिए उसके पास हाजिर हो, उसके झंडे के नीचे रहकर सेवा करे और जिन इलाकों को उस ने हाल ही में हथियाया है, उन्हें लौटा दे। सूरजमल ने इस बुलावे की परवाह नहीं की। मथुरा की रक्षा का भार अपने पुत्र जवाहर सिंह को सौंपकर वह डीग लौट गया। जवाहरसिंह ने उतावलापन दिखाया। फरीदाबाद और बल्लभगढ़ के आसपास लूटमार कर रही एक अफ़ग़ान टुकड़ी पर आक्रमण कर उसे हरा दिया। यह सुनकर अब्दाली का गुस्सा और फूट पड़ा। उसने अपने वरिष्ठ सेनापति अब्दुस्समद खां को जवाहर सिंह पर घात लगाकर हमला करने का आदेश दिया। परन्तु जवाहर सिंह मामूली सा नुकसान उठाकर किसी तरह बच निकला और बल्लभगढ़ पहुंच गया।

जब अब्दाली ने जाट इलाके की ओर प्रस्थान किया, तब सम्राट आलमगीर ने उसे विदाई दी। 25 फरवरी को वह बदरपुर में था; वहां अब्दुस्समद खां ने उसे बताया कि जवाहर सिंह बच निकला है। अब्दाली ने बल्लभगढ़ के घेरे का संचालन ख़ुद करते हुए कत्लेआम किया परन्तु राजकुमार जवाहर सिंह वहाँ से चकमा देकर निकल चुका था। क्रोध से तिलमिलाए अब्दाली ने नजीबुद्दौला और जहान खां को बीस हज़ार सैनिकों के साथ जाट-राज्य में अलग भेजकर यह हुक्म दिया:

"उस अभागे जाट के राज्य में घुस जाओ; उसके हर शहर और हर जिले को लूटकर उजाड़ दो। मथुरा नगर हिंदुओं का तीर्थ है। मैंने सुना है कि सूरजमल वहीं है। इस पूरे शहर को तलवार के घाट उतार दो। जहां तक बस चले, उसके राज्य में और आगरा तक कुछ मत रहने दो; कोई चीज खड़ी नहीं रह पाए ।"(के. आर. कानूनगो , 'हिस्ट्री ऑफ द जाट्स',पृ.99)

अब्दाली के आदेशों को क्रियान्वित करने में नजीब और जहान खां ने अति उत्साह दिखाया परंतु मथुरा पहुंचने से पहले उन्हें इस नगर से आठ मील दूर उत्तर की ओर चौमुहां में दस हज़ार लड़ाकू जाटों का सामना करना पड़ा। प्रसिद्ध इतिहासकार सर जदुनाथ सरकार ने इसका वृतांत इन शब्दों में प्रस्तुत किया है:

"यह सत्य है कि दिल्ली- आगरा प्रदेश और यमुना के परले किनारे के दोआब को तीन बरस तक बुरी तरह चूसते रहने के बाद मराठे भाग गए थे। इन पवित्रतम वैष्णव तीर्थों की रक्षा में एक भी मराठे का खून नहीं बहा। परंतु जाट किसानों ने दृढ़ निश्चय किया था कि विनाशकारी लुटेरा उनकी लाशों के ऊपर से गुजर कर ही ब्रज की पवित्र राजधानी तक पहुंच सकेगा।" (जदुनाथ सरकार, फॉल ऑफ द मुगल एम्पायर, खंड 2 पृ.82)

महान प्रामाणिक लेखक नीरद सी .चौधरी ने चौमुहां की लड़ाई पर प्रकाश डालते हुए लिखा है : "सन 1757 में अफगानिस्तान के शाह अहमदशाह अब्दाली ने मथुरा पर चढ़ाई की और आदेश दिया--- 'मथुरा नगर हिंदुओं का पवित्र स्थान है। इसे तलवार के घाट उतार दिया जाए। आगरा तक एक भी इमारत खड़ी न रहने पाए।"

अफगानों की शक्ति को भली -भांति जानते हुए भी ब्रजभूमि के किसान, राजकुमार जवाहर सिंह (सूरजमल का पुत्र) के नेतृत्व में रास्ते में अड़ गए। मथुरा से आठ मील दूर चौमुहां में दस हज़ार जाट नौ घंटे तक लड़े जब तक कि वे पराजित न कर दिए गए। (नीरद सी. चौधरी, 'द कॉन्टिटेंट ऑफ सर्स पृ.101)

राजपुताना व अन्य राज्यों के राजा अपनी रियासतों में ही बैठे रहे, तुनुक मिज़ाजी और निठल्लेपन में डूबे हुए; रखैलों और सनकी लोगों से घिरे; दिन में मदिरा में मदमस्त और रात्रि में श्रान्त- क्लान्त। 1 मार्च 1757 को मथुरा की जो लाज लुटनी शुरू हुई, उससे दूसरी रियासतों के शासकों को कोई वास्ता ही नहीं था। पुजारियों से भरे नगर की नींद तोपों की गर्जन की आवाज से खुली। दो दिन पूर्व संपन्न होली के उत्सव पर मथुरा में हिंदुस्तान के सभी भागों से तीर्थयात्री आए हुए थे। वे सब नजीब और जहान खां की तोपों के शिकार हो गए। एक विभत्स रक्त-रंजित होली खेली गई। यह था अफगानी आक्रांताओं की पाशविकता तथा उग्रता का एक नमूना।

अफगानी लुटेरों ने 6 मार्च को अपना रुख वृंदावन की ओर किया और वहां भी कत्लेआम मचाया। उसके बाद अब्दाली की सेनाएं आगरा की ओर बढ़ीं। अब्दाली ने पहले आगरा में लूटमार करके सुरजमल के किलों-- भरतपुर ,डीग या कुम्हेर-- को जीतने की योजना बना ली थी। वह सूरजमल से बड़ी राशि भेंट के रूप में ऐंठने का ख़्वाब देख रहा था। 21 मार्च को जहान खां ने 15 हज़ार घुड़सवारों के साथ आगरा पर धावा बोल दिया और निर्दयता से लूट मार की। इसी दौरान हैजे की महामारी की चपेट में आने से अब्दाली के सैकड़ों सैनिक मौत के मुँह में समाने लगे। सूरजमल को पत्र भेजकर अब्दाली ने धमकी दी कि यदि वह कर

(नज़र) देने में आनाकानी करता रहा तो इसके परिणाम भयंकर होंगे। उसने पत्र में संकेत किया था कि भरतपुर, डीग और कुम्हेर के किलों को भूमिसात कर दिया जाएगा। सूरजमल ने दृढ़ता के साथ चतुराई का,अप्रतिम साहस के साथ खिझाने वाली स्पष्टवादिता का, अभिमान के साथ विनय का मिश्रण दर्शाते हुए बड़ी धीरता से भरा पत्र अब्दाली को भेजा, जिससे अब्दाली को यह बात समझ में आ गई कि सूरजमल अकर्मण्य राजा नहीं है। मार्च 1757 में सूरजमल द्वारा लिखे पत्रों का उल्लेख दिल्ली के तत्कालीन वज़ीर इमाद ने अपनी पुस्तक 'तज़िकरा-ए-इमादुल्मुल्क' में किया है। इतिहास की अमूल्य धरोहर इस पत्र में राजमर्मज्ञ सूरजमल ने यह लिखा था:

" ...यह अचरज़ की बात है कि इतने बड़े दिलवाले हुज़ूर ने इस छोटी-सी बात पर विचार नहीं किया और इतनी सारी भीड़ और इतने बड़े लाव-लश्कर के साथ इस साधारण तुच्छ-से अभियान पर स्वयं आने का कष्ट उठाया। जहाँ तक मुझे और मेरे प्रदेश को कत्ल करने और बरबाद कर देने की धमकी-भरे आदेश का प्रश्न है, वीरों को इस बात पर कोई भय नहीं हुआ करता। सभी को मालूम है कि कोई भी समझदार व्यक्ति इस क्षण-भंगुर जीवन पर तनिक भी भरोसा नहीं करता। जहाँ तक मेरी बात है, मैं जीवन की पचास सीढ़ियां पहले ही पार कर चुका हूँ और अभी कितनी और पार करनी बाकी हैं, यह मुझे कुछ पता नहीं। मेरे लिए इससे बढ़कर कोई वरदान नहीं हो सकता कि मैं शहादत/बलिदान के अमृत की घूंट का पान करूँ--यह देर-सवेर बहादुर सैनिकों को युद्ध के मैदान में करना ही पड़ेगा--और यादगार के रूप में युग के इतिहास के पृष्ठों पर मेरा और मेरे पूर्वजों का नाम रह जायेगा कि एक साधारण किसान ने एक इतने बड़े शक्तिशाली सम्राट से, जिसने बड़े -बड़े राजाओं को जीतकर अपना दास बना लिया था, उससे बराबरी से लड़ा और लड़ते- लड़ते वीर-गति को प्राप्त हुआ। ऐसा ही शुभ संकल्प मेरे निष्ठावान अनुयायियों और साथियों के हृदय में विद्यमान है...

मेरे इन तीन किलों (भरतपुर ,डीग और कुम्हेर) के बारे में, जिन पर हुज़ूर का रोष है और जिन्हें हुज़ूर के सरदारों ने मकड़ी के जाले- सा कमजोर बतलाया है, सच्चाई की परख असली लड़ाई के बाद ही हो पाएगी। भगवान ने चाहा तो वे सिकंदर के गढ़ जैसे हीअजेय ही रहेंगे ।" प्रोफेसर गंडासिंह ने अहमदशाह अब्दाली की सूरजमल हुई समझौता- वार्ता की चर्चा का संक्षिप्त विवरण इन शब्दों में प्रस्तुत किया है:

"धन से भरपूर राजकोष, सुदृढ़ दुर्गा, बहुत बड़ी सेना और प्रचुर मात्रा में युद्ध-सामग्री के कारण सूरजमल ने अपना स्थान नहीं छोड़ा और वह युद्ध की तैयारी

करता रहा। उसने अहमदशाह अब्दाली के दूतों से कहा, 'अभी तक आप लोग भारत को नहीं जीत पाए हैं... अगर आपमें सचमुच कुछ दम है, तो मुझ पर चढ़ाई करने में इतनी देर किसलिए?"

अब्दाली जितना समझौते की कोशिश करता गया, उतना ही सूरजमल का अभिमान और धृष्टता बढ़ती गई। उसने कहा," मैंने इन किलों पर बड़ी धनराशि खर्च की है। यदि अहमद शाह अब्दाली मुझसे लड़े तो यह उसकी मुझ पर कृपा होगी, क्योंकि तब दुनिया भविष्य में यह याद रख सकेंगे कि एक बादशाह बाहर से आया था और उसने दिल्ली जीत ली थी, पर वह एक मामूली से जमींदार के मुकाबले में आकर लाचार हो गया।"

सूरजमल के अभेद्य किलों की भनक मिलने पर अब्दाली वापस कंधार लौट गया। इस प्रकार अब्दाली का संग्राम सैनिक दृष्टि से असफल रहा। सूरजमल ने बाजी जीत ली थी। उसके किलों को हाथ तक नहीं लगाया गया। दोआब में उसे नगण्य से राज्य-क्षेत्र की हानि हुई। चौमुंहा में सूरजमल के पुत्र जवाहर सिंह ने जो वीरता दिखाई, उससे यह साबित हो गया कि हिंदुस्तान में केवल भरतपुर के जाट ही ऐसे लोग हैं, जो अपने धर्म-स्थानों की रक्षा के लिए प्राण न्योछावर करने को उद्यत रहते हैं।

जनवरी 1760 के प्रथम सप्ताह में अहमदशाह अब्दाली दिल्ली फिर पहुंच गया और सम्राट- विहीन तथा वजीर- विहीन राजधानी का मालिक बन बैठा। 14 जनवरी को उसने सूरजमल तथा राजपूताना के अन्य राजाओं को पत्र भेजकर राज-कर देने और उसके सामने पेश होने का फ़रमान भिजवाया। सूरजमल की टालमटोल की चालों से विचलित हो उठे अब्दाली ने फरवरी के शुरू में डीग पर घेरा भी डाला परंतु सूरजमल की कूटनीतिक चाल के कारण घेरा उठाकर उसने अपना ध्यान मराठों की ओर फेर लिया।

6. सूरजमल और पानीपत की तीसरी लड़ाई - पानीपत की तीसरी लड़ाई 14 जनवरी 1761 को मराठों और अहमदशाह अब्दाली के बीच हुई। सदाशिव भाऊ इस लड़ाई के मैदान में बिना किसी गैर- मराठा हिंदू राजा या जागीरदार की सहायता के उतर गया। पेशवा ने राजपूताना के प्रत्येक प्रमुख शासक के पास दूत भेजे परंतु सभी राजपूत राजाओं ने टालमटोल के उत्तर दिए और यह तय किया कि "वे तटस्थ रहकर दोनों पक्षों का खेल तब तक देखते रहें ,जब तक की किसी बड़ी लड़ाई में यह सिद्ध न हो जाए कि दोनों शक्तियों में से कौन- सी निश्चित रूप से अधिक प्रबल है।"(जदुनाथ सरकार, 'फॉल ऑफ द मुगल एंपायर', खंड 2, पृष्ठ 171) राजपूत राजा पानीपत की इस लड़ाई में बिल्कुल तटस्थ रहे। अतीत

का भावुकतापूर्ण स्मरण ही उनका प्रधान मनोरंजन रहा।

सूरजमल की धार्मिक सहिष्णुता की अनुपम मिसाल:- महाराजा सूरजमल के व्यक्तित्व में गुरुत्व था। वह शासन चलाने में अपनी सहायता के लिए अच्छे और योग्य व्यक्तियों का चयन करता था। वह अपने विलक्षण राजनीतिक सलाहकार व दक्ष मंत्री पंडित रुपाराम कटारिया और सुयोग्य खज़ाना/वित्त मंत्री मोहनराम बरसनियां पर पूरा भरोसा करता था। रुपाराम कटारिया बरसाना का बुद्धिमान, सुसंस्कृत तथा निष्ठावान कटारा ब्राहमण था।

महाराजा सूरजमल उतना धर्मनिरपेक्ष था जितना उस काल में हो पाना संभव था। उसने मस्जिदे नहीं तोड़ी और बिना भेदभाव के मुसलमानों को ऊंचे पदों पर नियुक्त किया। वह विवादों का फैसला बातचीत और समझौते के जरिए करना पसंद करता था न कि इस बात से कि ' किसकी तलवार ज्यादा लंबी है।'

महाराजा सूरजमल का हर निर्णय दूरदर्शितापूर्ण एवं मेलजोल की भारतीय संस्कृति के अनुरूप होता था। वह भाऊ से मिलने मराठा- शिविर में गया और आगरा से मथुरा तक वे दोनों साथ ही आए। वहां भाऊ की दृष्टि नबी मस्जिद पर पड़ी और झल्लाहट में उसने सूरजमल को ताना दिया-- "आप हिंदू होने का दम भरते हैं, फिर आपने इस मस्जिद को इतनी देर खड़ा क्यों रहने दिया?" किसी छिछले मूढ़ व्यक्ति के सिवाय और कौन ऐसी नासमझी का प्रश्न कर सकता है? भाऊ भूल गया था कि कुछ समय पूर्व जब अब्दाली के धर्मांध सैनिकों ने मथुरा पर आक्रमण किया था तब उसकी रक्षा करने के लिए हजारों जाटों ने अपने प्राणों की आहुति दी थी। उस समय तो उस मराठा सरदार भाऊ ने कुछ नहीं किया था। सूरजमल व्यावहारिक और परिपक्व राजमर्मज्ञ था, उसने नपे-तुले शब्दों में शिष्टाचारपूर्वक अर्थगर्भित उत्तर दिया: " बहुत समय से हिंदुस्तान की राजलक्ष्मी वेश्या की भांति बहुत चंचल रही है। आज रात वह किसी की बाहों में है, तो कल किसी और के आलिंगन में बंधी होती है। यदि मुझे यह पक्का भरोसा होता कि मैं जीवन भर इन प्रदेशों का स्वामी बना रहूंगा, तो मैंने इस मस्जिद को कभी का मिट्टी में मिला दिया होता। पर यदि मैं आज इस मस्जिद को ढहा दूँ और कल मुसलमान आकर बड़े-बड़े मंदिरों को तोड़े और एक ही जगह चार मस्जिदें बना दें, तो उसका क्या लाभ? अब आप हुज़ूर इस ओर आए हैं, तो यह मामला आपके ही हाथों में है।" भाऊ ने डींग हांकते हुए कहा --"इन अफ़ग़ानों को हराने के बाद मैं सब जगह मस्जिदों के खंडहरों पर एक- एक मंदिर बनवा दूंगा।"

अब्दाली के भयंकर आक्रमण के बाद जिनके पास माया और मान कुछ खोने के लिए था, वे भाग कर भरतपुर आ गए। उस समय भरतपुर पीड़ित हिंदू और

मुसलमान, हर जाति वाले के लिए शरणस्थली बन गया। सूरजमल ने किसी भी शरणार्थी को उसने घर की इयोढ़ी से वापस नहीं मोड़ा। यहां तक कि उसने अपने सबसे बड़े शत्रु इमाद- उल -मुल्क गाजीउद्दीन, जो कि मुगल सम्राट का वज़ीर था, को भी शरण दी, जब वह सम्राट आलमगीर द्वितीय और इन्तिज़ाम की नृशंसतापूर्वक हत्या करवाने के बाद अपने कुछ आश्रितों और घुड़सवारों के साथ भागकर सूरजमल के पास चला आया। इस प्रकार उसने महान मुग़लों का वजीर होने का अपना गौरव जाटों को अर्पित कर दिया।

उदारमना: पानीपत की तीसरी लड़ाई में उदार हृदय सूरजमल ने सैनिक तथा आर्थिक साधन भाऊ की सेवा में प्रस्तुत कर दिए थे, परंतु उन्हें ग्रहण करने की बजाय उसने उनके प्रति तिरस्कार प्रकट किया। उसने सूरजमल की बुद्धिमतापूर्ण सलाह को अनसुना किया और अपने उजड़ बरताव द्वारा उसे अत्यधिक रुष्ट कर दिया। अयोग्य एवं सामरिक कला से अनभिज्ञ सेनानायक भाऊ और उसकी सेना की पानीपत की तीसरी लड़ाई (14 जनवरी 1761) में शर्मनाक शिकस्त हो गई। मराठों के एक लाख सैनिकों में से आधे से ज्यादा मारे गए। यह पूरी पराजय थी और युद्ध से बचे हुए मराठा सैनिक बिना वस्त्र, बिना वस्त्र और बिना भोजन सूरजमल के राज्य- क्षेत्र में पहुंचे। सूरजमल और रानी किशोरी ने उन्हें शरण दी व उन्हें आतिथ्य प्रदान किया। घायलों की तब तक देखभाल की गई जब तक कि वे आगे यात्रा करने योग्य हो गए। उल्लेखनीय है कि एक और तो घायल और पीड़ित मराठों को सूरजमल हर संभव मदद कर रहा था, दूसरी ओर आमेर के माधोसिंह और मारवाड़ के विजयसिंह आदि राजा थे, जो विदेशी आक्रांता अब्दाली की विजय का स्वागत कर रहे थे।

सर जदुनाथ सरकार के अनुसार मराठा शरणार्थियों की संख्या 50 हज़ार थी ,जबकि वैन्देल ने यह संख्या एक लाख लिखी है। शरणार्थियों के साथ सूरजमल के बर्ताव के बारे में इतिहासज्ञ ग्रांट डफ ने यह लिखा है---"जो भी भगोड़े उसके राज्य में आए ,उनके साथ सूरजमल ने अत्यंत दयालुता का बरताव किया और मराठे उस अवसर पर किए गए व्यवहार को आज भी कृतज्ञता तथा आदर के साथ याद करते हैं।" (ग्रांट डफ़,'ए हिस्ट्री ऑफ़ द मराठाज'पृ. 30)

वैन्देल कहता है---" जाटों के मन में मराठों के प्रति इतनी दया थी कि यदि सूरजमल चाहता, तो एक भी मराठा लौटकर दक्षिण नहीं जा सकता था। लोग शायद कहें कि भाग्य को इस जाट पर असाधारण कृपा करने में आनंद आता था।"

सदाशिवराव अगर महाराजा सूरजमल से छोटी सी बात पर तकरार न करके उसे भी पानीपत की तीसरी लड़ाई में साझेदार बनाता, तो आज भारत की तस्वीर

कुछ और ही होती।

7. आगरा पर अधिकारः पानीपत की तीसरी लड़ाई में हुए महाविनाश ने हिंदुस्तान की लगभग प्रत्येक महत्वपूर्ण शक्ति को नष्ट कर डाला था। सूरजमल इसका एक मात्र अपवाद था। अब्दाली के सामने उसने न तो सिर झुकाया, न ही घुटने टेके। दोआब इलाक़े में अपना दबदबा क़ायम करने की नीयत से महाराजा सूरजमल आगरा-किले पर कब्ज़ा करना चाहता था। 3 मई 1761 को सूरजमल की विशाल सेना (चार हज़ार जाट सैनिक) आगरा की ओर बढ़ी। लक्ष्य था आगरा का लाल किला। यह सचमुच ही शानदार इमारत है। एक महीने के घेरे के बाद 12 जून 1761 को आगरे का लाल किला जाटों के कब्ज़े में आ गया तथा यह सन 1774 तक भरतपुर-शासकों के अधिकार में रहा। इससे सूरजमल को नई शक्ति और प्रभुत्व प्राप्त हो गया तथा वह अब यमुना के इलाक़े का शासक हो गया।

जाटों के लिए आगरा पर अधिकार भावुकता भरा क्षण था। लगभग 90 वर्ष पहले इस किले के फाटक से कुछ ही दूर गोकला की बोटी- बोटी काट कर फेंकी गई थी। अब उसका बदला ले लिया गया था। सूरजमल का स्वप्न था कि ब्रज तथा यमुना प्रदेश के जाटों को पंजाब के जाटों से मिलाकर एक कर दिया जाए। इस स्वप्न को साकार करने के लिए सूरजमल ने हरियाणा और दोआब की ओर जाने वाली सेनाओं की कमान क्रमशः जवाहर सिंह और नाहरसिंह को सौंपी। जवाहरसिंह के अधिकार में रिवाड़ी, झज्जर और रोहतक एक के बाद एक आते गए। फर्रुखनगर में मसावी खां बलोच से कड़ा मुकाबला हुआ। आखिकार 12 दिसम्बर 1763 के असपास फर्रुखनगर पर भी जाटों ने कब्जा कर लिया। फर्रुखनगर में मसावी खां की हार और उसके बाद उसे भरतपुर में कैद किए जाने का मामला पराकाष्ठा पर पहुंच गया। अब नजीब के सामने सूरजमल को चुनौती देने के सिवाय कोई विकल्प नहीं बचा था। सूरजमल की विजय-यात्रा के अंतिम दौर में उसकी सुविचारित सावधानी और अभ्यास द्वारा अर्जित लचीलापन ग़ायब हो गया।

8. वीर-गतिः वीर की सेज़ समर भूमि होती है। जब आगरा से लेकर दिल्ली के नजदीक तक सूरजमल की तूती बोलने लगी तो वह दुस्साहसी और महत्वाकांक्षी हो गया। उस समय शक्तिहीन मुगल सम्राट का सरंक्षक उसका शक्तिशाली रुहेला वजीर नजीबुद्दौला था, जिसे अहमदशाह अब्दाली का भी समर्थन प्राप्त था। सूरजमल ने कुछ घुड़सवारों के साथ शत्रु सेना के क्षेत्र में घुसने का दुस्साहसपूर्ण कदम उठाया। 25 दिसंबर 1763 को क्रिसमस के दिन शाहदरा में हिंडन नदी (यमुना की एक सहायक नदी) के किनारे मुग़ल सेना के नवाब नजीबुद्दौला की

सैन्य टुकड़ी के साथ मुठभेड़ में महाराजा सूरजमल 56 वर्ष की आयु में वीर-गति को प्राप्त हुआ। एक विवरण के अनुसार सूरजमल अपने कुछ घुड़सवारों के साथ युद्ध-स्थल का निरीक्षण कर रहा था कि अचानक शत्रु सेना से घिर गया। एक अन्य वृत्तान्त के अनुसार सूरजमल को थोड़े से आदमियों के साथ खड़ा देखकर सैयद मुहम्मद खां बलोच, जिसे लोग 'सैयद' नाम से अधिक जानते थे, व उसके सैनिक सूरजमल पर टूट पड़े। शव का क्या हुआ, किसी को निश्चित जानकारी नहीं। जवाहरसिंह ने कृष्ण की पवित्रभूमि गोवर्धन में अपने पिता की प्रतीकात्मक अंत्येष्टि की। इसके लिए रानी ने सूरजमल के दो दांत ढूंढ निकाले थे। अंतिम संस्कार की रस्म पूरी करने के बाद जवाहरसिंह राजगद्दी पर बैठा।

9.मूल्यांकन - "जाट जाति की आंख और ज्योति महाराजा सूरजमल अपने काम को अधूरा छोड़कर जीवन के रंगमंच से लुप्त हो गया। वह एक महान व्यक्तित्व और एक लोकोत्तर प्रतिभाशाली पुरुष था, जिसे 18 वीं शताब्दी के प्रत्येक इतिहासकार ने श्रद्धांजलि अर्पित की है।"(के .आर .कानूनगो, 'हिस्ट्री ऑफ द जाट्स', पृष्ठ 153)

मुगलों व अफगानों के आक्रमण का प्रतिकार करने में उत्तर भारत में जिन राजाओं की प्रमुख भूमिका रही है, उनमें भरतपुर के महाराजा सूरजमल का नाम बड़ी श्रद्धा एवं गौरव से लिया जाता है। ब्रज के जाट राजाओं में सूरजमल सबसे प्रसिद्ध शासक ,कुशल सेनानी, साहसी योद्धा, कुशल प्रशासक, दूरदर्शी व कूटनीतिज्ञ था। उसने जाटों में सबसे पहले राजा की पदवी धारण की थी। सूरजमल और उसके पिता बदन सिंह शुरू में सिनसिनी और थून के मामूली जर्मींदार थे। महाराजा सूरजगल की उपलब्धि थी कि उसने आपस में लड़ने वाले जाट- गुटों में मेल-मिलाप करवाया। उसने जाटों के रक्त एवं धन का न्यूनतम नुकसान करके विस्तृत भू भाग पर जाट- राज्य खड़ा किया। उसका राज्य विस्तृत था, जिसमें डीग, भरतपुर के अतिरिक्त मथुरा, मेरठ, आगरा, धौलपुर, मेवात, हाथरस, अलीगढ़, ऐटा, मैनपुरी,गुड़गांव, रोहतक, रेवाड़ी,बल्लभगढ़, झज्जर, फरुखनगर जिले थे। एक ओर यमुना से गंगा तक और दूसरी तरफ चंबल तक का सारा प्रदेश उसके राज्य में सम्मिलित था। जिस दौर में अन्य राजा तो मुगलों से अपनी बहन-बेटियों के विवाह करके रियासतें व जागीरें बचा रहे थे, उस दौर में महाराजा सूरजमल अकेला मुगलों से लोहा ले रहा था।

18 वीं शताब्दी के इतिहासकारों तथा वृत्तांत लेखकों ने महाराजा सूरजमल की विशिष्ट योग्यता, प्रतिभा तथा चरित्र की दृढ़ता को स्वीकार किया है। सैयद गुलाम नक़वी ने अपने ग्रंथ इमाद-उस-सादात में लिखा है : "नीतिज्ञता में और राजस्व

तथा दीवानी मामलों में प्रबंध की निपुणता तथा योग्यता में हिंदुस्तान के उच्च पदस्थ लोगों में से आसफ़ज़ाह बहादुर, निजाम के सिवा कोई भी उसकी बराबरी नहीं कर सकता था। उसमें अपनी जाति के सभी श्रेष्ठ गुण-- ऊर्जा, साहस, चतुराई, निष्ठा और कभी पराजय स्वीकार नहीं करने वाली अदम्य भावना सबसे बढ़कर विद्यमान थे। परंतु किसी भी उत्तेजनापूर्ण खेल में, चाहे वह युद्ध हो या राजनय, वह कपटी मुगलों और चालाक मराठों को समान रुप से मात देता था। संक्षेप में कहें तो वह एक ऐसा होशियार पंछी था जो हर एक जाल में से दाना तो चुग लेता था पर उसमें फंसता नहीं था।"

महाराजा सूरजमल 18 वीं शताब्दी के हिंदुस्तान में व्याप्त उन पतनकारी दुर्गुणों से पूर्णतय मुक्त था जिन्होंने बड़े -बड़े राजपूत घरानों को बर्बाद कर दिया, स्वास्थ्य और बल को नष्ट कर दिया और बुद्धि को क्षीण कर दिया। राजनीतिक कौशल, संगठन ,प्रतिभा और नेतृत्व के गुणों की दृष्टि से सिर्फ शिवाजी और महाराजा रणजीत सिंह ही सूरजमल से बढ़कर थे।

संदर्भ:

1. कानूनगो, के.आर;हिस्ट्री ऑफ द जाट्स; कलकत्ता, 1925

2.पांडे, राम; भरतपुर अप टू 1826; जयपुर, 1970

3. जाटों का नवीन इतिहास खंड 1; उपेंद्रनाथ शर्मा; जयपुर, 1977

4. जाट इतिहास;ठाकुर देशराज; आगरा ,1934

5. कुंवर नटवरसिंह; महाराजा सूरजमल; दिल्ली, 2006

6. जाटलैंड विकी

महाराज सूरजमल: ठाकुर देशराज

ठाकुर देशराज ने लिखा है ... महाराजा सूरजमल - उनकी आंखों से तेज टपकता था। राजनीतिक योग्यता, सूक्ष्म दृष्टि तथा निश्चल बुद्धिमता उनमें एक बड़े अंश में विद्यमान थी। इमादुस्सादत ने उनके संबंध में लिखा है "यद्यपि वह कृषक जैसा पहनावा पहनता और अपनी ब्रज भाषा ही बोलता था परंतु वास्तव में वह जाट जाति का प्लेटो था। चतुराई, बुद्धिमता और लगान तथा अन्य माल के महकमे के कार्यों की जानकारी में आशिफजाह निजाम के सिवा भारत के प्रसिद्ध पुरुषों में और कोई उस की बराबरी नहीं कर सकता था। जोश, साहस, चतुराई और अटूट दृढ़ता तथा अजय और न दबने वाला स्वभाव आदि सभी अपनी जाति के अच्छे-अच्छे गुण सूरजमल में पाए जाते थे।"

उन्हें मुगल मराठा और राजपूत सभी से लड़ना पड़ा था। सभी युद्धों में वे विजई हुए। एक मुसलमान यात्री ने उनके संबंध में कहा था, सूरजमल वास्तव में हिंदुस्तान का आखिरी सम्राट है। इसमें कोई संदेह भी नहीं। उनके पास उस समय के तमाम शासकों से बड़ा राज्य था। जिस समय उनका स्वर्गवास हुआ था उस समय उनके राज्य की लंबाई 200 मील और चौड़ाई 150 मील थी। आगरा, इटावा, मैनपुरी, एटा, अलीगढ़,

हाथरस, फरूखनगर, रोहतक, रेवाड़ी, गुड़गांव, मथुरा और अलवर उनके राज्य के मातहत और अंतर्गत थे। फादर वेंडिल ने उनके राज्य वैभव के बारे में इस प्रकार लिखा है:- "खजाने और माल के विषय में जो कि सूरजमल ने अपने वारिस के लिए छोड़ा है भिन्न-भिन्न मत हैं कुछ इसे 9 करोड़ और दूसरे कुछ कम बताते हैं। मैंने इसका पता लगाया है। उसका (महाराज सूरजमल का) खर्च 65 लाख से अधिक और 60 लाख से कम न था। और उसके राज्य की आमदनी 1 करोड़ 75 लाख से कम नहीं थी। उसकी सेना में 5000 घोड़े, 60 हाथी, 15000 सवर, 25000 से अधिक पैदल, 300 से अधिक तौपें, और काफी बारूद खाना तथा युद्ध की सामग्री थी।" 1763 में उनका देहांत हो गया।

जाट इतिहास:ठाकुर देशराज

ठाकुर देशराज लिखते हैं कि महाराज सूरजमल एक लम्बे-तगड़े और सुदृढ़ शरीर के योद्धा थे। उनके चेहरे को देखने से ऐसा मालूम होता था, मानो अग्नि निकल रही है। वे नेक मिजाज और सादे चाल-चलन के व्यक्ति थे। उसमें राजनैतिक योग्यता, सूक्ष्म-दृष्टि तथा निश्चल बुद्धिमत्ता एक बड़े अंश में विद्यमान थी। 'इमादुस्सादत' का लेखक लिखता है कि-

"यद्यपि वह (सूरजमल) एक कृषक जैसा पहनावा पहनता था और कमवल अपनी ब्रज भाषा ही बोल सकता था, परन्तु वास्तव में वह जाट-जाति का प्लेटो था। चतुराई, बुद्धिमत्ता और लगान तथा अन्य माल के महकमे में आसिफजाह बहादुर निजाम के सिवाय भारत के प्रसिद्ध पुरुषों में और कोई उसकी समानता नहीं कर सकता था। जोश, साहस, चतुराई, अटूट दृढ़ता तथा अजय और न दबने वाला स्वभाव आदि अपनी जाति के अच्छे-अच्छे गुण सूरजमल में एक विशेष अंश में पाये जाते थे।"

महाराजा सूरजमल का चालबाज मराठे और धोखेबाज मुगल दोनों से ही पाला पड़ा

था, किन्तु उन्होंने दोनों ही को असफल बना दिया था। अपनी शक्ति और राज का विस्तार दोनों ही के जाल के होते हुए भी बढ़ा लिए थे। सबसे पहले सन् 1732 ई. में महाराज सूरजमल जी ने भरतपुर को रात के समय खेमकरन सोगरिया पर चढ़ाई करके विजय किया। तब से भरतपुर की राज्यश्री की उत्तरोत्तर वृद्धि होने लगी। इन्होंने राजा जयसिंह जयपुर नरेश से मित्रता पैदा कर ली। वह भी इनको पुत्रवत् प्यार करते थे। जब सवाई जयसिंह के बाद ईश्वरीसिंह और माधौसिंह में झगड़ा हुआ तो सूरजमलजी ने उनके बड़े

1. मथुरा मेमायर्स

जाट इतिहास:ठाकुर देशराज,पृष्ठान्त-640

ईश्वरीसिंह जी को सहायता दी और माधौसिंह के हिमायतियों को जिनमें मल्हार होल्कर, गंगाधर तांतियां और मेवाड़, मारवाड़ और कोटा, बूंदी के राजा शामिल थे, एक साथ ही परास्त किया। इस युद्ध में पचास शत्रुओं को स्वयं महाराज सूरजमल ने अपने हाथ से काट डाला और एकसौ आठ को घायल किया था।[1] यह घटना सन् 1749 की है। बूंदी के कवि सूदन ने इस समय की महाराज की वीरता का इस भांति वर्णन किया है-

"सह्यो भले ही जट्टिनी, जाए अरिष्ट अरिष्ट।

जाठर तस रवि मल्ल हुव, आमेरन को इष्ट।।

बहुरि जट्ट मलहार सन्, लरर लग्यो हर बल्ल।

आंगर है हुलकर, जाट मिहिर, मल्ल प्रति मल्ल।।"

अर्थात्-जाटिनी ने व्यर्थ ही प्रसूति की पीड़ा नही सही। उसके गर्भ से शत्रु का संहारक और आमेर के राजा का हितैषी सूरजमल उत्पन्न हुआ। फिर जाट सेना के आगे के भाग में मल्हारराव से युद्ध करने लगा (क्योंकि पीछे का भाग उसने जीत लिया) होलकर (रात्रि की) छाया और जाट सूर्य था। दोनों वीर अच्छी तरह युद्ध में भिड़े।

इस युद्ध के पश्चात् महाराज सूरजमल की कीर्ति सारे भारत में फैल गई, क्योंकि उन्होंने शिशोदियों, राठौरों, चौहानों और मराठों को एक ही साथ हरा दिया था। यह बात राजस्थान क्या भारत के इतिहास में एकदम विचित्र और अपूर्व थी।

सन् 1748 ई. में पलवल के स्थान पर महाराज सूरजमलजी ने सआदत अलीखां को और 1752 ई. में घासहरे के ठाकुर रावबहादुरसिंह बड़गूजर को परास्त किया। मेवों को तो अपने पिता के आगे ही परास्त कर चुके थे। सआदत-अलीखां ने महाराज की इन दो शर्तो को मान लिया था कि उसके अधीन मनुष्यों में से कोई

न तो पीपल का पेड़ काटेगा, न हिन्दू-मन्दिरों का अपमान करेगा।

महाराज सूरजमल ने वैवाहिक-सम्बन्धों द्वारा भी अपना राज्य विस्तृत किया। उन्होंने अपनी शादी होडल के मुखिया चौ. काशीरामजी, जो एक समृद्धिशाली जाट सरदार था, की सुपुत्री रानी किशोरी से की थी। इसी भांति अपने पुत्र नवलसिंह की शादी कोटमणि के शक्तिशाली सरदार **सीताराम** की लड़की से की थी।

आपने वल्लभगढ़ के राजाओं की मुगलों से सहायता की। उन्होंने 1831 ई. में अहमद बंगश की राजधानी फर्रुखाबाद को भी लूट लिया। 1752-53 ई. में

1. हिस्ट्री आफ जाट्स, कालिकारंजन कानूनगो कृत

जाट इतिहास:ठाकुर देशराज,पृष्ठान्त-641

इन्हें मराठों के साथ दुबारा युद्ध करना पड़ा। गाजीउद्दीन इमादुलमुल्क ने अहमदशाह के पुराने मन्त्री सफदरजंग को महाराजा सूरजमल के खिलाफ लड़ने के लिए निमन्त्रित किया। सन् 1753 ई. में रघुनाथ राव पेशवा, होल्कर, इमाद की अध्यक्षता में मराठा और कुछ राजपूत राजाओं ने मिलकर हमला कर दिया। जनवरी सन् 1754 में इनकी सेनाओं ने कुम्हेरको घेर लिया। तीन महीने तक लगातार युद्ध होता रहा। इसी बीच महाराजा सूरजमल ने देहली के बादशाह और ग्वालियर के सिन्धिया से मित्रता कर ली, इसलिए मराठों को कुम्भेर का घेरा उठा लेना पड़ा।

सन् 1757 ई. में अहमदशाह अब्दाली ने अपने तमाम साथियों को यह आज्ञा दी कि भरतपुर के समस्त शहरों को नष्ट कर डालो और जो जितने जाटों के सिर को इकट्ठा करेगा, उसे उसका पंचगुना रुपया इनाम में दिया जाएगा। सबसे पहले बल्लभगढ़पर धावा हुआ। यहां उस समय जवाहरसिंह अपने थोड़े से साथियों के साथ ठहरे हुए थे। दिन भर लड़ने के पश्चात् रात के समय उन्होंने भरतपुर की ओर कूंच कर दिया। 28 फरवरी सन् 1757 को दुर्रानी की सेना ने मथुरा पर आक्रमण किया। यहां महाराज सूरजमल की तरफ से 5000 सैनिक थे। अचानक घिर जाने पर भी उन्होंने बड़ी बहादुरी के साथ पठानों का सामना किया और तीन हजार जाट धर्म की रक्षा करते हुए शहीद हो गए।

मथुरा को तबाह करने के बाद अब्दाली आगरे की तरफ बढ़ा, क्योंकि उसने सुना था कि उधर की तरफ बड़े-बड़े मालदार जाट हैं। किन्तु इसी बीच उसकी फौज में बीमारी फैल गई और उसके 150 सैनिक प्रतिदिन मरने लगे। वह महाराज से सिर्फ अपने खर्चे के लिए पहले एक करोड़ और फिर दस लाख रुपया मांगता रहा,

किन्तु महाराज ने उसे कानी कौड़ी भी न दी। वह जाट-राज्य को धूल में मिला देने के इरादे से आया था, किन्तु अपना-सा मुंह लेकर उसे लौट जाना पड़ा।[2]

अब्दाली के आक्रमणों के समय भयंकर परिस्थितियों में महाराज सूरजमल के लिए बड़ा कठिन था कि वह मराठा और अब्दाली में से किस के साथ मैत्री स्थापित करें। एक और देश को मराठे तबाह कर रहे थे और दूसरी और अब्दाली। अब्दाली यदि विधर्मी था तो मराठे चंचल मनोवृत्ति वाले और अविश्वासी थे।

1. घेरा उठाने का मुख्य कारण मल्हार राव के पुत्र खांडेराव की मृत्यु और महाराज सूरजमल की राजनीतिक चतुरता थी - सम्पादक

2. अब्दाली के लौटने के कारण थे - भरतपुर की सेना की छापामार लड़ाई महाराज सूरजमल का खरा जवाब, उसके सैनिकों में बैठा जाटों की तलवार का भय और आने वाले गर्मी के मौसम का डर - संपादक

लेकिन आदर्श इसी में था जो कि स्वयं महाराज सूरजमल ने पसन्द किया था कि वह स्वदेश हित के लिए मराठों में मिल गए। देहली के मंत्रित्व पद के लिए उस समय गाजीउद्दीन और नजीबुद्दौला दोनों ही दांत गड़ाए हुए थे। गाजीउद्दीन के पक्ष में रघुनाथराव जो मराठों का उस समय सबसे बड़ा सरदार था झुका हुआ था। उसने पंजाब से लौट करके देहली को जीत लिया और गाजीउद्दीन को वजीर बना दिया था। नजीबुद्दौला होल्कर की शरण में पहुंचा। लेकिन महाराज सूरजमल देहली का मंत्रि-पद शुजाउद्दौला को दिलाने के पक्ष में थे। वह चाहते थे कि नजीबुद्दौला को खतम कर दिया जाए क्योंकि वह धोखेबाज है और गाजीउद्दौला का इसलिए हटा दिया जाय कि उसका कोई प्रभाव नहीं है। इस तरह महाराज सूरजमल उस भावी भय को मिटा देना चाहते थे, जिसकी आशंका अब्दाली के आक्रमण के समय से ही हुई थी। दत्ताजी सिंधिया और रघुनाथराव महाराज सूरजमल के विचार का समर्थन करते थे, किन्तु मल्हारराव होल्कर ने इमाद क्रे प्रति अपने मोह के कारण इस समय भयंकर भूल की।

होल्कर की इस भूल का परिणाम दो ही वर्ष आगे चलकर के स्पष्ट हो गया। कुछ समय पहले रघुनाथराव ने पंजाब से अब्दाली के लड़के और हाकिमों को खदेड़ दिया था। इसलिए एक तो स्वयं उसकी इच्छा थी कि मराठों से वह बदला ले, दूसरे नजीबुद्दौला और देहली के बादशाह ने उसे भारत आने के लिए निमन्त्रण भी भेजा। अब्दाली के इस भयंकर आक्रमण से सारे उत्तरी-भारत में आतंक छा गया। जिनके पास धन और मान कुछ खोने के लिए था, वे जाट रियासत भरतपुर में भाग आये जो कि हिन्दू व मुसलमान प्रत्येक पीड़ित व्यक्ति और जाति के लिए

शरणस्थल बन गया था। मराठा सरदारों ने भी अपनी स्त्री और बाल-बच्चों को महाराजा सूरजमल की रक्षा में भेज दिया। यहां तक कि हिन्दुस्तान के उस वजीर गाजीउद्दीन ने भी, जो कि महाराज का परम शत्रु था, अपने स्त्री-बच्चों को उन्हीं की शरण भेजना उचित समझा। महाराजा सूरजमल की इच्छा थी कि सिंधिया सरदार की वह किसी आपत्ति के समय में सहायता करे। क्योंकि वह सिंधिया के उस अहसान से उऋण होना चाहते थे, जो कि उसने कुम्हेर पर चढ़ाई के समय किया था।

अब्दाली और दत्ताजी में देहली के समीप बादली नामक स्थान पर घोर युद्ध हुआ। मराठे दिल तोड़कर लड़े। किन्तु विजय अब्दाली की हुई। वजीर गाजीउद्दीन भय के मारे देहली छोड़कर भाग गया। भाग्य ने उसका साथ जब कहीं न दिया तो लाचार होकर उसे भी भरतपुर की शरण लेनी पड़ी, जिसे कि वह कुछ दिन पहले नष्ट कर देने के लिए आतुर था। महाराज ने उसके पूर्व कुटिल व्यवहार को भुलाकर उसे शरण दी और यथोचित स्वागत-सत्कार के साथ रहने की व्यवस्था कर दी

अब्दाली से हारने के बाद घायल और पीड़ित मराठों का भरतपुर में पूरी तरह से उपचार किया गया। अब्दाली महाराज सूरजमल के इस व्यवहार से चिढ़ गया कि उन्होंने उसके शत्रुओं को आश्रय दिया है इसलिए उसने दण्ड-स्वरूप महाराज से एक करोड़ रुपया मांगा। लेकिन महाराज शत्रु को इतनी बड़ी रकम देकर और अधिक बलवान बनाने के पक्ष में न थे, अतः उन्होंने उस धन को शत्रु से युद्ध करने में व्यय करना उचित समझा।

एक ओर तो महाराज सूरजमल थे कि अपने कट्टर शत्रु मराठों को इसलिए मदद दे रहे थे कि वे स्वदेशवासी और स्वधर्मी हैं। दूसरी ओर आमेर के माधौसिंह और मारवाड़ के विजयसिंह आदि राजपूत राजा थे, जो विदेशी और विधर्मी अब्दाली की विजय का स्वागत कर रहे थे।

2 फरवरी सन् 1760 को अहमदशाह अब्दाली ने महाराज सूरजमल के विरुद्ध भरतपुर की ओर प्रस्थान किया और तारीख 7 फरवरी को उसने डीग को घेर लिया। इस समय महाराज सूरजमल ने एक चाल चली। मराठा सेना की एक टुकड़ी उन्होंने रेवाड़ी की ओर, दूसरी बहादुरगढ़ की ओर भेज दी और जाट-सेना का तीसरा दल अलीगढ़ की तरफ भेज दिया। 17 मार्च को जाट-सेना ने अलीगढ़ को लूट लिया और वहां के किले को नष्ट कर दिया। अब्दाली को डीग का घेरा उठा लेना पड़ा। उसने मेवात में मराठों का पीछा किया। होल्कर भी इस समय महाराज सूरजमल का मित्र बन गया था। सिकन्दरा नामक स्थान पर अब्दाली ने जनरल साहबपसन्दखां रो पराजित होने पर उसने भी भरतपुर में शरण ले रखी थी।

सन् 1760 ई. के पूरे साल, महाराज सूरजमल को केवल शस्त्रों से ही लड़ाइयां नहीं लड़नी पड़ीं, बल्कि राजनैतिक चालों से भी अब्दाली का सामना करना पड़ा।

आखिर सन् 1761 ई. में उस युद्ध के आसार प्रकट होने लगे जो भारतवर्ष के इतिहास में पानीपत के दूसरे युद्ध के नाम से पुकारा जाता है। पेशवा बालाजी बाजीराव ने अपने भाई सदाशिव और लड़के विश्वासराव को एक बड़ी सेना देकर भारतवर्ष के भाग्य के अन्तिम निपटारे के लिए रवाना किया। पेशवा ने राजपूताने के समस्त राजाओं के पास हिन्दू-धर्म की रक्षा के नाते युद्ध में सम्मिलित होने का निमन्त्रण दिया। किन्तु किसी भी राजपूत राजा ने पेशवा के इस आह्वान को स्वीकार नहीं किया। चम्बल के किनारे पहुंचकर जब भाऊ ने महाराजा सूरजमल को, एक लंबा पत्र लिखकर, धर्म के नाम पर सहायता करने के लिए भेजा, तब महाराजा ने एक सच्चे हिन्दू की भांति मराठों के निमन्त्रण को स्वीकार किया और वह 20,000 जाट सैनिकों के साथ मराठों के कैम्प में पहुंच गए।

मराठा कमाण्डर-इन-चीफ ने आगरे में एक सभा की और उसमें युद्ध-विषयक परामर्श किया गया। उस समय महाराज ने मराठों को बड़ी उत्तम राय दीं और कहा कि हमें लड़ाई किसी छोटे-मोटे सरदार से नहीं लड़नी है । यह युद्ध तमाम मुसलमानों से है और बड़ा भंयकर युद्ध है। इसलिए इसके पूर्व स्त्रियों को किसी सुरक्षित दुर्ग में भेज देना चाहिए। हमारे साथ पैदल सेना, तोपें अत्यधिक हैं और मैदान में हैं। रसद तक का यथोचित प्रबन्ध नहीं है। इसलिए मेरी समझ से अगर कोई दूसरा स्थान न हो सके, तो मेरे यहां किले में पैदल सेना के साथ स्त्रियों,बालबच्चों और सामान को रखना चाहिए। नहीं तो शत्रु सेना कभी भी नष्ट करने में सफल हो सकती है। यद्यपि होल्कर वगैरह ने इस बात का समर्थन किया, परन्तु भाऊ ने इसे उचित सलाह न बताकर ऊट-पटांग बातें कीं, जिससे महाराज सूरजमल ने दूसरी बार भी विवेचनापूर्ण एक-एक पहलू को समझाने की कोशिश की, परन्तु सब बेकार हुई। ठीक कहते हैं 'विनाशकाले विपरीत बुद्धिः'। अर्थात् नाश होने का वक्त आ जाने पर बुद्धि विपरीत हो जाती है।

एक दूसरी बात सूरजमल के रुष्ट होने की यह और हुई कि भाऊ ने लालकिला देहली के आमखास की चांदी की छत को उनकी इच्छा के विरुद्ध तुड़वा दिया। महाराज उस छत के एवज में पांच लाख रुपया देने को तैयार थे। पर लालची भाऊ को कहीं उससे भी अधिक का माल उसमें दिखाई दे रहा था। वह अपने हठी और लालची स्वभाव होने के कारण महाराज सूरजमल से बिगड़ बैठा। छत तुड़वा देने पर भी उसे जब 3 लाख रुपये का ही माल मिला तो महाराज सूरजमल ने फिर कहा कि

"आप इस छत को फिर बनवा दीजिए जिससे देहली की प्रजा और आपके प्रति सरदारों का बढ़ा हुआ असन्तोष दूर हो जाए। सहयोगियों की सलाह से राज्य-कार्य कीजिए जिससे शासन के प्रति प्रेम उत्पन्न हो और मैं अब भी कहता हूं कि स्त्रियों को मेरे यहां के किले में भेज दीजिए। क्योंकि भरतपुर के आस-पास में जमींदार खुशहाल हैं इसलिए वहां रसद भी इकट्ठी हो जाएगी। आपको रसद और सैनिकों से मैं पूरी सहायता देता रहूंगा।"

महाराज सूरजमल ने यह बात मार्मिक शब्दों में कही थी, परन्तु भाऊ के पत्थर-हृदय पर कुछ भी असर न हुआ। महाराज ने देख लिया कि इस समय इसके सिर पर दुर्भाग्य सवार है और वह बिना कुछ कहे अपने शिविर को लौट आया।

भाऊ इतने ही से सन्तुष्ट नहीं हुआ, किन्तु उसने निश्चय किया कि सूरजमल

1. महाराज ने एक परामर्श यह भी दिया था कि लम्बी मार की तोपों को मैदान में न ले जाया जाये और अब्दाली का सामना मैदान में जमकर नहीं, छापामार लड़ाई से किया जाय - संपादक

के डेरों को लूट लिया जाय और उसे गिरफ्तार कर लिया जाय। किन्तु महाराज सूरजमल को होल्कर के द्वारा सूचित किए जाने पर षड्यंत्र का पता लग गया और वह उसी रात अपने लश्करे समेत भरतपुर की ओर रवाना हो गये। भाऊ के सैनिकों ने सुरक्षित उनका पीछा किया, लेकिन वह बल्लभगढ़ के किले में पहुंच चुके थे।

पानीपतके मैदान में वही हुआ, जिसकी कि आशंका की जा रही थी। मराठों को बुरी तरह से परास्त होना पड़ा, क्योंकि इस्लाम के नाम पर मुसलमान सब संगठित हो चुके थे। शुजाउद्दौला भी उनकी सेना में मिल गया था। इस लड़ाई में मराठों को भारी हानि उठानी पड़ी। उनके बड़े योद्धा इस युद्ध में मारे गए। शेष जो बचे वे बड़ी बुरी दशा में पड़ते-गिरते भरतपुर पहुंचे। महाराज सूरजमल ने मराठों की पुरानी बातों को भूल करके उनकी बड़ी आवभगत की। ब्राह्मण सैनिकों को दूध और पेड़ा खिलाया जाता था। घायल सैनिकों की सेवा-सुश्रूषा और इलाज किया गया। महारानी किशोरी ने स्वयं उनकी आवभगत में बड़ी दिलचस्पी ली। उस समय महाराज ने प्रजा में मुनादी करवा दी थी कि जो कोई दुखी सैनिक जिसके यहां पहुंचे उसकी यथोचित सहायता की जाये। इस आवभगत में महाराज का दस लाख रुपया खर्च हुआ। बाजीराव पेशवा की मुसलमान स्त्री से जंग बहादुर नाम का एक लड़का था। महाराज ने उसके उपचार का पूरा प्रबन्ध किया, किन्तु वह बच न सका । उस समय महाराज के यहां बड़े-बड़े सरदारों ने आश्रय लिया था। सदाशिव भाऊ की स्त्री पार्वती बाई भी दुर्दिनों के फेर से वहां पहुंच गई थी। महाराज ने उन सबका उचित सम्मान योग्य प्रबन्ध किया और पार्वती बाई और सरदारों

को एक-एक लाख रुपया देकर अपनी अधिरक्षता में दक्षिण की ओर भिजवा दिया। अन्य सभी महाराष्ट्रीय ब्राह्मणों को महारानी किशोरी ने पांच-पांच रुपया और वस्त्र वगैरह देकर विदा किया।

नाना फड़नवीस ने महाराजा सूरजमल के इस सद्व्यवहार के सम्बन्ध में इस प्रकार लिखा था -

"अब हम ग्वालियर में होल्कर के साथ ठहरे हुए हैं। भरतपुर में हमें सूरजमल ने आराम देने में कोई कसर नहीं रखी। हम 15-20 दिन तक वहां रहे, उन्होंने हमारा बड़ा आदर सम्मान किया और हाथ जोड़कर कहा-मैं तुम्हारे ही घर का हूं, मैं तुम्हारा एक सेवक हूं तथा ऐसे ही शिष्टाचार के अन्य शब्द भी कहे। उन्होंने हमें ग्वालियर तक बड़ी हिफाजत के साथ पहुंचा दिया है। अफसोस है कि उस जैसे बहुत थोड़े मनुष्य होते हैं।"

पेशवा यह पत्र पढकर सूरजमल के लिए बड़ा प्रसन्न हुआ।

जब पानीपत की लड़ाई के पश्चात् अब्दाली देहली आया तो वह मराठों को शरण देने के कारण सूरजमल पर चढ़ाई करने की सोचने लगा। नागरमल नाम के व्यक्ति को सूरजमल के पास इसलिए भेजा कि यदि सूरजमल कुछ भेंट दे दे तो लड़ाई स्थगित कर दी जाए। महाराज खूब जानते थे कि पठान अभी जल्दी कोई नई लड़ाई नहीं लड़ सकते हैं। इसलिए मार्च सन् 1761 ई. तक सन्धि के भुलावे में ही अब्दाली को डाले रहे और इसी बीच में आगरे पर अधिकार जमा लिया। शहर और किले की लूट से उन्हें 5,00000 रुपये मिले। ऐसे मौके पर एक लाख रुपया शाह को दे दिया। 21 मई सन् 1761 ई. को अब्दाली अपने देश के लिए प्रस्थान कर गया। अब महाराज सूरजमल को अपने राज्य को बढ़ाने का पूरा अवसर मिल गया।

महाराज ने हरयाणे के प्रदेश पर जहां कि जाटों की अधिक आबादी थी और अनेक छोटे-छोटे मुसलमान जागीरदार राज्य कर रहे थे, को विजय करने के लिए जवाहरसिंह की अध्यक्षता में सेना भेजी। छोटे लड़के नाहरसिंह की अध्यक्षता में द्वाबा में अधिकार स्थापित करने और पूर्वी रुहेला सरदारों की चाल का निरीक्षण करने के लिए दूसरी सेना भेजी। जवाहरसिंह ने फर्रुखनगर पर जो कि एक बिलोची सरदार मुसाबीखां के अधिकार में था, चढ़ाई की। यह किला बड़ा मजबूत था, इसलिए महाराज स्वयं तोपखाना लेकर जवाहरसिंह की सहायता को पहुंचे। दो महीने के घेरे के पश्चात् मुसाबीखां ने किले को खाली कर दिया। उसे कैद करके भरतपुर भेज दिया गया। फर्रुखनगर जाट-राज्य में मिला लिया गया। रेवाड़ी, गढ़ी-हरसरू और रोहतक तो पहले ही जाटों के अधिकार में आ चुके थे और वे

नवलसिंह तक उनके अधिकार में रहे थे। कहा जाता है कि गढ़ी हरसरू की चढ़ाई में सूरजमल का हाथी जो कि किले के बड़े फाटक को तोड़ने के लिए जुटाया गया था, थककर बिना फाटक तोड़े लौट आया। तब **सरदार सीता राम** ने जो कि जाट (Ajaz) था, यह देखा तो कुल्हाड़ी लेकर बाहर आया और बड़ी वीरतापूर्वक फाटक को काट डाला। इसके बाद सूरजमल ने दूसरे सरदार बहादुरखां के किले पर चढ़ाई कर दी। इसी समय जाट सेना का एक दूसरा भाग नाहरसिंह और बलरामसिंह तथा अन्य प्रसिद्ध सेनानायकों की अध्यक्षता में मुगल सरकार के अफसरों के हाथ से अनेक स्थानों को जीतते हुए जल्दी से जल्दी नजीबुद्दौला से भिडने के लिए तैयार हो रहा था । लेकिन नजीबुद्दौला इस मौके को टालना चाहता था और सूरजमल इस मौके से लाभ उठाना चाहते थे। इससे पहले सूरजमल के अधिकार में इतना प्रदेश आ गया था कि पूर्व में उनके राज्य की सीमा रुहेला राज्य तक पहुंच गई थी। कोल, जलसेर, एटा के जिले उन्ही के राज्य में थे। जमुना के इस किनारे पर देहली के फाटकों से लेकर चम्बल तक उनके सिवाय और किसी का राज्य नहीं था और गंगा की ओर भी करीब-करीब यही हालत थी। आगरे का किला ले लेने के पश्चात् उन्हें दक्षिण में अपने राज्य का फैलाने के लिए

बहुत कुछ नहीं करना था। उनका ध्यान देहली के पश्चिम की ओर लगा हुआ था। इसलिए उन्होंने नजीबुद्दौला के सामने दिल्ली के आसपास के जिलों की गर्वनरी देने का प्रस्ताव रखा। पहले तो नजीबुद्दौला संधि की चर्चा चलाता रहा। लेकिन आखिर जब उसने समझ लिया कि सूरजमल से बिना लड़ाई लड़े अथवा गर्वनरी दिए तीसरी युक्ति से काम नहीं चल सकता तो दस-बारह हजार घुड़सवार और पैदलों की सेना लेकर 24 दिसम्बर सन् 1763 ई. को सूरजमल से लड़ने के लिए जमुना पर कदम रखा। हिंडन नदी के किनारे दानों सेनाओं ने आमने-सामने डेरे लगा दिए। पहले दिन की लड़ाई में जाट ही विजयी रहे। जब कि घमासान युद्ध मच रहा था, महाराज सूरजमल केवल 30 घुड़सवारों के साथ मुगल और बिलोचियों की सेना में पिल पड़े और वीरगति को प्राप्त हुए। जाट सेना इतनी सुव्यवस्थित थी कि सूरजमल की मृत्यु के समाचार चारों ओर फैल जाने पर भी एक भी योद्धा विचलित न हुआ। वे इस भांति लड़ते रहे मानो कुछ भी नहीं हुआ है। जाट-सेना ने विजेताओं की भांति युद्ध-क्षेत्र को छोड़ा। महाराज सूरजमल की लाश शत्रुओं के हाथ न पड़ी। उनकी मृत्यु का विश्वास भी तब तक दुश्मनों को नहीं हुआ, जब तक कि जाट हिंडन को छोड़कर भरतपुर की तरफ न चल दिए।

फादर वेण्डिल ने महाराजा सूरजमल के स्वर्गवास का 25 दिसम्बर रविवार सन् 1663 ई. माना है। उनका मत इसलिए भी सही माना जा सकता है कि उन्होंने

भरतपुर का इतिहास इस घटना के 5 वर्ष बाद ही लिखा था।

महाराजा सूरजमल वास्तव में अपने समय के योद्धाओं में भीम, नीतिज्ञों मे कृष्ण और अर्थशास्त्रियों में कौटिल्य थे। एक मुसलमान यात्री ने तो उन्हें भारत का अन्तिम हिन्दू-सम्राट लिखा है। यथार्थ में, वह नवीन युग के प्रवर्तक थे, राष्ट्रीय चेतना के जनक और देश को नयी दिशा देने के लिए प्रतिबद्ध थे।

हिंदुस्तान में जाट सत्ता

महाराजा सूरजमल ने जयपुर के महाराजा जयसिंह से भी दोस्ती बना ली थी। 21 सितम्बर 1743 को जयसिंह की मौत हो गई और उसके तुरन्त बाद उसके बेटों ईश्वरी सिंह और माधो सिंह में गद्दी के लिये झगड़ा हुआ। महाराजा सूरजमल बड़े बेटे ईश्वरी सिंह के पक्ष में थे जबकि उदयपुर के महाराणा जगत सिंह माधो सिंह के पक्ष में थे। बाद में जहाजपुर में दोनों भाईयों में युद्ध हुआ और मार्च 1747 में ईश्वरी सिंह सिंह की जीत हुई। एक साल बाद मई 1748 में पेशवाओं ने ईश्वरी सिंह पर दबाव डाला कि वो माधो सिंह को चार परगना सौंप दे। फिर मराठे, सिसोदिया, राठौड़ वगैरा सात राजाओं की फौजें माधोसिंह के साथ हो गई और ईश्वरीसिंह अकेला पड़ गया। महाराजा सूरजमल दस हजार सैनिकों के साथ ईश्वरी सिंह की मदद के लिये जयपुर पहुंचे और अगस्त 1748 में सातों फौजों को हरा दिया। इसी के साथ सूरजमल की तूती सारे भारत में बोलने लगी थी।

महाराजा सूरज मल ने जयपुर नरेश से मित्रता पैदा करली थी. वह भी इनको पुत्रवत प्यार करते थे. सवाई जयसिंह के बाद इश्वरीसिंह और माधोसिंह में झगडा हुआ तो सूरजमल ने उनके बड़े बेटे इश्वरीसिंह का साथ दिया और माधोसिंह के हिमायतियों को जिनमें मल्हार होलकर, गंगाधर ताँतिया, और मेवाड़, मारवाड़, कोटा बूंदी के राजा सामिल थे, एक साथ ही परास्त किया. इस युद्ध में पचास शत्रुओं को स्वयं महाराजा सूरजमल ने अपने हाथ से काट डाला और एक सौ साठ को घायल किया था. यह घटना सन 1749 की है. बूंदी के कवि सूरजमल ने इस समय की महाराजा सूरजमल की वीरता का वर्णन इस भाँती किया है -

"सह्यो भले ही जट्टिटनी, जाए अरिष्ट अरिष्ट।

जाठर तस रवि मल्ल हव, आमरण को इष्ट ।।

बहुरि जट्ट मल्हार सन', लरर लग्यो हर बल्ल।

आंगर है हुलकर, जाट मिहिर, मल्ल प्रति मल्ल" ।।

अर्थ- जाटनी ने व्यर्थ ही प्रसूति पीड़ा नहीं सही. उसके गर्भ से शत्रु का संहारक और आमेर राजा का हितैषी सूरजमल पैदा हुआ. फिर जाट सेना के आगे भाग में मल्हार राव से युद्ध करने लगा. होलकर रात्रि की छाया और जाट सूर्य था. दोनों वीर अच्छी तरह युद्ध में भिडे. इस युद्ध के पश्चात महाराजा सूरजमल की कीर्ति सारे भारत में फैल गयी, क्योंकि उन्होंने शिशोदियों, राठोरों, चोहानों और मराठों को एक ही साथ हरा दिया था. यह बात राजस्थान क्या भारत के इतिहास में एक अपूर्व मिशाल थी.

मई 1753 में महाराजा सूरजमल ने दिल्ली और फिरोजशाह कोटला पर कब्जा कर लिया । दिल्ली के नवाब गाजी-उद-दीन ने फिर मराठों को सूरजमल के खिलाफ भड़काया और फिर मराठों ने जनवरी 1754 से मई 1754 तक भरतपुर जिले में सूरजमल के कुम्हेर किले को घेरे रखा । मराठे किले पर कब्जा नहीं कर पाए और उस लड़ाई में मल्हार राव का बेटा खांडे राव होल्कर मारा गया । मराठों ने सूरजमल की जान लेने की ठान ली थी पर महारानी किशोरी ने सिंधियाओं की मदद से मराठाओं और सूरजमल में संधि करवा दी ।

वेंदेल के अनुसार जर्जर मुगल-सत्ता की इसी कालावधि में जाट-शक्ति उत्तरी भारत में प्रबल शक्ति के रूप में उभरकर सामने आई । सवाई जयसिंह की मृत्यु के बाद सन् 1748 के उत्तराधिकार युद्ध में मराठों और राजपूतों सहित सात राजाओं की शक्ति के विरुद्ध कमजोर परन्तु सही पक्ष को विजयश्री दिलाकर सूरजमल ने जाट-शक्ति की श्रेष्ठता सिद्ध की । उसी समय मुगलों का कोई भी अभियान ऐसा नहीं था जिसमें जाट-शक्ति को सहयोग के लिए आमंत्रित न किया गया हो । वजीर सफदरजंग तो पूर्णरूप से अपने मित्र सूरजमल की शक्ति पर अवलम्बित था । अपदस्थ वजीर सफदरजंग के शत्रु मीरबख्शी गाजीउद्दीन खां के नेतृत्व में मराठा-मुगल-राजपूतों की सम्मिलित शक्ति सन् 1754 में सूरजमल के छोटे किले कुम्हेर तक को भी नहीं जीत पाई । सन् 1757 में नजीबुद्दौला द्वारा आमंत्रित अब्दाली भी अपने अमानवीय नरसंहार से सूरजमल की शक्ति को ध्वस्त नहीं कर सका । देशद्रोही नजीब ने उस समय वजीर गाजीउद्दीन खां और मराठों के कोप से बचने के लिए अब्दाली को हिन्दुस्तान पर आक्रमण करने के लिए सन् 1759 में पुनः आमंत्रित किया था । पानीपत के अंतिम युद्ध से पूर्व बरारी घाट के युद्ध में मराठों की प्रथम पराजय के बाद सूरजमल के कट्टर शत्रु वजीर गाजीउद्दीनखां ने भी भागकर जाटों के समक्ष आत्मसमर्पण कर दिया था । वेंदेल के अनुसार 'मुगल अहंकार की इतनी कठोर और इतनी सटीक पराजय इससे पहले कभी नहीं हुई थी' । वस्तुतः मुगल सत्ता का गर्वीला और भयावह

दैत्य धराशायी हो चुका था जिसके अवशेषों पर महाराजा सूरजमल के नेतृत्व में विलास और आडंबर से दूर, कर्मण्य, शौर्यपरायण, निर्बल की सहायक, शरणागत की रक्षक, प्रजावत्सल, हिन्दू-मुस्लिम एकता की प्रतीक, राष्ट्रवादी जाट-सत्ता की स्थापना हुई ।

बाद में 1760 में सदाशिव राव भाऊ और सूरजमल में कुछ बातों पर आनाकानी हुई थी । मथुरा की नबी मस्जिद को देखकर भाऊ ने गुस्से में कहा - सूरजमल जी, मथुरा इतने दिन से आपके कब्जे में है, फिर इस मस्जिद को आपने कैसे छोड़ दिया ? सूरजमल ने जवाब दिया - अगर मुझे यकीन होता कि मैं सारी उम्र इस इलाके का बादशाह रहूंगा तो शायद मैं इस मस्जिद को गिरवा देता, पर क्या फायदा ? कल मुसलमान आकर हमारे मंदिरों को गिरवायें और वहीं पर मस्जिदें बनवा दें तो आपको अच्छा लगेगा? बाद में फिर भाऊ ने लाल किले के दीवाने-खास की छत को गिरवाने का हुक्म दिया था, यह सोच कर कि इस सोने को बेचकर अपने सैनिकों की तनख्वाह दे दूंगा । इस पर भी सूरजमल ने उसे मना किया, यहां तक कहा कि मेरे से पांच लाख रुपये ले लो, पर इसे मत तोड़ो, आखिर नादिरशाह ने भी इस छत को बख्श दिया था । पर भाऊ नहीं माना - जब छत का सोना तोड़ा गया तो वह मुश्किल से तीन लाख रुपये का निकला । सूरजमल की कई बातों को भाऊ ने नहीं माना और यह भी कहा बताते हैं - मैं इतनी दूर दक्षिण से आपकी ताकत के भरोसे पर यहां नहीं आया हूं ।

14 जनवरी 1761 में पानीपत की तीसरी लड़ाई मराठों और अहमदशाह अब्दाली के बीच हुई । मराठों के एक लाख सैनिकों में से आधे से ज्यादा मारे गए । मराठों के पास न तो पूरा राशन था और न ही इस इलाके का उन्हें भेद था, कई-कई दिन के भूखे सैनिक क्या युद्ध करते ? अगर सदाशिव राव महाराजा सूरजमल से छोटी-सी बात पर तकरार न करके उसे भी इस जंग में साझीदार बनाता, तो आज भारत की तस्वीर और ही होती । पर उसने यह बेवकूफी की और उस जंग में अपनी जान भी गंवा बैठा । महाराजा सूरजमल ने फिर भी दोस्ती का हक अदा किया । तीस-चालीस हजार मराठे जंग के बाद जब वापस जाने लगे तो सूरजमल के इलाके में पहुंचते-पहुंचते उनका बुरा हाल हो गया था । जख्मी हालत में, भूखे-प्यासे वे सब मरने के कगार पर थे और ऊपर से भयंकर सर्दी में भी मरे, आधों के पास तो ऊनी कपड़े भी नहीं थे । दस दिन तक सूरजमल ने उन्हें भरतपुर में रक्खा, उनकी दवा-दारू करवाई और भोजन और कपड़े का इंतजाम किया । महारानी किशोरी ने भी जनता से अपील करके अनाज आदि इक्ट्ठा किया । सुना है कि कोई बीस लाख रुपये उनकी सेवा-पानी में खर्च हुए । जाते हुए हर आदमी को एक रुपया, एक

सेर अनाज और कुछ कपड़े आदि भी दिये ताकि रास्ते का खर्च निकाल सकें । कुछ मराठे सैनिक लड़ाई से पहले अपने परिवार को भी लाए थे और उन्हें हरयाणा के गांवों में छोड़ गए थे । उनकी मौत के बात उनकी विधवाएं वापस नहीं गईं । बाद में वे परिवार हरयाणा की संस्कृति में रम गए । महाराष्ट्र में 'डांगे' भी जाटवंश के ही बताये जाते हैं और हरियाणा में 'दांगी' भी उन्हीं की शाखा है ।

मराठों के पतन के बाद महाराजा सूरजमल ने गाजियाबाद, रोहतक, झज्जर के इलाके भी जीते । 1763 में फरुखनगर पर भी कब्जा किया । वीरों की सेज युद्धभूमि ही है । 25 दिसंबर 1763 को नवाब नजीबुदौला के साथ युद्ध में महाराज सूरजमल वीरगति को प्राप्त हुए ।

महाराजा सूरजमल की स्मृति में महाराजा सूरजमल संस्थान, सी – 4, जनकपुरी, नई दिल्ली – 58, तथा महाराजा सूरजमल स्मारक शिक्षा संस्था (रजि.) नई दिल्ली भी है, इस संस्था से एक मासिक पत्रिका " सूरज सुजान " भी प्रकाशित होती है । ईमेल – www.surajsujan@gmail.com तथा
Website: www.surajmalmemorialeducationsociety.org

सूरज सुजान से कवितायें

ईश्वरी सिंह का पत्र
　　देषि देस को चाल ईसरी सिंह भुवाल नैं ।
　　पत्र लिख्यौ तिहिकाल बदनसिंह ब्रजपाल कौ ।।
　　करी काज जैसी करी गुरुडध्वज महाराज ।
　　पत्र पुष्प के लेते ही थे आज्यौ ब्रजराज ।।
　　आयौ पत्र उताल सौं ताहि बांचि ब्रजयेस ।
　　सुत सरज सौं तब कहौ थामि ढुढाहर देस ।।
जाट सेना का जयपुर अभियान
ईश्वरी सिंह की सहायता के लिए मुगल, मराठा एवं राजपूत सेना और से युद्ध करने हेतू जाट सेना का जयपुर अभियान का वर्णन
　　संग चढे सिनसिनवार हैं, बहु जंग के जितवार हैं
　　खंड खंड ने खुंटैल हैं, कबहु न भय मन में लहैं
　　चढि चाहि चाहर जोर दै, दल देसवार दरेरैदे
　　असवार होत अवारिया, जिन कितै वैर वादारिया
　　डर डारि डागुरि धाइयो, बहु भैनवार सु आइयौ

गुनवंत गूदर चट्ठियौ, सर सेल सांगन मट्ठियौ
सजियौ प्रचन्ड सुभोंगरे, जितवार जंगन के खरे
खिनवार गोधे बंक हैं, जिन किए राजा रंक हैं
सिरदार सोगरवार हैं, रन भुमि मांझ पहांर हैं
सिरदार सोरहते सजे, रन काज ते रन लै गज
सजि नौहवार निसंक हैं, रुतवार रावत बंक हैं
मुहिनाम याद इतेक हैं, बहु जाट जाति कितेक हैं
सबहि चढे भट आगरे, सबहि प्रताप उजागरे

सूरजमल पर कवितायें

कविता (1) महाराजा सूरजमल जाट (रामलाल जाणी)

13 फरवरी 1707 बदन सिंह घर जन्म पाया।
सन 1733 सूरजमल ने गढ भरतपुर बसाया।।
वीरता धीरता चातुर्य से सबको लोहा मनवाया।
अजय योद्धा का परचम विश्व भर में लहराया।।
वो जाट वीर था सदा सर्वधर्म हितकारी।
हिन्दू मुस्लिम सब प्रजा थी उनको प्यारी।।
25 वर्ष की उम्र में सोघर जीत आया।
अजेय दुर्ग लोहागढ़ का निर्माण करवाया।।
अब आ गई बागडोर सूरजमल के हाथ।
भरतपुर का हर वासी हो गया सनाथ।।
घनघोर संकट भी डिगा नहीं पाए वीर को।
सूझबूझ से बदल दिया राज्य की तकदीर को।।
सन 1748 का ऐतिहासिक था बागड़ू रण।।
काम लिया सूरजमल ने बुद्धि चातुर्य क्षण-क्षण।
बागड़ू का वह युद्ध बेमेल था सामने थी सेना भारी।
लेकिन बुद्धि का खेल था,सू रजमल ने बाजी मारी।।
एक तरफ थे बड़े-बड़े मराठा राजपूत योद्धा।
दूसरी तरफ सूरजमल अकेले ने सब को रौंदा।।

सूरजमल के रण कौशल से हारी बाजी पलट गई।
जाट शेरों से डर के मारे शत्रु सेना पीछे हट गई।।
ईश्वर सिंह को मिली राजगद्दी और सूरजमल को नाम।
जाट सेना ने दुश्मन का कर दिया काम तमाम।।
सन 1750 मीर बख्शी को चारों ओर से घेरा।
दुश्मन के आजू-बाजू में था सूरजमल का डेरा।।
मीर बख्शी मांग रहा था संधि की भीख।
सब कह रहे थे सूरजमल से ले तू सीख।।
रुहेलो के विरुद्ध जाटों ने वीरता दिखलाई।
सूरजमल ने बल्लभगढ़ की समस्या सुलझाई।।
मुगल बादशाह की सेना बड़ी लाचार थी।
वीर सूरजमल की सेना तेजस्वी और खूंखार थी।।
मुगल मराठा संयुक्त सेना आ धमकी थी।
लेकिन वीर सूरजमल की बुद्धि फिर चमकी थी।।
बुद्धि चातुर्य का उपयोग भरपूर किया।
दुश्मन को संधि करने को मजबूर किया।।
मुगल मराठा विशाल सेना काम ना आई।
जाटों ने बुद्धि बल से उन को धूल चटाई।।
भोगी अहमदशाह अब्दाली का जी ललचाया।
उसने आकर दिल्ली में आतंक मचाया।।
जाट राज्य को लूटने का ख्याल आया।
उसने सूरजमल को कर देने का संदेश भिजवाया।।
जवाहर सिंह ने अफगान टुकड़ी को हराया।
अब अब्दाली ने लूटपाट का हुक्म फरमाया।।
मथुरा में चहुंओर तोपों का धुआं छाया।
अब्दाली सूरजमल के किलों को जीत नहीं पाया।।
न भेद न कोई जीत का मौका आया।
उसने हार कर कंधार का मार्ग अपनाया।।
पानीपत की तीसरी लड़ाई 1761 में थी छाई।
राजपूत देख रहे थे तटस्थ चुपचाप लड़ाई।।
उनकी विलासिता और दूरदर्शिता आड़े आई।
वीर सूरजमल ने फिर तलवार चमकाई।।

जाटों की बहादुरी थी दुनिया में छाई ।
शत्रु सेना जाटों की बहादुरी से घबराई ।।
सूरजमल वीर था बड़ा बुद्धिमानी ।
उसने सदा प्रजा की रक्षा की ठानी ।।
सभी धर्म पंथ थे उसके लिए समान ।।
नहीं उसने किया किसी का अपमान ।।
हर कोई सूरजमल की शरण आया ।
किसी को चौखट से वापस नहीं लौटाया ।।
61 में जाटों ने फिर आगरा को जय किया ।
वीर गोकुला की शहीदी का बदला लिया ।।
उस जाट वीर सूरजमल ने हर युद्ध जीता था ।
उसके बिना खुद इतिहास का खजाना रीता था ।।
सन 1763 में वह वीर स्वर्ग सिधारा था ।
हर इतिहासकार ने उसको पुकारा था ।।
उसका इतिहास विश्व पटल पर छाया था ।
हर कोई उसकी गाथा लिखने को ललचाया था ।।
किसी ने लिखी कविताएं किसी ने गीत ।
हजारों संदेश देती है उसकी एक एक जीत ।।
उनकी वीरता कभी शब्दों में सिमट नहीं पाएगी ।
मैंने एक कविता लिखी दुनिया लिखी लिखती जाएगी ।।
वीर सूरजमल हिंदुस्तान का आखिरी सम्राट था ।
वह शूरवीर बुद्धिमान तेजस्वी जाट था ।।
रचनाकार =- रामलाल जाणी पबुबेरा बारमेर mo.8003041770

कविता (2) (बलवीर घिन्टाला तेजाभक्त)

बच रही थी जागीरें जब, बहु बेटियों के डोलों से,
तब एक सूरज निकला, ब्रज भौम के शोलों से,
दिन नही मालूम मगर, थी फरवरी सत्रह सो सात,
जब पराक्रमी बदन के घर, पैदा हुआ बाहुबली जाट,
था विध्वंश था प्रलय, वो था जिंता जागता प्रचंड तूफां,
तुर्कों के बनाये साम्राज्य का, मिटा दिया नामो निशां,

खेमकरण की गढी पर, बना कर लोहागढ ऊंचा नाम किया,

सुजान नहर लाके उसने, कृषकों को जीवनदान दिया,

बात है सन् 1748 की, जब मचा बगरू में हाहाकार,

7 रजपूती सेनाओ का, अकेला सूरज कर गया नरसंहार,

इस युद्ध ने इतिहास को, उत्तर भारत का नव यौद्धा दिया,

मुगल मराठों का कलेजा, अकेले सूरज ने हिला दिया,

मराठा मुगल रजपूतो ने, मिलकर एक मौर्चा बनाया,

मगर छोटी गढी कुम्हेर तक को, यह मौर्चा जीत न पाया,

घमंड में भाऊ कह गया, नहीं चाहिए जाटों की ताकत,

मराठों की दुर्दशा बता रहा, तृतीय समर ये पानीपत,

अब्दाली के सेना ने जब, मराठों की औकात बताई,

रानी किशोरी ने ही तब, शरण में लेके इनकी जान बचाई,

दंभ था लाल किले को खुद पे, कहलाता आगरे का गौरव था,

सूरज ने उसकी नींव हीला दी, जाटों की ताकत का वैभव था,

बलशाली था हलधर अवतारी था, था जाटों का अफलातून,

जाट प्लेटो गजमुखी वह, फौलादी जिस्म गर्वीला खून,

हारा नहीं कभी रण में, ना कभी धोके से वार किया,

दुश्मन की हर चालों को, हंसते हंसते ही बिगाड़ दिया,

ना केवल बलशाली था, बल्कि विधा का ज्ञानी था,

गर्व था जाटवंश के होने का, न घमंडी न अभिमानी था,

25 दिसंबर 1763 में, नजीबद्द्दीन से रणसमर हुआ,

सहोदरा की माटी में तब, इसका रक्त विलय हुआ,

56 वसंत की आयु में भी, वह शेरों से खुला भिड़ जाता था,

जंगी मैदानों में तलवारों से, वैरी मस्तक उड़ा जाता था,

वीरों की सदा यह पहचान रही है, रणसमर में देते बलिदान है,

इस सूरज ने वही इतिहास रचा, शत शत तुम्हें प्रणाम है,

अमर हो गया जाटों का सूरज, दे गया गौरवगान हमें,

कर गया इतिहास उज्ज्वल, दे गया इक अभिमान हमें,

'तेजाभक्त बलवीर' तुम्हें वंदन करे, करे नमन चरणों में तेरे,

सदा वैभवशाली तेरा शौर्य रहे, सदा विराजो हृदय में मेरे,

कविता (3). –

कविता – महाराजा सूरजमल –

नहीं सही जाटनी ने व्यर्थ प्रसव की पीर, जन्मा उनके गर्भ से सूरजमल सा वीर ।

जिसने बार – बार दिल्ली में घुसकर मुगलों को फोड़ा था, जिसके खौफ से आबदाली ने मथुरा वृंदावन छोड़ा था ।

जिसके कारण हिन्दुआ ध्वज शान से लहराया था, वो बदन सिंह का देवकीनन्दन महाराजा सूरजमल कहलाया था ।

जिसके भालों की नौकों से सलावत खां घबराया था, होकर पराजित दुष्ट ने हिन्दुओं के आगे शीश नवाया था ।

आगरा के लाल किले पर जिसने भगवा फहराया था, ताजमहल की कब्रों पर जिसने घोडा बंधवाया था ।

पठान रूहेला अफगान जिसके नाम से ही घबराता था, वो देवकीनन्दन महाराजा सूरजमल कहलाता था ।

उषा मस्जिद को जिसने फिर से मंदिर बनवाया था, मथुरा वृंदावन के घाटों को फिर से जिसने सजवाया था ।

बगरु के महलों में जिसकी धाक गूँजती थी, विजय श्री जिसके रण में सदा चरण चूमती थी ।

दिल्ली का वजीर भी जिसके आगे नतमस्तक रहता था, वो बदनसिंह का देवकीनन्दन महाराजा सूरजमल कहलाता था ।

आतंक भरे मेवात ने पहली बार सांस छैं की ली थी, भारतभूमि ने अब बहुत ज्यादती सहन कर ली थी ।

जिसके भालों के वार से असद खां दर्द से कहराता था, जिसके शासन में अलीगढ़ शहर रामगढ़ कहलाता था ।

4

बाबा शाहमल तोमर (21 जुलाई 1857)

बाबा शाहमल तोमर (21 जुलाई 1857)

बाबा साहमल तोमर(जिसे शाह मल सिंह तोमर के नाम से भी जाना जाता है) (1857) 1857 के भारतीय विद्रोह के समय उत्तर प्रदेश के बिजरोल गांव से बाहर एक विद्रोही था। उन्होंने ईस्ट इंडिया कंपनी के खिलाफ विद्रोह में बड़ौत के जाटों का नेतृत्व किया। 1857 के स्वतंत्रता आंदोलन में उनकी भूमिका अद्वितीय है। 1857 में पहला स्वतंत्रता आंदोलन शुरू होने से पहले के वर्षों में क्षेत्र के किसानों को अंग्रेजों द्वारा अधिक कराधान का सामना करना पड़ा था। शाह मल ने क्षेत्र के जाट और गुर्जर किसानों की एक संयुक्त सेना को एक साथ रखा। उसकी सेना ने बरौत की तहसील और बागपात के बाजार पर हमला किया और लूट लिया। जून 1857 में, साह मल सिंह ने 500 मवेशियों के सिर जब्त किए, और भागे हुए दोषियों और अन्य स्थानीय लोगों को इकट्ठा किया और एक बल का गठन किया। 18 जुलाई को बड़ौत गांव के पास पहुंचते ही ब्रिटिश सेना पर हमला हो गया। साह मल के नेतृत्व में लड़ाकों के एक समूह ने पास के एक बाग में पोजीशन ले ली, और राइफल्स यूनिट द्वारा दबाव में आ गया। जाट गठन टूट गया, और घुड़सवार सैनिकों द्वारा फ्लैंक पर हमला किया गया। आमने-सामने की लड़ाई हुई, जिसमें साह मल मारा गया।

बाबा शाहमल का जीवन परिचय

बाबा शाहमल जाट (तोमर) बागपत जिले में बिजरौल गांव के एक साधारण परन्तु आजादी के दिवाने क्रांतिकारी किसान थे। वे मेरठ और दिल्ली समेत आसपास के इलाके में बेहद लोकप्रिय थे। मेरठ जिले के समस्त पश्चिमी और उत्तर-पश्चिमी भाग में अंग्रेजों के लिए भारी खतरा उत्पन्न करने वाले बाबा शाहमल ऐसे ही क्रांतिदूत थे। गुलामी की जंजीरों को तोड़ने के लिए इस महान व्यक्ति ने लम्बे अरसे तक अंग्रेजों को चैन से नहीं सोने दिया था।

अंग्रेज हुकूमत से पहले यहाँ बेगम समरू राज्य करती थी. बेगम के राजस्व मंत्री ने यहाँ के किसानों के साथ बड़ा अन्याय किया. यह क्षेत्र 1836 में अंग्रेजों के अधीन आ गया. अंग्रेज अदिकारी प्लाउड ने जमीन का बंदोबस्त करते समय किसानों के साथ हुए अत्याचार को कुछ सुधारा परन्तु मालगुजारी देना बढा दिया. पैदावार अच्छी थी. जाट किसान मेहनती थे सो बढ़ी हुई मालगुजारी भी देकर खेती करते रहे. खेती के बंदोबस्त और बढ़ी मालगुजारी से किसानों में भारी असंतोष था जिसने 1857 की क्रांति के समय आग में घी का काम किया.

शाहमल का गाँव बिजरौल काफी बड़ा गाँव था . 1857 की क्रान्ति के समय इस गाँव में दो पट्टियाँ थी. उस समय शाहमल एक पट्टी का नेतृत्व करते थे. बिजरौल में उसके भागीदार थे चौधरी शीश राम और अन्य जिन्होंने शाहमल की क्रान्तिकरी कार्रवाइयों का साथ नहीं दिया. दूसरी पट्टी में 4 थोक थी. इन्होने भी साथ नहीं दिया था इसलिए उनकी जमीन जब्त होने से बच गई थी.

शाहमल की क्रान्ति प्रारंभ में स्थानीय स्तर की थी परन्तु समय पाकर विस्तार पकड़ती गई. आस-पास के लम्बरदार विशेष तौर पर बडौत के लम्बरदार शौन सिंह और बुध सिंह और जौहरी, जफर्वाद और जोट के लम्बरदार बदन और गुलाम भी विद्रोही सेना में अपनी-अपनी जगह पर आ जामे. शाहमल के मुख्य सिपहसलार बगुता और सज्जा थे और जाटों के दो बड़े गाँव बाबली और बडौत अपनी जनसँख्या और रसद की तादाद के सहारे शाहमल के केंद्र बन गए.

10 मई को मेरठ से शुरू विद्रोह की लपटें इलाके में फ़ैल गई. शाहमल ने जहानपुर के गूजरों को साथ लेकर बडौत तहसील पर चढाई करदी. उन्होंने तहसील के खजाने को लूट कर उसकी अमानत को बरबाद कर दिया. बंजारा सौदागरों की लूट से खेती की उपज की कमी को पूरा कर लिया. मई और जून में आस पास के गांवों में उनकी धाक जम गई. फिर मेरठ से छूटे हुये कैदियों ने उनकी की फौज को और बढा दिया. उनके प्रभुत्व और नेतृत्व को देख कर दिल्ली दरबार में उसे सूबेदारी दी.

12 व 13 मई 1857 को बाबा शाहमल ने सर्वप्रथम साथियों समेत बंजारा व्यापारियों पर आक्रमण कर काफी संपत्ति कब्जे में ले ली और बड़ौत तहसील और पुलिस चौकी पर हमला बोल की तोड़फोड़ व लूटपाट की। दिल्ली के क्रांतिकारियों को उन्होंने बड़ी मदद की। क्रांति के प्रति अगाध प्रेम और समर्पण की भावना ने जल्दी ही उनको क्रांतिवीरों का सूबेदार बना दिया। शाहमल ने बिलोचपुरा के एक बलूची नवीबख्श के पुत्र अल्लादिया को अपना दूत बनाकर दिल्ली भेजा ताकि अंग्रेजों के विरुद्ध लड़ने के लिए मदद व सैनिक मिल सकें। बागपत के थानेदार वजीर खां ने भी इसी उद्देश्य से सम्राट बहादुरशाह को अर्जी भेजी। बागपत के नूर खां के पुत्र मेहताब खां से भी उनका सम्पर्क था। इन सभी ने शाहमल को बादशाह के सामने पेश करते हुए कहा कि वह क्रांतिकारियो के लिए बहुत सहायक हो सकते है और ऐसा ही हुआ शाहमल ने न केवल अंग्रेजों के संचार साधनों को ठप किया बल्कि अपने इलाके को दिल्ली के क्रांतिवीरों के लिए आपूर्ति क्षेत्र में बदल दिया।

अपनी बढ़ती फौज की ताकत से उन्होंने बागपत के नजदीक जमुना पर बने पुल को नष्ट कर दिया. उनकी इन सफलताओं से उन्हें 84 गांवों का आधिपत्य मिल गया. उसे आज तक देश खाप की चौरासी कह कर पुकारा जाता है. वह एक स्वतंत्र क्षेत्र के रूप में संगठित कर लिया गया और इस प्रकार वह जमुना के बाएं किनारे का राजा बन बैठा, जिससे कि दिल्ली की उभरती फौजों को रसद जाना कतई बंद हो गया और मेरठ के क्रांतिकारियों को मदद पहुंचती रही. इस प्रकार वह एक छोटे किसान से बड़े क्षेत्र के अधिपति बन गए।

कुछ अंग्रेजों जिनमें हैवेट, फारेस्ट ग्राम्हीर, वॉटसन कोर्रेंट, गफ और थॉमस प्रमुख थे को यूरोपियन फ्रासू जो बेगम समरू का दरबारी कवि भी था, ने अपने गांव हरचन्दपुर में शरण दे दी। इसका पता चलते ही शाहमल ने निरपत सिंह व लाजराम जाट के साथ फ्रासू के हाथ पैर बांधकर काफी पिटाई की और बतौर सजा उसके घर को लूट लिया। बनाली के महाजन ने काफी रुपया देकर उसकी जान बचायी। मेरठ से दिल्ली जाते हुए डनलप, विलियम्स और ट्रम्बल ने भी फ्रासू की रक्षा की। फ्रासू को उसके पड़ौस के गांव सुन्हैडा के लोगों ने बताया कि इस्माइल, रामभाई और जासूदी के नेतृत्व में अनेक गांव अंग्रेजों के विरुद्ध खड़े हो गए है। शाहमल के प्रयत्नों से हिंदू व मुसलमान एक साथ मिलकर लड़े और हरचन्दपुर, ननवा काजिम, नानूहन, सरखलान, बिजरौल, बिजवाडा, पूठ, धनौरा, बुढेरा, पोईस, गुराना, नंगला, गुलाब बड़ौली, बलि बनाली (निम्बाली), बागू, संतोखपुर,हिलवाड़ी, बड़ौत, औसख, नादिर असलत और असलत खर्मास गांव के लोगों ने उनके नेतृत्व में संगठित होकर क्रांति का बिगुल बजाथा।

कुछ बेदखल हुये जाट जर्मींदारों ने जब शाहमल का साथ छोड़कर अंग्रेज अफसर डनलप की फौज का साथ दिया तो शाहमल ने 300 सिपाही लेकर बसौड़ गाँव पर कब्जा कर लिया. जब अंग्रेजी फौज ने गाँव का घेरा डाला तो शाहमल उससे पहले गाँव छोड़ चुका था. अंग्रेज फौज ने बचे सिपाहियों को मौत के घाट उतार दिया और 8000 मन गेहूं जब्त कर लिया. इलाके में शाहमल के दबदबे का इस बात से पता लगता है कि अंग्रेजों को इस अनाज को मोल लेने के लिए किसान नहीं मिले और न ही किसी व्यापारी ने बोली बोली. गांव वालों को सेना ने बाहर निकाल दिया पर दिल्ली से आये दो गाजी एक मस्जिद में मोर्चा लेकर लड़ते रहे और सेना नाकामयाब रही। शाहमल ने यमुना नहर पर सिंचाई विभाग के बंगले को मुख्यालय बना लिया था और अपनी गुप्तचर सेना कायम कर ली थी। हमले की पूर्व सूचना मिलने पर एक बार उन्होंने 129 अंग्रेजी सैनिकों की हालत खराब कर दी थी।

इलियट ने 1830 में लिखा है कि पगड़ी बांधने की प्रथा व्यक्तिको आदर देने की प्रथा ही नहीं थी, बल्कि उन्हें नेतृत्व प्रदान करने की संज्ञा भी थी. शाहमल ने इस प्रथा का पूरा उपयोग किया. शाहमल बसौड़ गाँव से भाग कर निकलने के बाद वह गांवों में गया और करीब 50 गावों की नई फौज बनाकर मैदान में उतर पड़ा.

दिल्ली दरबार और शाहमल की आपस में उल्लेखित संधि थी. अंग्रेजों ने समझ लिया कि दिल्ली की मुग़ल सता को बर्बाद करना है तो शाहमल की शक्ति को दुरुस्त करना आवश्यक है. उन्होंने शाहमल को जिन्दा या मुर्दा उसका सर काटकर लाने वाले के लिए 10000 रुपये इनाम घोषित किया.

डनलप जो कि अंग्रेजी फौज का नेतृत्व कर रहा था, को शाहमल की फौजों के सामने से भागना पड़ा. इसने अपनी डायरी में लिखा है -

"चारों तरफ से उभरते हुये जाट नगाड़े बजाते हुये चले जा रहे थे और उस आंधी के सामने अंग्रेजी फौजों का जिसे 'खाकी रिसाला' कहा जाता था, का टिकना नामुमकिन था."

एक सैन्य अधिकारी ने उनके बारे में लिखा है कि

एक जाट (शाहमल) ने जो बड़ौत परगने का गवर्नर हो गया था और जिसने राजा की पदवी धारण कर ली थी, उसने तीन-चार अन्य परगनों पर नियंत्रण कर लिया था। दिल्ली के घेरे के समय जनता और दिल्ली इसी व्यक्ति के कारण जीवित रह सकी।

छपरा गांव के त्यागियों, बसोद के जादूगर और बिचपुरी के गूर्जरों ने भी शाहमल के नेतृत्व में क्रांति में पूरी शिरकत की। अम्हेड़ा के गूर्जरों ने बड़ौत व

बागपत की लूट व एक महत्वपूर्ण पुल को नष्ट करने में हिस्सा लिया। सिसरौली के जाटों ने शाहमल के सहयोगी सूरजमल की मदद की जबकि दाढ़ी वाले सिख ने क्रांतिकारी किसानों का नेतृत्व किया।

जुलाई 1857 में क्रांतिकारी नेता शाहमल को पकड़ने के लिए अंग्रेजी सेना संकल्पबद्ध हुई पर लगभग 7 हजार सैनिकों सशस्त्र किसानों व जर्मींदारों ने डटकर मुकाबला किया। शाहमल के भतीजे भगत के हमले से बाल-बाल बचकर सेना का नेतृत्व कर रहा डनलप भाग खड़ा हुआ और भगत ने उसे बड़ौत तक खदेड़ा। इस समय शाहमल के साथ 2000 शक्तिशाली किसान मौजूद थे। गुरिल्ला युद्ध प्रणाली में विशेष महारत हासिल करने वाले शाहमल और उनके अनुयायियों का बड़ौत के दक्षिण के एक बाग में खाकी रिसाला से आमने सामने घमासान युद्ध हुआ।

डनलप शाहमल के भतीजे भगता के हाथों से बाल-बाल बचकर भागा. परन्तु शाहमल जो अपने घोडे पर एक अंग रक्षक के साथ लड़ रहा था, फिरंगियों के बीच घिर गया. उसने अपनी तलवार के वो करतब दिखाए कि फिरंगी दंग रह गए. तलवार के गिर जाने पर शाहमल अपने भाले से दुश्मनों पर वार करता रहा. इस दौर में उसकी पगड़ी खुल गई और घोडे के पैरों में फंस गई. जिसका फायदा उठाकर एक फिरंगी सवार ने उसे घोड़े से गिरा दिया. अंग्रेज अफसर **पारकर**, जो शाहमल को पहचानता था, ने शाहमल के शरीर के टुकडे-टुकडे करवा दिए और उसका सर काट कर एक भाले के ऊपर टंगवा दिया.

फिरंगियों के लिए यह सबसे बड़ी विजय पताका थी. डनलप ने अपने कागजात पर लिखा है कि अंग्रेजों के खाखी रिशाले के एक भाले पर अंग्रेजी झंडा था और दूसरे भाले पर शाहमल का सर टांगकर पूरे इलाके में परेड करवाई गई. चौरासी गांवों के 'देश' की किसान सेना ने फिर भी हार नहीं मानी. और शाहमल के सर को वापिस लेने के लिए सूरज मल और भगता स्थान-स्थान पर फिरंगियों पर हमला करते रहे. इसमें राजपूतों और गुजरों ने भी बढ़-चढ़ कर साथ दिया. शाहमल के गाँव सालों तक युद्ध चलाते रहे.

21 जुलाई 1857 को तार द्वारा अंग्रेज उच्चाधिकारियों को सूचना दी गई कि मेरठ से आयी फौजों के विरुद्ध लड़ते हुए शाहमल अपने 6000 साथियों सहित मारा गया। शाहमल का सिर काट लिया गया और सार्वजनिक रूप से इसकी प्रदर्शनी लगाई गई। पर इस शहादत ने क्रांति को और मजबूत किया तथा 23 अगस्त 1857 को शाहमल के पौत्र लिज्जामल जाट ने बड़ौत क्षेत्र में पुन: जंग की शुरुआत कर दी।

अंग्रेजों ने इसे कुचलने के लिए खाकी रिसाला भेजा जिसने पांचली बुजुर्ग, नंगला, और फुपरा में कार्रवाई कर क्रांतिकारियों का दमन कर दिया। लिज्जामल को बंदी बना कर साथियों जिनकी संख्या 32 बताई जाती है, को फांसी दे दी गई।

शाहमल मैदान में काम आया, परन्तु उसकी जगाई क्रांति के बीज बडौत के आस पास प्रस्फुटित होते रहे. बिजरौल गाँव में शाहमल का एक छोटा सा स्मारक बना है जो गाँव को उसकी याद दिलाता रहता है.

बाबा शाहमल जाट पर पुस्तक

Special Supplement   ISSN 0973-5577
Vol. X, 2007

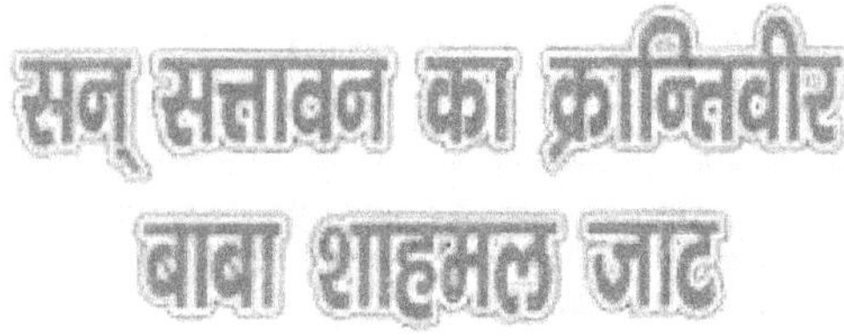

लेखक
डॉ॰ महेन्द्र नारायण शर्मा
डॉ॰ राकेश कुमार शर्मा

In remembrance of the Heroes of 1857

The Journal of the Meerut University History Alumini (MUHA)

Dr. Devesh C. Sharma F-136, Shastri Nagar, Meerut-250094 Ph. 0121-4002806, Mob : 9837993806
E-mail : devesh_jat@indiatimes.com
Dr. Krishan K. Sharma 65/1, Panchsheel Colony, Gali No. 8, Garh Road, Meerut, Ph. 0121-2761877
9412396660, E-mail : kkantsharma@gmail.com

सन सत्तावन का क्रांतिवीर बाबा शाहमल जाट

पुस्तक: सन सत्तावन का क्रांतिवीर बाबा शाहमल जाट

लेखक: डॉ महेंद्र नारायण शर्मा और डॉ राकेश कुमार शर्मा

Publisher: The Journal of the Meerut University History Alumini (MUHA),Vol. 10, No.5 (2007), ISBN 0973-5577

प्रकाशकीय टीप - प्रस्तुत पुस्तक में लेखक द्वय ने 1857 के क्रांतिवीर बाबा शाहमल जाट की यात्रा की एक प्रस्तुति है। बाबा शाहमल ने 1857 की जनक्रांति में तत्कालीन जनपद के तहसील बड़ौत और उसके आसपास के क्षेत्र में महत्वपूर्ण भूमिका भूमिका निभाई थी। उन्होंने हजारों किसानों का कुशलतापूर्वक नेतृत्व किया और मातृभूमि की स्वाधीनता के लिए अपने प्राणों का बलिदान कर दिया। बाबा शाहमल ने अपनी वीरता से अंग्रेजों के साधनों कोठप्प किया साथ ही इस क्षेत्र को दिल्ली के लिए आपूर्ति क्षेत्र में बदल दिया, बाबा शाहमल ने हिंडन के पुल को तोड़ अंग्रेजो के लिए बहुत मुश्किल पैदा कर दी। 19 जुलाई 1857 को अंग्रेजों की एकफील्ड राइफलों से सुसज्जित सेना के साथ भयंकर युद्ध करते हुए लगभग 200 सैनिकों के साथ वीरगति प्राप्त की। बाबा शाहमल का यह बलिदान एक आदर्श के रूप में याद किया जाता रहा है, किंतु जैसा कि देश के भक्तों के साथ होता है उन्हें इतिहास में उचित स्थान नहीं मिल पाता हालांकि स्थानीय कथाओं में, लोकगीतों में, राग रागनियों व सांगोन में उनकी अमर कथा को जिंदा रखा जाता है। बड़े परिश्रम से युगपुरुष से संबंधित घटनाओं को इतिहास के मापदंड से परख कर यह ग्रंथ तैयार कर 1857 के क्रांतिकारियों के प्रति एक सच्ची श्रद्धांजलि अर्पित की है। 1857 की क्रांति के 150 वें वर्ष में इस ग्रंथ को प्रकाशित कर क्रांतिकारियों के प्रति सम्मान व श्रद्धा के सुमन समर्पित किये गये हैं। इतिहास के शोधरथियों के साथ-साथ इतिहास में रुचि रखने वाले भी इससे लाभान्वित होंगे। .....डॉ देवेश चन्द्र शर्मा, प्रमुख संपादक

शाहमल पर डॉक्यूमेंट्री फिल्म

महाराजा सूरजमल स्मारक शिक्षा संस्थान दिल्ली क्रांतिकारी बाबा शाहमल पर डॉक्यूमेंट्री फिल्म तैयार करा रहा है। फिल्म निर्माता डॉ. केसी यादव एवं गुलबहार सिंह के निर्देशन में फिल्म तैयार की जा रही है। फिल्म क्रांतिकारी बाबा शाहमल के जीवन पर आधारित है। बाबा शाहमल ने अंग्रेजों के खिलाफ लम्बी जंग लड़ी थी। देश की आजादी में उनके बलिदान को लोग भूल नहीं पायेंगे। डॉक्यूमेंट्री फिल्म

तैयार करने के लिए महाराज सूरजमल अनुसंधान एवं प्रकाशन केन्द्र दिल्ली ने कुछ शॉट वहां फिल्माये। बाबा शाहमल जिस कुएं पर बैठकर अपने साथियों के साथ रणनीति तय करते थे, वहां के शॉट फिल्माये गये। इसके अलावा बाबा शाहमल के गांव व घर के शॉट तैयार किये गये। इस दौरान गांव के लोगों की भारी भीड़ उमड़ पड़ी। फिल्म निर्माता ने बताया कि फिल्म शोध करने में भी काम में आयेगी तथा क्रांतिकारी शाहमल पर अभी तक कोई फिल्म तैयार भी नहीं हुई है।

5

अमानी सिंह ठकुरेला (1857)

अमानी सिंह ठकुरेला (1857)

राजा आमानी सिंह ठकुरेला - इतिहास

शहीद अमानी सिंह का जन्म गहलऊ गाँव में हुआ था। आपने 1857 की आजादी की लड़ाई में भाग लिया था। आपके बारे में प्रसिद्ध था - 'अमानी तो अमानी, बाकी घोड़ी हूँ न मानी । इगलास के आसपास का क्षेत्र ठकुरेले जाटों का है। इसे लागसमा भी कहते हैं। ठकुरेलों की बाईसी और अठाईसी की पंचायत ने पाई नगला में सर्वसम्मति से अमानी सिंह को नेता मान लिया था। लगसमा का यह वीर अंग्रेजों पर 1857 की क्रांति में बहुत भारी पड़ा था। जनश्रुति है कि बलिष्ठ शरीर वाले अमानी सिंह घोड़ी की लगाम नहीं थामते थे और दोनों हाथों से तलवार चलते थे ।

राजा आमानी सिंह ठकुरेला - अमानी तो अमानी बाकी घोड़ी हूँ न मानी" . इगलास के आसपास का क्षेत्र ठकुरेले जाटों का है. इसे लगसमा भी कहते हैं। राजा आमानी सिंह ठकुरेला जाट लगसमा का यह वीर अंग्रेजों पर 1857 ई. की क्रांति में बहुत

भारी पड़ा था । जनश्रुति है कि बलिष्ठ शरीर वाले अमानी सिंह घोड़ी की लगाम नहीं थामते थे और दोनों हाथों से तलवार चलते थे ।

अलीगढ़ जिले के विशाल क्षेत्र पर नियंत्रण होने और समानांतर चलने के कारण उन्हें राजा अमानी सिंह के रूप में भी जाना जाता है। ब्रिटिशर्स के कटु विरोध वाले क्षेत्र में सरकार। वह एक दसाहसी योद्धा थे और कुश्ती, घुड़सवारी, तलवार चलाने और भाला चलाने में कुशल थे।

स्थानीय इतिहासकारों द्वारा कहा जाता है कि वह इतने बहादुर था कि वह दोनों हाथों में तलवार लेकर लड़ते थे। लगाम पकड़े बिना घोड़े की सवारी करते थे उनके पास एक घोड़ा था जिसकी कहानियाँ अलीगढ़ और आस-पास के जिलों के लोगों द्वारा पोषित की जाती हैं, वह घोड़ा इतना भयंकर था कि अमानी जब उसकी पीठ पर बैठकर लड़ाई में लड़ते थे, तो वह घोड़ा भी खुद अंग्रेजों को टक्कर देने लगता।

राजाअमानीसिंह ने ठकुरेला जाटों के दोनों गुटों को एकजुट किया, जो अठठायसी और बायसी थे और उन्हें अंग्रेजों के खिलाफ लड़ाई में शामिल किया। यह 1857 की घटना है, जब पूरा देश ब्रिटिश औपनिवेशिक साम्राज्य के खिलाफ विद्रोह के पक्ष में था। जब अलीगढ़ जिले की खैर तहसील में छोटी संपत्ति शिवाला के चौहान राजपूतों ने अंग्रेजों के खिलाफ अपने नेता राव भोपाल सिंह के अधीन विद्रोह कर दिया। तब अंग्रेजों ने राव भूपाल सिंह पर विश्वासघात किया और उन्हें तब तक फांसी पर लटका दिया और चौहान #राजपूतों को नेताहीन कर दिया। मदद के लिए उनके नराजा अमानी सिंह आगे आए यह एक प्रसिद्ध ऐतिहासिक तथ्य है कि तैगसामा के ठकुरेला जाट हमेशा शिवाला के चौहानों की संपदा को लेकर आपसी बैर थे, उन्हें उनके निहित शत्रु माना जाता था, लेकिन यह राजा अमानी सिंह थे जिन्होंने पारंपरिक लड़ाई के खिलाफ लड़ाई लड़ी थी और अंग्रेजों के खिलाफ चौहानों की मदद करने के लिए गए और कोइल (अलीगढ़) के इलाकों में तोड़फोड़ की और चौहान शासकों को #ब्रिटिश आक्रमण के प्रकोप से बचाया। ब्रिटिश कलेक्टर और तहसीलदार राजा अमानी सिंह के हमले से बच गए और अलीगढ़ से भाग गए।

राजा अमानी सिंह ने अलीगढ़ और आस-पास के क्षेत्र को अपने नियंत्रण में ले लिया और अलीगढ़ जिले में समानांतर सरकार चलाने के लिए नियम बनाया।

1857 के स्वतंत्रता आंदोलन में ग्वालियर के प्रतियोगियों और सोवरस के साथ अंग्रेजों ने राजा अमनी सिंह को वश में करने के लिए मेजर बर्टलॉन के तहत अलीगढ़ पर हमला किया, लेकिन ठाकुर अमानी सिंह द्वारा उनके हमलों को कुछ महीनों के लिए रद्द कर दिया गया। ठाकुर अमानी सिंह ने अपनी सेना को ब्रिटिश और संबद्ध सेना के हथियार छीनने की आज्ञा दी। उन्होंने इगलास, खैर और कोइल की तहसीलों पर हमला किया और कब्जा कर लिया। अंग्रेजों ने कई बार असफल होने के बाद भारी संख्या में बारिश के मौसम में जवाबी कार्रवाई की जिससे ठाकुर अमानी सिंह के नेतृत्व में जाट सेना के हथियारों को नष्ट कर दिया। उन्हें अंग्रेजों ने पकड़ लिया और कोइल मजिस्ट्रेट कार्यालय में फांसी पर लटका दिया।

अमानी सिंह ने फुला दी थीं सांसें - 1857 में जब चारों ओर क्रांति की भावना फैल हुई थी, तब इगलास क्षेत्र भी अछूता नहीं रहा। यहां के क्रांतिकारियों ने गांव गहलऊ के जाट अमानी सिंह के नेतृत्व में स्वतंत्रता का बिगुल फूंका था। इतिहास के जानकार पूर्व प्रधानाचार्य डॉ. सियाराम वर्मा बताते हैं कि अमानी सिंह ने किले पर चढ़ाई कर दी। घेराबंदी ऐसी थी कि अंग्रेज किले से भाग गए। अंग्रेज तहसीलदार ने जान बचाकर मुरसान में शरण ली। अमानी सिंह ने इगलास क्षेत्र को स्वतंत्र घोषित कर दिया। बाद में मेजर बर्लटन ने बड़ी सेना के साथ किले पर हमला बोला, जिसमें उसकी जीत हुई और अमानी सिंह को बंधक बना लिया। बाद में अमानी सिंह को फांसी दे दी गई। वीर अमानी सिंह पर लोकगीत भी लिखे गए। लोग आज भी गा उठते हैं 'अमानी मानै तो मानै अमानी की घोड़ी न मानै और 'महुओ मारि बीठना मारयौ, कोल के लग गये तारे, शाबास गहलऊ वारे'।

ग्वालियर के संस्थापक महादजी सिंधिया ने इगलास क्षेत्र के आस-पास नजर रखने के लिए गांव गंगापुर व गांव असाबर में मध्य टीले पर किले का निर्माण कराया था। फारसी भाषा का प्रचलन होने के कारण दरबार को इजलास कहा जाता

था। 1802 में अलीगढ़ क्षेत्र पर अंग्रेज सेनापति लार्ड लेक का अधिकार हो गया। यह क्षेत्र भी अंग्रेजों के अधिकार में चला गया। अंग्रेजों ने इजलास शब्द को अंग्रेजी में आइजीएलएएस लिखना शुरू कर दिया। जो हिंदी में इगलास लिखा जाने लगा। असाबर व गंगापुर दोनों गांवों को मिलाकर एक नगर बन गया। जिसका नाम इजलास के नाम पर इगलास रखा गया।

6

राजा नाहर सिंह बल्लभगढ़ (1823 से 9 जनवरी 1858)

राजा नाहर सिंह बल्लभगढ़ (1823 से 9 जनवरी 1858)

राजा नाहर सिंह (1823-1858) हरियाणा के फरीदाबाद जिले में बल्लभगढ़ की रियासत के एक जाट राजा थे। उनके पूर्वज तेवतिया गोत्र के जाट थे जिन्होंने 1739 के आसपास फरीदाबाद में एक किले का निर्माण किया था। वह 1857 के भारतीय विद्रोह में शामिल थे। बल्लभगढ़,फरीदाबाद का छोटा राज्य दिल्ली से केवल 20 मील की दूरी पर है। उनके महल को हरियाणा सरकार ने हरियाणा पर्यटन के अधीन ले लिया है। फरीदाबाद के नाहर सिंह स्टेडियम का नाम उनके नाम पर रखा गया है। वायलेट लाइन में बल्लभगढ़ मेट्रो स्टेशन का नाम भी राजा नाहर सिंह के नाम पर रखा गया है।

प्रारंभिक जीवन

राजा नाहर सिंह तेवतिया

बल्लभगढ़ राज्य एक महत्वपूर्ण रियासत थी जिसकी स्थापना तेवतिया वंश के जाटों ने की थी। बलराम सिंह तेवतिया, जो भरतपुर राज्य के महाराजा सूरज मल सिनसिनवार के बहनोई थे, बल्लभगढ़ राज्य के पहले शासक थे, और नाहर सिंह उनके वंशज थे। उनके शिक्षकों में पंडित कुलकर्णी और मौलवी रहमान खान शामिल थे। उनके पिता की मृत्यु 1830 में हुई, जब वे लगभग 9 वर्ष के थे। वह अपने चाचा नवल सिंह द्वारा लाया गया था, जिन्होंने राज्य के मामलों को चलाने की जिम्मेदारी संभाली थी। नाहर सिंह की ताजपोशी 1839 में हुई थी।

मृत्यु

बल्लभगढ़ के राजा नाहर सिंह 32 साल के थे, जब उन्होंने 1857 के विद्रोह के दौरान अपनी छोटी सेना को अंग्रेजों के खिलाफ मैदान में भेज दिया था। ब्रिटिश वर्चस्व को स्वीकार

करते हुए खुद को बचाने की पेशकश से इनकार करते हुए, उन्हें 9 जनवरी 1858 को चांदनी चौक में लटका दिया गया और उनकी संपत्ति को जब्त कर लिया गया। उन्हें औपनिवेशिक शासकों द्वारा धन, प्रावधानों और हथियारों के साथ विद्रोह में मदद करने और पलवल में सेना भेजने के लिए भारत में ब्रिटिश सरकार से लेने का आरोप लगाया गया था। अंग्रेजों ने उन्हें सजा सुनाई "जब तक उनकी मृत्यु नहीं हो जाती, तब तक उनकी मृत्यु हो जाती है और आगे उनकी संपत्ति और हर विवरण के प्रभावों को रोक दिया जाता है।""उनका राज्य अंग्रेजों ने अपने कब्जे में ले लिया और इस तरह बल्लभगढ़ के जाट राज्य पर कब्जा कर लिया।गुलाब सिंह सैनी, राजा नाहर की सेनाओं के कमांडर भूरा सिंह वाल्मीकि ने अंग्रेजों के खिलाफ बल्लभगढ़ सेना का नेतृत्व किया, जोधा सिंह के पुत्र थे। राजा नाहर सिंह के साथ 9 जनवरी 1858 को चांदनी चौक में गुलाब को फांसी दी गई थी।

7

देवी सिंह राया मथुरा (15 जून 1858)

देवी सिंह राया मथुरा (15 जून 1858)

राजा देवीसिंह गोदारा का जीवन परिचय

राजा देवी सिंह गोदारा टप्पा राया मथुरा के जाट राजा थे। राया क्षेत्र पर गोदारा जाटों का राज रहा था. गोदारा जाटों को ब्रज क्षेत्र में गोदर भी बोला जाता है। गोदारों के नाम पर यह क्षेत्र गोदरपट्टी कहलाता है।

1857 के समय उन्होंने अंग्रेजों को मार भगाया था। और राया शहर समेत इस क्षेत्र के लगभग 80 गांवों पर कब्जा करके स्वतंत्रता की घोषणा कर दी थी। दिल्ली के मुगल बादशाह बहादुर शाह जफ़र ने इन्हें राजा का टाइटल प्रदान कर दिया था। इनका राज कई महीनों तक चला और उस क्षेत्र में खुशहाली की लहर दौड़ गयी थी। ये कचहरी लगाकर लोगों की समस्या सुनते व निदान करते। फिर दोबारा अंग्रेजों ने बड़ी सेना व तोपें लेकर हमला किया जिसमें अनेकों अंग्रेज व क्रांतिकारी खेत रहे। अंत में राजा साहब को धोखे से कैद कर लिया गया था एवं उन्हें 15 जून 1858 को राया में फांसी दे दी गयी थी।

राजा देवी सिंह का जन्म मथुरा के राया तहसील (अब मांट तहसील) के गांव अचरु में गोदर (गोदारा) गौत्र के जाट क्षत्रिय परिवार में हुआ था। गोदारा जाटों को स्थानीय भाषा मे गोदर भी बोला जाता है। राया क्षेत्र को स्थानीय भाषा मे गोदरपट्टी बोलते हैं। राया को उनके पूर्वज रायसेन गोदर जी ने ही बसाया था

उन्ही के नाम पर इस कस्बे का नाम राया है। राजस्थान के जांगल देश मे गोदारा जाटों का एक गणराज्य था. यह गोदारा जाट शिवि वंशी हैं। गोदावरी क्षेत्र से जब शिविवंशी जाट जांगलदेश आये तो अपने राजा गुहदत्त शिवि व गोदावरी प्रदेश के स्वामी होने के कारण गोदारा नाम से प्रसिद्ध हुए. इनके वंश में 15 वीं सदी में राजा पांडु गोदारा हुए. इनकी राजधानी लाघड़िया थी। जब गोदारा की लड़ाई अन्य छः जाट गणराज्यों से हुई थी। उस समय इनकी राजधानी लाघड़िया युद्ध मे 1487 ईस्वी में नष्ट हो गई तब यहां से गोदारा जाटों का समूह ब्रज क्षेत्र में आबाद हुआ.

राजा देवीसिंह एक धार्मिक स्वभाव के थे और एक अच्छे पहलवान भी थे। राज को त्याग करके साधु बन गए थे।

1857 की क्रांति के अमर बलिदानी

राजा देवी सिंह स्मारक राया

क्रांति में कूदने के लिए प्रेरणा: जब इस देश पर अंग्रेज़ी संकट आया तब एक बार वे गांव में पहलवानी कर रहे थे तो उनके सामने कोई नहीं टिक पाया। फिर जीत के बाद वे अपनी खुशी जाहिर कर रहे थे। तो एक युवक ने उन पर ताना कसते हुए कहा के यहां ताकत दिखाने का क्या फायदा है दम है तो अंग्रेजों के खिलाफ लड़ो और देश सेवा करो। यही क्षत्रियों का धर्म है आपके पूर्वजो ने सदा से इस क्षेत्र की रक्षा अपने प्राणों की आहुति देकर की है.

चूंकि राजा साहब बचपन से ही देशभक्त और धर्म भक्त थे इसलिए यह बात उनके दिल पर लगी। उन्होंने कहा कि बात तो तुम्हारी सही है यहां ताकत दिखाने का क्या फायदा। लेकिन अंग्रेजों से लड़ने के लिए एक फौज की जरूरत पड़ेगी. मैं वह कहां रो लाऊं। तभी उनके एक साथी ने कहा कि आप अपनी फौज बनाइये। इस पर राजा साहब सहमत हो गए। पूरे क्षेत्र में देवी सिंह का नाम था लोग उनका बहुत

आदर करते थे।

क्रांति: इसके बाद देवी सिंह ने गांव गांव घूमना शुरू कर दिया व स्वराज का बिगुल बजा दिया।उन्होंने राया,हाथरस,मुरसान,सादाबाद आदि समेत सम्पूर्ण कान्हा की नगरी मथुरा बृज क्षेत्र में क्रांति की अलख जगा दी।

उनके तेजस्वी व देशभक्त भाषणों से युवा उनसे जुड़ने लगे।यह क्षेत्र भी जाट बाहुल्य था जिस कारण उन्हें सेना बनाने में ज्यादा परेशानी नहीं आई। उन्होंने किसान की आजादी,अपना राज,भारत को आजाद कराने का बीड़ा उठा लिया।

उन्होंने चन्दा इकट्ठा करके व कुछ अंग्रेजों को लूटकर तलवार और बंदूकों का प्रबंध कर लिया। एक रिटायर्ड आर्मी अफसर के माध्यम से उन्होंने अपने सैनिकों को हथियार चलाने में निपुण किया और 1857 की क्रांति में कूद पड़े।

जब यह बात अंग्रेजों को पता चली तो वे बौखला गए। उन्होंने राजा साहब को ब्रिटिश आर्मी जॉइन करने का ऑफर दिया।लेकिन देवी सिंह ने कहा कि वे अपने देश के दुश्मनों के साथ बिल्कुल भी नहीं जाएंगे।

राजतिलक: इसके बाद बल्लभगढ़ हरियाणा के राजा नाहर सिंह ने भी उनकी मदद की और दिल्ली के बादशाह बहादुर शाह जफर से कहकर उनके राज को मान्यता देने के लिए कहा। जफर को उस समय क्रान्तिकारियों की भी जरूरत थी और दूसरा एक नाहर सिंह ही थे जो उसे व दिल्ली को अंग्रेजों से अब तक बचाये हुए थे। इसलिए उन्होंने राजा देवी सिंह के राज को अपनी तरफ से मान्यता दे दी।

पंचायत ने विधिवत राजा देवी सिंह का राजतिलक किया उन्हे पगड़ी पछनाई व पीले कपड़े दिए। हिन्दू संस्कृति के अनुसार पीला रंग रॉयल्टी (राजशाही) का प्रतीक होता है।

अंग्रेज अफसर भाग गया: मार्च 1857 में फिर राजा देवी सिंह ने राया थाने पर आक्रमण कर दिया व सब कुछ तहस नहस कर दिया।सात दिन तक थाने को घेरे रखा।जेल पर आक्रमण करके सभी सरकारी दफ्तरों, बिल्डिंगों,पुलिस चौकियों आदि को जलाकर तहस नहस कर दिया गया। नतीजा यह हुआ के अंग्रेज कलेक्टर थोर्नबिल वहां से भेष बदलकर भाग खड़ा हुआ।इसमें उसके वफादार दिलावर ख़ान और सेठ जमनाप्रसाद ने मदद की।दोनों को ही बाद में अंग्रेजी सरकार से काफी जमीन व इनाम मिला।

अब राया को राजा साहब ने अंग्रेज़ों से स्वतंत्र करवा दिया।उन्होंने अंग्रेजों के बही खाते व रिकॉर्ड्स जला दिए जिसके माध्यम से वे भारतीयों को लूटते थे। फिर अंग्रेज समर्थित व्यापारियों को धमकी भेजी गई कि या तो देश सेवा में उनका साथ दें वरना सजा के लिए तैयार रहें।जो व्यापारी नहीं माने उनकी दुकान से सामान

लुटा गया व उनके बही खाते जला दिए गए क्योंकि वे अंग्रेजों के साथ रहकर गरीबों से हद से ज्यादा सूदखोरी करते थे।राजा साहब के समर्थन में पूरे मथुरा के जय हो के नारे लगने लगे,उन्हें गरीबों का राजा,हमेशा अजेय राजा जैसे शब्दों से जनता द्वारा सुशोभित किया जाने लगा।

मथुरा क्षेत्र की ब्रिटिश आर्मी भी बागी हो गयी।एक जाट सैनिक ने अंग्रेज अफसर लेफ्टिनेंट बर्टन का वध कर दिया।

राजा देवी सिंह ने एक सरकारी स्कूल को अपना थाना बनाया।उन्होंन अपनी सरकार पूर्णतः आधुनिक पद्धति से बनाई। उन्होंने कमिशनर, अदालत, पुलिस सुप्रिडेण्टेन्ट आदि पद नियुक्त किये।वे रोज यहां जनता की समस्या सुलझाने आते थे। उन्होंने राया के किले पर भी कब्जा कर लिया। वे रोज जनता के बीच रहते थे और उनकी समस्या का समाधान करते थे।

वे हमेशा देशभक्ति के जज्बे को जगाते हुए पूरे क्षेत्र में घूमते थे।अंग्रेजों के यहां घुसनी पर पाबंदी थी।उन्होंएँ क्रान्तिकारियो संग कई बार अंग्रेजों को लूटा व आम लोगो की मदद की।

फांसीः उन्होंने एक साल तक अंग्रेजों के नाक में दम रखा।अंग्रेजी सल्तनत की चूल तक हिल गयी थी अंग्रेज अधिकारी तक उनसे कांपते थे।अंत मे अंग्रेजों ने कोटा से आर्मी बुलाई और बिल ने अंग्रेज अधिकारी डेनिश के नेतृत्व में एक बड़ी आर्मी के साथ हमला किया और धोखे से उन्हें कैद कर लिया। फिर 15 जून 1858 को उन्हें राया में फांसी दी गयी। उनके साथी श्रीराम गोदारा व कई अन्य क्रांतिकारियों को भी उनके साथ ही फांसी दी गयी।अंग्रेजों ने फांसी से पहले उन्हें झुकने के लिए बोला था लेकिन राजा साहब ने कहा कि मैं मृत्यु के डर से अपने देश के दुश्मनों के आगे कतई नहीं झुकूंगा।

इस तरह एक देशभक्त साधु ने देश पर संकट आने पर अपनी तलवार पुनः उठा कर जाट क्षत्रिय धर्म का पालन किया व देश सेवा करते हुए हंसते हंसते फांसी पर झूल गया।

8

शहीद भगत सिंह (28 सितम्बर 1907 से 23 मार्च 1931)

शहीद भगत सिंह (28 सितम्बर 1907 से 23 मार्च 1931)

शहीद भगत सिंह के नाम पर पाक का लाहौर चौक

लाहौर -पाकिस्तान ने लाहौर के शादमन चौक का नाम बदलकर शहीदे आजम भगत सिंह के नाम पर कर दिया है। इस चौक के पास कभी लाहौर की सेंट्रल जेल होती थी । वहीं 23 मार्च 1931 को भगत सिंह, राजगुरु और सुखदेव को फांसी दी गई थी । साल 1961 में इस जेल को ध्वस्त कर दिया गया । वहां शादमन कालोनी बनाई गई । शादमन चौक पर हर साल 23 मार्च को दोनों देशों के लोग यहां मोमबत्ती रैली निकालते हैं । भारत-पाकिस्तान दोस्ती मंच से जुड़े लोगों और भगत सिंह के परिजनों ने इस चौक का नाम बदले जाने का स्वागत किया है ।

जीवन दर्शन: जब भगतसिंह ने किया कर्ज माफ

विख्यात क्रांतिकारी भगतसिंह अपनी दयालुता के कारण भी जाने जाते हैं। निर्धनों के प्रति उनके हृदय में अपार दया थी और यदि कोई गरीब मदद के लिए उनके पास आता तो वे मदद करने का यह मौका कभई नहीं छोड़ते थे। उन्होंने स्वयं

भी गरीबी को भोगा था, इसलिए अपनी आर्थिक स्थिति में सुधार आने के बाद वे गरीबों की मदद करने लगे। भगतसिंह के परिवार के पास कुछ खेत थे। उनमें काम करने वाले मजदूर निर्धन थे। भगतसिंह उनसे मालिक-नौकर वाला व्यवहार नहीं रखते थे। उनके साथ बराबरी का व्यवहार करते और उनके संकट की घड़ी में उनके साथ कंधे से कंधा मिलाकर खड़े होते थे। जब वे मजदूर भोजन करने बैठते, तो भगतसिंह को उनका खाना देखकर बहुत दुःख होता था। वे देखते थे कि मजदूर रूखी-सूखी रोटी खा रहे हैं। तब भगतसिंह उनके भोजन में कुछ चिकनाई वाली व स्वादिष्ट वस्तुएं मंगवाकर शामिल कर देते थे। गाहे-बगाहे रुपए-पैसे से भी यथाशक्ति उनकी सहायता करते थे। एक बार मंगलसिंह नामक मजदूर के विषय में भगतसिंह को मालूम पड़ा कि उस पर तीन हजार रुपए का कर्ज हो गया है और वह कर्ज भगतसिंह से ही लिया गया था। इस कर्ज का अधिकांश हिस्सा उसने परिवार में होने वाली शादियों में लिया था। मंगलसिंह की निर्धनता को देखते हुए भगतसिंह ने उसका सारा कर्ज माफ कर दिया और उसे समझाया कि भविष्य में वह कर्ज लेकर झूठी शान दिखाने का प्रयास न करे। मंगलसिंह जीवन भर के लिए भगतसिंह का ऋणी हो गया। भगतसिंह के जीवन के इस प्रसंग का सार यह है कि यदि हम अपनी आय का एक छोटा-सा हिस्सा भी निर्धनों के लिए व्यय करें तो देश का बड़ा तबका निर्धनता से मुक्त हो सकता है।

भगतसिंह: समाजवादी क्रांतिकारी नौजवान

शहीद-ए-आजम भगतसिंह

भारत में आज़ादी के आंदोलन में क्रांतिकारी विचारों को परवान पर चढ़ाने वाला सच्चा देशभक्त जिसने अपनी युवावस्था में हंसते-हंसते फांसी के तख्तों को चूमने की अनूठी मिसाल कायम की, उस **शहीद-ए-आजम भगतसिंह** को उनकी जयंती पर शत्-शत् नमन। मालूम हो कि भगतसिंह की सही जन्मतिथि **28 सितम्बर 1907** है। इसकी प्रामाणिकता की पुष्टि भगतसिंह के परिजन ख़ुद करते हैं।

अल्पायु में उत्कृष्ट व उदात्त बौद्धिकता, प्रबुद्धता, तार्किकता, पराक्रम, शौर्य, निर्भीकता, अदम्य साहस व प्राणोत्सर्ग करने का इतिहास रच कर अमर हो जाने का दूसरा नाम है भगतसिंह। प्रखर बुद्धि, वैचारिक रूप से सुदृढ़ इस जांबाज युवक ने मात्र 23 साल की उम्र में अपने जीवन की आहुति देश की आजादी के लिए हंसते-हंसते दे दी। उन्हें बौद्धिकता, बहादुरी और संघर्ष की प्रतिमूर्ति कहा जा सकता है।

भगत सिंह की शिक्षा डी. ए. वी. स्कूल और नेशनल कॉलेज, लाहौर में हुई। उस वक्त वहां के माहौल में क्रांतिकारियों तथा क्रांतिकारी गतिविधियों का बोलबाला था। आर्य समाजी परिवार में परवरिश होने और विद्यार्थी जीवन में क्रांतिकारी विचारों की ओर उन्मुख होने के कारण वे 12 साल की अल्प आयु में स्वतंत्रता आंदोलन में सक्रिय रुचि लेने लगे थे। आज़ादी के लिए चल रहे असहयोग आंदोलन से मोह भंग होने के कारण उन्होंने 16 साल की छोटी- सी उम्र में उग्रवादी क्रांतिकारी आंदोलन की राह पकड़ ली।

पढ़ाकू युवक

समाजवाद की दिशा में भगतसिंह की वैचारिक प्रगति की रफ्तार बहुत तेज़ थी। उन्होंने 1924 से 1928 के बीच विभिन्न विषयों का विस्तृत अध्ययन किया था। लाला लाजपत राय की द्वारकादास लाइब्रेरी के पुस्तकालयाध्यक्ष राजाराम शास्त्री के अनुसार उन दिनों भगतसिंह वस्तुतः "किताबों को निगला करता था।" उनके प्रिय विषय थे रूसी क्रान्ति, सोवियत संघ, आयरलैण्ड, फ्रांस और भारत का क्रान्तिकारी आन्दोलन, अराजकतावाद और मार्क्सवाद। उन्होंने और उनके साथियों ने 1928 के अन्त तक समाजवाद को अपने आन्दोलन का अन्तिम लक्ष्य घोषित कर दिया था। उनकी यह वैचारिक प्रगति उनके फाँसी पर चढ़ने के दिन तक जारी रही।

भगत सिंह और उनके साथियों के लेखों, पत्रों और दस्तावेजों का अध्ययन करने पर यह एकदम स्पष्ट हो जाता है कि उनकी विचारधारा उस समय के भारतीय क्रान्तिकारी आन्दोलन की सबसे विकसित, सुसंगत व सारगर्भित विचारधारा थी। तर्क के ताक़तवर तराजू पर टिकी हुई। तर्क की कसौटी पर कसी

हुई। दुनिया के देशों में आज़माई हुई।

इन्सान के जीवन में पूर्णता विचार और कर्मों के बेहतरीन मेल से ही प्राप्त होती है। भगतसिंह जैसे लोग बहुत बिरले होते हैं जो अपने विचारों को कर्मों में रूपांतरित कर जन-मन पर अपनी अविस्मरणीय छाप छोड़ जाते हैं। उन्होंने सही कहा था कि व्यक्ति को मारा जा सकता है , उसके विचारों को नहीं। सोचा हुआ विचार कभी नहीं मरता, वह कभी न कभी घटित जरूर होता है। शायद इसे भांपते हुए ही उन्होंने कहा था: 'हवाओं में रहेगी मेरे ख्याल की बिजली; ये मुश्ते-खाक है फानी, रहे या न रहे ।'

असेम्बली में बमकांड

दिल्ली में 8 अप्रैल 1929 को असेम्बली भवन में बम फेंकने के बाद सरदार भगतसिंह और श्री बटुकेश्वर दत्त , ये दोनों युवक चाहते तो वहां से भग सकते थे परन्तु उन्होंने निर्भीकता की अनूठी मिसाल क़ायम करते हुए पुलिस के हाथों आत्मसमर्पण कर दिया। उनके पास लोडेड रिवॉल्वर थे। यदि वे चाहते तो वे उन सरकारी अफसरों पर गोलियां दाग सकते थे, जो बम फटने के बाद भयाक्रांत होकर इधर-उधर भाग रहे थे। बम फेंकने के बाद ये दोनों युवक 'इंकलाब जिंदाबाद' तथा 'साम्राज्यवाद का नाश हो' (Down with Imperialism) के नारे लगाते रहे। ये नारे भारत में पहले-पहल इन्हीं युवकों द्वारा लगाए गए थे।

असेम्बली में बम क्यों फेंका , इसका जबाब सरदार भगतसिंह ने यूँ दिया: If the deaf are to hear ,the sound has to be very loud. When we dropped the bomb, it was not our intention to kill anybody. We have bombed the British government . The British must quit India and make her free. यदि बहरों को सुनाना है तो आवाज तेज करनी होगी। जब हमने बम फेंका था तब हमारा इरादा किसी को जान से मारने का नहीं था। हमने ब्रिटिश सरकार पर बम फेंका था। ब्रिटिश सरकार को भारत छोड़ना होगा और उसे स्वतंत्र करना होगा।

हिंसा/अहिंसा

हिंसा अथवा अहिंसा--यह हमारे देश का पुराना दार्शनिक प्रश्न है। व्यक्ति के जीवन का रूप इस बात पर निर्भर करता है कि वह किस रीति से हिंसा और अहिंसा का समन्वय करता है। भगवत-गीता का एक वाक्य है: ' परित्राणय साधूनां विनाशाय च दुष्कृताम' अर्थात दुष्टों का नाश, संसार की प्रगति का आवश्यक अंग है।

क्रांति क्या है?

भगतसिंह का कहना है: ' किसी को 'क्रांति' शब्द की व्याख्या शाब्दिक अर्थ में नहीं करनी चाहिए। जो लोग इस शब्द का उपयोग या दुरुपयोग करते हैं उनके फ़ायदे के हिसाब से इसे अलग अर्थ और अभिप्राय दिए जाते हैं।' बदलाव की जरूरत पर बल देते हुए भगतसिंह ने कहा: 'आमतौर पर लोग जैसी चीजें हैं उनके आदी हो जाते हैं और बदलाव के विचार से ही काँपने लगते हैं। हमें इस निष्क्रियता की भावना को क्रांतिकारी भावना से बदलने की जरूरत है।'

"क्रान्ति क्या है ? भारत के राष्ट्रीय हलकों में इसके बारे में एक बड़ी ग़लत धारणा बनी हुई है। आमतौर पर क्रान्ति को बम, रिवॉल्वर और गुप्त संस्थाओं से जोड़ दिया जाता है। भारतीय राजनीतिक शब्दकोष में बहु-प्रचलित शब्दावली 'क्रान्तिकारी अपराध'/ नक्सलवाद क्रान्ति की इसी ग़लत अवधारणा की उपज है। बहरहाल, क्रान्ति एक महत्त्वपूर्ण ऐतिहासिक घटना है, जो वर्तमान जड़तामूलक युग का अन्त कर उसके स्थान पर स्वंतत्रता, समानता, बंधुत्व व सामाजिक न्याय पर आधारित एक नये युग का शुभारम्भ करती है। चूँकि रूढ़ियों के साये में पल रहे और जड़ बन चुके समाज के प्रतिनिधि या दलाल, आर्थिक वर्ग और राजनीतिक संस्थाएँ, जो उस समाज में प्रचलित हालात से लाभान्वित होते रहे हैं, एक भयानक प्रतिरोध के बग़ैर ऐसा कोई परिवर्तन नहीं होने देते। वे नहीं चाहते कि उनके प्रभुत्व का अन्त हो जाये। इसीलिए आमतौर पर राजनीतिक हिंसा और सामाजिक उथल-पुथल 'क्रान्ति' कहलाने वाली ऐतिहासिक घटना के अंग बन जाते हैं।

भगतसिंह व उनके क्रान्तिकारी साथी मनुष्य द्वारा मनुष्य के और एक राष्ट्र द्वारा दूसरे राष्ट्र के शोषण से मुक्त वर्गहीन समाज के पक्ष में थे। उन्होंने एलान किया कि उनकी लड़ाई सिर्फ़ ब्रिटिश साम्राज्यवाद के ख़िलाफ़ ही नहीं है, बल्कि विश्व साम्राज्यवादी व्यवस्था के ख़िलाफ़ है। उनका विश्वास था कि क्रान्ति के बाद जो सरकार बनेगी उसका रूप एक प्रकार की सर्वहारा वर्ग की सर्वोच्चता का होगा।

क्रान्ति के सम्बन्ध में भगतसिंह के विचार बहुत स्पष्ट थे। उन पर चल रहे मुक़दमें के दौरान निचली अदालत में जब उनसे पूछा गया कि क्रान्ति शब्द से उनका क्या मतलब है, तो उत्तर में उन्होंने कहा था, "क्रान्ति के लिए ख़ूनी संघर्ष अनिवार्य नहीं है, और न ही उसमें व्यक्तिगत प्रतिहिंसा का कोई स्थान है। वह बम और पिस्तौल की संस्कृति नहीं है। क्रान्ति से हमारा अभिप्राय यह है कि वर्तमान व्यवस्था, जो खुलेतौर पर अन्याय पर टिकी हुई है, बदलनी चाहिए।" अपनी बात को और भी स्पष्ट करते हुए उन्होंने कहा था, "क्रान्ति से हमारा अभिप्राय अन्ततः एक ऐसी सामाजिक व्यवस्था की स्थापना से है जिसको इस प्रकार के घातक ख़तरों का सामना न करना पड़े और जिसमें सर्वहारा वर्ग की प्रभुसत्ता को मान्यता

हो तथा एक विश्वसंघ मानवजाति को पूँजीवाद के बन्धन से और साम्राज्यवादी युद्धों से उत्पन्न होने वाली बरबादी और मुसीबतों से बचा सके।"

भगतसिंह की वैचारिक दृढ़ता

ईश्वर, धार्मिक विश्वास और धर्म को तिलांजलि देते हुए भगतसिंह ने 1926 में ईश्वर की सत्ता को अस्वीकार कर दिया था। उनके ख़ुद के शब्दों में, "1926 के अन्त तक मुझे इस बात पर यक़ीन हो गया था कि सृष्टि का निर्माण, व्यवस्थापन और नियन्त्रण करने वाली किसी सर्वशक्तिमान परम सत्ता के अस्तित्व का सिद्धान्त एकदम निराधार है।'

असेम्बली बमकाण्ड के केस की अपील के दौरान लाहौर हाईकोर्ट में बयान देते हुए भगतसिंह ने विचारों की महत्ता पर बल देते हुए कहा था: "इन्क़लाब की तलवार विचारों की सान (धार) पर तेज़ की जाती है," और उसके आधार पर उन्होंने यह सूत्र प्रस्तुत किया कि "आलोचना और स्वतन्त्र विचार किसी क्रान्तिकारी के दो अपरिहार्य गुण हैं," और यह कि " प्रगति/ विकास की बात या समर्थन करने वाले हर व्यक्ति को पुरातन आस्थागत बातों/ पुराने विश्वासों की एक-एक बात की आलोचना करनी होगी, उस पर अविश्वास प्रकट करना होगा तथा उन्हें चुनौती देनी होगी। इस प्रचलित विश्वास के एक-एक कोने में झाँककर उसे विवेकपूर्वक समझना होगा।" Any person who stands for progress has to criticize , disbelieve and challenge every item of old faith. भगतसिंह ने दृढ़ता के साथ कहा था कि "निरा विश्वास और अन्धविश्वास ख़तरनाक है, इससे मस्तिष्क कुण्ठित होता है और आदमी प्रतिक्रियावादी हो जाता है।"

भगतसिंह का मानना था कि "ईश्वर में कमज़ोर आदमी को ज़बरदस्त आश्वासन और सहारा मिलता है और विश्वास उसकी कठिनाइयों को आसान ही नहीं बल्कि सुखकर भी बना देता है।" वे यह भी जानते थे कि "आँधी और तूफ़ान में अपने पाँवों पर खड़े रहना कोई बच्चों का खेल नहीं है।" लेकिन वे सहारे के लिए किसी भी बनावटी अंग के विचार को दृढ़तापूर्वक अस्वीकार करते थे। वे कहते थे, "अपनी नियति का सामना करने के लिए मुझे किसी नशे की ज़रूरत नहीं है।" उन्होंने एलान किया था कि "जो आदमी अपने पाँवों पर खड़े होने की कोशिश करता है और यथार्थवादी हो जाता है, उसे धार्मिक विश्वास को एक तरफ़ रखकर, जिन-जिन मुसीबतों और दुखों में परिस्थितियों ने उसे डाल दिया है, उनका एक मर्द की तरह बहादुरी के साथ सामना करना होगा।"

जुलाई 1928 में लिखे अपने लेख "विद्यार्थी और राजनीति" में भगतसिंह लिखते हैं "यह हम मानते हैं कि विद्यार्थियों का मुख्य काम पढ़ाई करना है ,

उन्हें अपना पूरा ध्यान उस ओर लगा देना चाहिए, लेकिन क्या उनमें देश की परिस्थितियों का ज्ञान और उनके सुधार के उपाय सोचने की योग्यता पैदा करने की बात शिक्षा में शामिल नहीं होनी चाहिए? यदि नहीं तो हम उस शिक्षा को भी निकम्मी समझते हैं, जो सिर्फ क्लर्की करने के लिए हासिल की जाए I"

1928 में लिखे अपने एक अन्य लेख "सांप्रदायिक दंगे और उनका इलाज" में भगतसिंह लिखते हैं कि "इन धर्मों ने हिन्दुस्तान का बेड़ा गर्क कर दिया है।" साम्प्रदायिकता की बीमारी का इलाज सुझाते हुए वे इस लेख में लिखते हैं, "अगर आम लोगों में वर्ग चेतना का विकास किया जाए यानी अगर मज़दूर और किसानों को समझाया जाए कि उनके असली दुश्मन पूँजीपति हैं, न कि दूसरे धर्म के गरीब, तो इस समस्या का हल निकल सकता है I वे कहते हैं कि रूस की तरह रंग, धर्म , नस्ल और राष्ट्रीयता से ऊपर उठकर मज़दूरों और किसानो को सत्ता हाथ में लेने के प्रयास करने चाहिए I" उनके लेख पढ़ने से ये स्पष्ट हो जाता कि उनकी आज़ादी का सपना था साम्राज्यवाद और पूंजीवादी व्यवस्था से आम लोगों की आज़ादी I एक ऐसा समाज जहाँ इंसान द्वारा इंसान का शोषण नहीं होता हो।

1928 में भगत सिंह ने किरती नामक एक पत्र में 'नए नेताओं के अलग-अलग विचार' शीर्षक से एक लेख लिखा था। तब वे सिर्फ 21 साल के थे। इस लेख में उन्होंने सुभाष चंद्र बोस और नेहरू के नज़रिए की तुलना की है। भगतसिंह न कांग्रेस के नेता थे और न ही वे भारतीय कम्युनिस्ट पार्टी के सदस्य थे। ऐसे में यह जानना दिलचस्प हो जाता है कि भगतसिंह इन दो राष्ट्रवादी नेताओं के बारे में क्या सोचते थे। अपने लेख में भगत सिंह ने बोस को एक भावुक बंगाली बताया है। उनके मुताबिक सुभाष चंद्र बोस भारत की प्राचीन संस्कृति के भक्त हैं, जबकि जवाहरलाल नेहरू अंतर्राष्ट्रीय दृष्टि वाले नेता। भगत सिंह के मुताबिक बोस कोमल दिल और रूमानी सोच वाले नेता हैं। दूसरी ओर वे नेहरू को परंपराओं/ रूढ़िवादी सोच से बगावत करने वाले नेता के तौर पर देखते हैं।

नेहरू और भगतसिंह

भगतसिंह और साथियों की गिरफ्तारी के बाद नेहरू भूख हड़ताल पर बैठे कैदियों से व्यक्तिगत तौर पर मिले और उनके बुरे हालात पर संजीदा होकर बोले "मुझे इनसे पता चला है कि वे अपने इरादे पर कायम रहेंगे, चाहे उन पर कुछ भी गुज़र जाए। यह सच है कि उन्हें अपनी कोई परवाह नहीं थी।"

भगतसिंह जैसे क्रांतिकारियों की आलोचना उनके बलिदान की भावना को समझे बिना करने वाले पदलोलुप कांग्रेसियों को फटकारने से भी नेहरू चूकते नहीं थे। ट्रिब्यून की 11 अगस्त 1929 की एक रिपोर्ट के अनुसार नेहरू ने कहा था,

"हमें इस संघर्ष के महान महत्व को समझना चाहिए जो ये बहादुर नौजवान जेल के अंदर चला रहे हैं। वे इसलिए संघर्ष में नहीं हैं कि उन्हें अपने बलिदान के बदले लोगों से कोई पुरस्कार लेना है या भीड़ से वाह-वाही लूटनी है। इसके विपरीत आप संगठन में और स्वागत-समिति में पद के लिए कांग्रेस में दुर्भाग्यपूर्ण खींचातानी को देखें। मुझे कांग्रेसियों के बीच आंतरिक मतभेदों के बारे में सुनकर शर्म आती है। परन्तु मेरा दिल उतना ही खुश भी होता है जब मैं इन नौजवानों के बलिदानों को देखता हूं जो देश की खातिर मर-मिटने के लिए दृढ़ संकल्प हैं।"

जुलाई 1928 में 'किरती' में छपे एक महत्वपूर्ण लेख में नेहरू के बारे में भगतसिंह ने अपने तार्किक विचार रखे। भगतसिंह को नेहरू का यह तर्क बेहद पसंद आया जिसमें उन्होंने कहा था ''प्रत्येक नौजवान को विद्रोह करना चाहिए। राजनैतिक क्षेत्र में ही नहीं बल्कि सामाजिक, आर्थिक और धार्मिक क्षेत्र में भी। धार्मिकता के लबादे में लिपटे विचारों की सान पर चलकर क्रांति नहीं हो सकती- ऐसा नेहरू का तर्क रहा है।

भगतसिंह नास्तिक क्यों?

'मैं नास्तिक क्यों हूँ?' यह लेख भगत सिंह के सर्वाधिक चर्चित व प्रभावशाली लेखन में शुमार किया जाता है। यह लेख उन्होंने लाहौर सेंट्रल जेल में क़ैद के दौरान लिखा था और इसका प्रथम प्रकाशन लाहौर से ही छपने वाले अख़बार दि पीपल में 27 सितम्बर 1931 को हुआ।

भगतसिंह ने इस लेख में ईश्वर कि अस्तित्व पर कई तर्कपूर्ण सवाल खड़े किये हैं और इस संसार के निर्माण, मनुष्य के जन्म, मनुष्य के मन में ईश्वर की कल्पना के साथ- साथ संसार में मनुष्य की दीनता उसके शोषण दुनिया में व्याप्त अराजकता और और वर्गभेद की स्थितियों का भी विश्लेषण किया है । प्रस्तुत हैं इस लेख के महत्वपूर्ण विचारोत्तेजक अंश। गौर से पढ़िए और अपनी तर्क शक्ति व विवेक को जीवन- रथ का सारथी बनाकर ख़ुद निर्णय कीजिए।

'....विश्वास' कष्टों को हलका कर देता है। यहाँ तक कि उन्हें सुखकर बना सकता है। ईश्वर में मनुष्य को अत्यधिक सान्त्वना देने वाला एक आधार मिल सकता है। उसके बिना मनुष्य को अपने ऊपर निर्भर करना पड़ता है। तूफ़ान और झंझावात के बीच अपने पाँवों पर खड़ा रहना कोई बच्चों का खेल नहीं है। परीक्षा की इन घड़ियों में अहंकार यदि है, तो भाप बन कर उड़ जाता है और मनुष्य अपने विश्वास को ठुकराने का साहस नहीं कर पाता। यदि ऐसा करता है, तो इससे यह निष्कर्ष निकलता है कि उसके पास सिर्फ़ अहंकार नहीं वरन् कोई अन्य शक्ति है......

बिना किसी स्वार्थ के, यहाँ या यहाँ के बाद पुरस्कार की इच्छा के बिना, मैंने आसक्त भाव से अपने जीवन को स्वतंत्रता के ध्येय पर समर्पित कर दिया है, क्योंकि मैं और कुछ कर ही नहीं सकता था। जिस दिन हमें इस मनोवृत्ति के बहुत से पुरुष और महिलाएँ मिल जाएँगे, जो अपने जीवन को मनुष्य की सेवा तथा पीड़ित मानवता के उद्धार के अतिरिक्त और कहीं समर्पित कर ही नहीं सकते, उसी दिन मुक्ति के युग का शुभारंभ होगा। वे शोषकों, उत्पीड़कों और अत्याचारियों को चुनौती देने के लिए उत्प्रेरित होंगे, इसलिए नहीं कि उन्हें राजा बनना है या कोई अन्य पुरस्कार प्राप्त करना है - यहाँ या अगले जन्म में या मृत्योपरांत स्वर्ग में। उन्हें तो मानवता की गर्दन से दासवृत्ति का जुआ उतार फेंकने और मुक्ति एवं शांति स्थापित करने के लिए इस मार्ग को अपनाना होगा। क्या वे उस रास्ते पर चलेंगे जो उनके अपने लिए खतरनाक किंतु उनकी महान आत्मा के लिए एकमात्र शानदार रास्ता है? ....

मैं आपको यह बता दूँ कि अँग्रेज़ों की हुकूमत यहाँ इसलिए नहीं है कि ईश्वर चाहता है, बल्कि इसलिए कि उनके पास ताक़त है और हम में उनका विरोध करने की हिम्मत नहीं। वे हमें अपने प्रभुत्व में ईश्वर की सहायता से नहीं रखे हुए हैं बल्कि बंदूकों, राइफलों, बम और गोलियों, पुलिस और सेना के सहारे रखे हुए हैं। यह हमारी ही उदासीनता है कि वे समाज के विरुद्ध सबसे निंदनीय अपराध - एक राष्ट्र का दूसरे राष्ट्र द्वारा अत्याचारपूर्ण शोषण-सफलतापूर्वक कर रहे हैं। कहाँ है ईश्वर? वह क्या कर रहा है? क्या वह मनुष्य जाति के इन कष्टों का मजा ले रहा है? वह नीरो है, चंगेज है, तो उसका नाश हो....

ईश्वर की उत्पत्ति के बारे में मेरा अपना विचार यह है कि मनुष्य ने अपनी सीमाओं, दुर्बलताओं व कमियों को समझने के बाद, परीक्षा की घड़ियों का बहादुरी से सामना करने, स्वयं को उत्साहित करने, सभी खतरों को मर्दानगी के साथ झेलने तथा संपन्नता एवं ऐश्वर्य में उसके विस्फोट को बाँधने के लिए - ईश्वर के काल्पनिक अस्तित्व की रचना की.... इस प्रकार जब मनुष्य अपने सभी दोस्तों के विश्वासघात और उनके द्वारा त्याग देने से अत्यंत दुखी हो तो उसे इस विचार से सांत्वना मिल सकती है कि एक सच्चा दोस्त उसकी सहायता करने को है, उसे सहारा देगा, जो कि सर्वशक्तिमान है और कुछ भी कर सकता है। वास्तव में आदिम काल में यह समाज के लिए उपयोगी था। विपदा में पड़े मनुष्य के लिए ईश्वर की कल्पना सहायक होती है...

मनुष्य जब अपने पैरों पर खड़ा होने का प्रयास करने लगे और यथार्थवादी बन जाए तो उसे ईश्वरीय श्रद्धा को एक ओर फेंक देना चाहिए और उन सभी कष्टों,

परेशानियों का पौरुष के साथ सामना करना चाहिए जिसमें परिस्थितियाँ उसे पलट सकती हैं। मेरी स्थिति आज यही है। यह मेरा अहंकार नहीं है। मेरे दोस्तों, यह मेरे सोचने का ही तरीका है जिसने मुझे नास्तिक बनाया है। मैं नहीं जानता कि ईश्वर में विश्वास और रोज-बरोज की प्रार्थना - जिसे मैं मनुष्य का सबसे अधिक स्वार्थी और गिरा हुआ काम मानता हूँ - मेरे लिए सहायक सिद्ध होगी या मेरी स्थिति को और चौपट कर देगी। मैंने उन नास्तिकों के बारे में पढ़ा है, जिन्होंने सभी विपदाओं का बहादुरी से सामना किया, अतः मैं भी एक मर्द की तरह फाँसी के फंदे की अंतिम घड़ी तक सिर ऊँचा किए खड़ा रहना चाहता हूँ।"

युवाओं को सलाह

भगत सिंह ने 2 फरवरी 1931 को अपनी मौत के एक महीने पहले एक लेख लिखा, जिसका शीर्षक था 'To Young Political Workers‘ (युवा राजनीतिक कार्यकर्ताओं के लिए)। इस लेख में उन्होंने लिखा कि युवाओं को बस्तियों और गांवों में जाकर मजदूरों और किसानों को संगठित करने के काम करना चाहिए क्योंकि "किसान और मजदूर ही क्रांति के असली सैनिक हैं।"

मौत से बेखौफ़ भगतसिंह

यौवन की डगर पर क़दम आगे बढ़े ही थे कि अदालत ने भगतसिंह को मौत की सज़ा सुना दी। बावज़ूद इसके इस नोजवान ने अविचलत रहकर अपनी प्रतिक्रिया देते हुए अपने स्वाभाविक अंदाज़ में कहा, "देशभक्ति के लिए यह सर्वोच्च पुरस्कार है, और मुझे गर्व है कि मैं यह पुरस्कार पाने जा रहा हूँ। वे (ब्रिटिश सरकार) सोचते हैं कि मेरे पार्थिव शरीर को नष्ट करके वे इस देश में सुरक्षित रह जायेंगे। यह उनकी भूल है। वे मुझे मार सकते हैं, लेकिन मेरे विचारों को नहीं मार सकते। वे मेरे शरीर को कुचल सकते हैं, लेकिन मेरी भावनाओं को नहीं कुचल सकेंगे। ब्रिटिश हुकूमत के सिर पर मेरे विचार उस समय तक एक अभिशाप की तरह मँडराते रहेंगे जब तक वे यहाँ से भागने के लिए मजबूर न हो जायें।"

"It is easy to kill individuals but you cannot kill the ideas. Great empires crumbled, while the ideas sustained.

"किसी भी व्यक्ति को मारना आसान है, परन्तु उसके विचारों को नहीं। महान साम्राज्य तबाह हो जाते हैं, जबकि उनके विचार बच जाते हैं।"

भगतसिंह ने पुरजोर शब्दों में आगे कहाः "लेकिन यह तस्वीर का सिर्फ़ एक पहलू है। दूसरा पहलू भी उतना ही उज्ज्वल है। ब्रिटिश हुकूमत के लिए मरा हुआ भगतसिंह जीवित भगतसिंह से ज़्यादा ख़तरनाक होगा। मुझे फाँसी हो जाने के बाद मेरे क्रान्तिकारी विचारों की महक /सुगन्ध हमारे इस मनोरग देश के

वातावरण में व्याप्त हो जायेगी। वह नौजवानों को मदहोश करेगी और वे आज़ादी और क्रान्ति के लिए उन्मादी/ पागल हो उठेंगे। नौजवानों का यह उन्माद ही ब्रिटिश साम्राज्यवादियों को विनाश के कगार पर पहुँचा देगा। यह मेरा दृढ़ विश्वास है। मैं बेसब्री के साथ उस दिन का इन्तज़ार कर रहा हूँ जब मुझे देश के लिए मेरी सेवाओं और जनता के लिए मेरे प्रेम का सर्वोच्च पुरस्कार मिलेगा।”

पगड़ी-प्रकरण

आजादी के बाद हमारे देशी शासक भी भगत सिंह के विचारों से उतना ही भयभीत हैं जितना अंग्रेज थे। इसलिए भगतसिंह की भ्रांतिपूर्ण, मनगढ़ंत छवि पेश करने की साज़िश को अमलीजामा पहनाया जा रहा है। भगतसिंह पर महत्वपूर्ण शोधकार्य करने वाले प्रो. चमन लाल कहते हैं कि भगतसिंह की असल तस्वीरों को बिगाड़ने की होड़ सी मच गई है। मीडिया में बार-बार भगत सिंह को किस अनजान चित्रकार की बनाई पीली पगड़ी वाली तस्वीर में दिखाया जा रहा है।

सच तो यह है कि भगत सिंह की अब तक ज्ञात चार वास्तविक तस्वीरें ही उपलब्ध हैं। पहली तस्वीर 11 साल की उम्र में घर पर सफ़ेद कपड़ों में खिंचाई गई थी। दूसरी तस्वीर तब की है जब भगतसिंह क़रीब 16 साल के थे। उस तस्वीर में लाहौर के नेशनल कॉलेज के ड्रामा ग्रुप के सदस्य के रूप में भगत सिंह सफ़ेद पगड़ी और कुर्ता-पायजामा पहने हुए दिख रहे हैं।

तीसरी तस्वीर 1927 की है, जब भगत सिंह की उम्र क़रीब 20 साल थी। तस्वीर में भगत सिंह बिना पगड़ी के खुले बालों के साथ चारपाई पर बैठे हुए हैं। चौथी और आखिरी इंग्लिश हैट वाली तस्वीर दिल्ली में ली गई है तब भगत सिंह की उम्र 22 साल से थोड़ी ही कम थी। इनके अलावा भगत सिंह की कोई अन्य प्रामाणिक तस्वीर नहीं मिली है। उनकी उपलब्ध तस्वीरों में से इंग्लिश हैट वाली तस्वीर सबसे ज्यादा चर्चित है, जिसे फ़ोटोग्राफ़र शाम लाल ने दिल्ली के कश्मीरी गेट पर तीन अप्रैल, 1929 को खींची थी। इस बारे में शाम लाल का बयान लाहौर षडयंत्र मामले की अदालती कार्यवाही में दर्ज है।’

15 अगस्त 2008 को संसद भवन में भगत सिंह की प्रतिमा प्रतिस्थापित की गई, जिसमें उन्हें पगड़ी पहने हुए दिखाया गया है। शोधकर्ता कहते हैं कि भगत सिंह ने 1928 से 23 मार्च, 1931 को फांसी दिए जाने तक पगड़ी नहीं पहनी। वे तो अक्सर यूरोपियन स्टाइल की हैट पहनते थे। प्रो. चमनलाल तो यहां तक कहते हैं कि उन्हें हैट में ना दिखाना अक्षम्य है।

पंथ, बिरादरी, जाति को राष्ट्रीय एकता में रोड़ा मानने वाले भगतसिंह को कोई उन्हें पगड़ी पहनाकर सिख बनाने का प्रयास कर रहा है तो कोई उन्हें जाति का

गौरव घोषित करने पर तुला है। हद तो यह है कि उनकी पगड़ी का रंग भी सत्ताधीश अपने मनमाफिक बदल रहे हैं। ये सब उनके क्रान्तिकारी विचारों पर पर्दा डालने के लिए किया जा रहा है। दुःखद तो यह है कि भगतसिंह को एक ऐसे परवाने के रूप में पेश किया जा रहा है, मानो कि उसे यह बोध न हो कि वह क्यों अपने प्राण न्योछावर कर रहा है? ये सब भगतसिंह के क्रांतिकारी विचारों को जनसामान्य से ओझल कर सामाजिक जड़ता को बनाये रखनेवाले, प्रगति और परिवर्तन के विरोधियों की साजिश नहीं तो भला और क्या है ? यह सब जनता को भगत सिंह के तार्किक विचारों से अनभिज्ञ रखने और उसे भरमाने की कुत्सित चाल है।

भगतसिंह समेत दूसरे क्रांतिकारियों पर महत्वपूर्ण किताबें लिखने वाले सुधीर विद्यार्थी कहते हैं, 'शहीद भगत सिंह के... सिर पर पगड़ी पहनाने का प्रयास हुआ. ये सब इसलिए ताकि भगत सिंह को जाति और धर्म के खांचे में धकेल दिया जाए ताकि उनका जो पैनापन है, जो विचार उनके पास हैं, पूरे क्रांतिकारी आंदोलन में उनकी जो छवि उभरती है उसे खत्म किया जा सके।' भगत सिंह की प्रतीकात्मक पहचान और विचारधारा से छेड़छाड़ पर चिंता जताते हुए विद्यार्थी कहते हैं, 'जिस व्यक्ति ने खुद कहा हो कि अभी तो मैंने केवल बाल कटवाए हैं, मैं धर्मनिरपेक्ष होने और दिखने के लिए अपने शरीर से सिखी का एक-एक नक्श मिटा देना चाहता हूं, आप उसके सिर पर फिर पगड़ी रख रहे हैं...आप कितना भी प्रयास कर लें भगत सिंह के सिर पर पगड़ी रखने का, लेकिन 23 साल का वह युवा क्रांतिकारी इतना बड़ा हो गया है कि उस पर कोई पगड़ी अब फिट नहीं हो सकती।'

यह शोषकों–शासकों का आजमाया हुआ नुस्खा है कि जिन महापुरुषों के विचारों को नकारना सम्भव न हो, उनकी मूर्ति प्रतिस्थापित कर दो। मठों, मठाधीशों और आडम्बर- पाखण्ड के पुरजोर के विरोधी रहे कबीर को उनके नाम पर पंथ चलाकर उन्हें मठों में कैद कर दिया गया। महावीर और गौतम बुद्ध जो मूर्ति पूजा के विरोधी थे, उनकी मूर्तियाँ बनाकर उनकी भी पूजा होने लगी। भगत सिंह के खिलाफ भी ऐसा ही कुचक्र रचा जा रहा है। यह दुःखद और क्षोभकारी है ।

भगतसिंह का सियासिकरण

युवा वर्ग को गुमराह करने के लिए आजकल सब पार्टियां भगतसिंह को अपना साबित करने के लिए बेकरार हैं। इतिहास के पन्ने जिन पार्टियों को वैचारिक या राजनीतिक तौर पर भगतसिंह के खिलाफ खड़ा करते हैं, वे ही अब उनकी विरासत के सबसे बड़े झंडाबरदार बनकर खड़े हैं। यह भगत सिंह समेत पूरे क्रांतिकारी आंदोलन का अपमान है जो आजादी के साथ समता, बंधुता और मानव मुक्ति के उद्देश्यों के साथ लड़ा गया। असली भगतसिंह कहां हैं? देश को लेकर उनके क्या

विचार थे? वे कैसा भारत चाहते थे? वे कैसी राजनीति चाहते थे? इन सारे सवालों का जवाब उन लेखों और दस्तावेजों में मिल सकता है जो उन्होंने खुद लिखे हैं या जो उनसे संबंधित हैं।

पंजाब विश्वविद्यालय के प्रोफेसर और इतिहासकार राजीव लोचन कहते हैं, 'जीते-जी जिस भगत सिंह की राजनीतिक दलों ने अवहेलना की, उसे अब सब अपना कहने पर आमादा हैं। भगत सिंह जब अंग्रेज सरकार के हाथ लगे तो अखबारों ने रिपोर्ट में लिखा कि 'समाजवादी क्रांतिकारी' गिरफ्तार हुआ है। पर भारत के वामपंथी आमतौर पर भगतसिंह के मसले पर चुप रहना पसंद करते रहे. आखिर भगत सिंह वामपंथी पार्टी के सदस्य जो नहीं थे।'

भगतसिंह पर महत्वपूर्ण शोधकार्य करने वाले प्रो. चमन लाल कहते हैं, 'कट्टरपंथी राष्ट्रवाद के अभियान का यह चरम है कि भगत सिंह के बारे में ज्ञात तथ्यों को भी झुठलाया जा रहा है। कुछ वर्ष पूर्व कन्हैया कुमार प्रकरण उछल रहा था तो कांग्रेस के नेता शशि थरूर ने कन्हैया कुमार की तुलना भगत सिंह से की तो प्रतिक्रिया में भारतीय जनता पार्टी के प्रवक्ता ने यह झूठ बोलकर भगत सिंह के प्रति शिष्टाचार की सारी हदें पार कर दीं कि 'भगत सिंह भारत माता की जय बोलकर फांसी पर चढ़े थे।' सारी दुनिया अब तक यही जानती है कि 23 मार्च, 1931 को फांसी के दौरान भगत सिंह, सुखदेव और राजगुरु ने 'इंकलाब जिंदाबाद' और 'साम्राज्यवाद का नाश हो' के नारे लगाए थे. उन्होंने 'सरफरोशी की तमन्ना' गाना भी गाया था... अब फर्जी राष्ट्रवादी...इतिहास को गोएबल्स की स्टाइल में उलट-पलट रहे हैं, जैसा कि हिटलर के समय किया गया था।'

'भगत' मतलब शोषित के हक़ की लड़ाई लड़ाना

'मां, मुझे कोई शंका नहीं है कि मेरा मुल्क एक दिन आजाद हो जाएगा, पर मुझे डर है कि गोरे साहब जिन कुर्सियों को छोड़कर जाएंगे, उन पर भूरे साहबों का कब्जा हो जाएगा।' भगत सिंह ने अपनी मां को लिखी एक चिट्ठी में यह बात कही थी। भगत सिंह ने शहीद होने से पहले अपनी जेल डायरी में एक जगह लिखते हैं, 'शासक के लिए यही उचित है कि उसके शासन में कोई भी आदमी ठंड और भूख से पीड़ित न रहे। आदमी के पास जब जीने के मामूली साधन भी नहीं रहते, तो वह अपने नैतिक स्तर को बनाए नहीं रख सकता।'

'जब तक कोई निचला वर्ग है, मैं उसमें ही हूं। जब तक कोई अपराधी तत्व है, मैं उसमें ही हूं। जब तक कोई जेल में कैद है, मैं आजाद नहीं हूं।' भगत सिंह की जेल डायरी में दर्ज ऐसी तमाम पंक्तियां उनके क्रांतिकारी सपनों की तस्दीक़ करती हैं। भगत सिंह के नाम का नारा लगाने वाले ज्यादातर राजनीतिज़ इन सपनों के बारे

में बात करने से बचते रहते हैं।

भगत सिंह की डायरी और उनके लिखे लेख गवाह हैं कि उनका सपना मजदूर, किसान, वंचित, दलित और हर पीड़ित के हक़ के लिए लड़ाई लड़ना रहा है। क्या भगत सिंह का सम्मान करने का अर्थ यह नहीं है कि उन्हें नास्तिकता, तर्कवाद और वैज्ञानिकता का झंडा बुलंद करने वाला क्रांतिकारी माना जाए और जब तक एक भी व्यक्ति शोषित है, तब तक व्यवस्था बदलने का सतत प्रयास होता रहे?

भगतसिंह पर असली दावेदारी किसकी?

भगत सिंह पर असली दावेदारी किसकी है, इस सवाल पर प्रो. चमन लाल कहते हैं, 'भगत सिंह भारत के कामगार, मजदूर, किसान, दलित और निचले वर्ग के साथ थे। 1929 से 1931 के दौरान जब भगत सिंह के केस का ट्रायल चल रहा था, उस वक्त सभी अखबार वामपंथी और 'समाजवादी क्रांतिकारी' लिख रहे थे। 24 जनवरी, 1930 को वे कोर्ट में 'लाल स्कार्फ' पहनकर पहुंचे थे और जज से अंतरराष्ट्रीय मजदूर आंदोलन के साथ एकजुटता प्रदर्शित करने के लिए सोवियत यूनियन को शुभकामना भेजने का अनुरोध किया था।'

प्रो. चमन लाल आगे कहते हैं, 'एक वक्त पर भगत सिंह, चंद्रशेखर और उनके साथियों ने 'वंदे मातरम' और 'भारत माता की जय' का नारा लगाया था, लेकिन सितंबर, 1928 में अपने संगठन के नाम में सोशलिस्ट शब्द जोड़ने के बाद 'इंकलाब जिंदाबाद' व 'साम्राज्यवाद का नाश हो' के नारे को अपनाया। 2 फरवरी, 1931 को लिखे उनके 'युवा राजनीतिक कार्यकर्ताओं को पत्र' में स्पष्ट रूप से 'समाजवादी सिद्धांत' को भारतीय स्वतंत्रता का रास्ता बताया है। कोई भी व्यक्ति जिसने ऐतिहासिक दस्तावेज पढ़े हैं, वह भगत सिंह के मार्क्सवादी सिद्धांत पर आधारित 'समाजवादी क्रांतिकारी राष्ट्रवादी' होने से इनकार नहीं कर सकता।'

भगतसिंह के विचारों की प्रासंगिकता

भगत सिंह और उनके दो साथियों राजगुरु व सुखदेव को लाहौर सेंट्रल जेल में 23 मार्च 1931 को फांसी पर लटका दिया गया। शहादत के इतने लंबे अरसे बाद भी भगतसिंह हिंदुस्तानियों के दिलों में आज भी बसे हुए हैं। भगतसिंह के विचार वर्तमान परिस्थितियों में अपनी प्रासंगिकता को प्रखर रूप से प्रकट कर रहे हैं। देश की मेहनती गरीब जनता के लिए भगतसिंह के क्रान्तिकारी विचार आज पहले से कहीं ज्यादा प्रासंगिक हो चले हैं। छद्म राष्ट्रवाद व आस्था के नाम पर पुरातन, रूढ़िवादी, संकीर्ण सोच और साम्प्रदायिक व जातीय उन्माद की तरफ़ धकेले जा रहे देश में भगतसिंह के विचारों के मर्म को समझना बेहद जरूरी हो गया है। उन्हें

याद करने का सबसे सही तरीका तो यह है कि उनके विचारों को जन–जन तक पहुँचाया जाए। साथ ही उनके विचारों को व्यवहार में उतारने के लिए एकजुट होकर सार्थक प्रयास करना आज समय की माँग है।

भगतसिंह का नाम मौत को चुनौती देने वाले साहस, अनूठी बहादुरी, श्रेष्ठ बलिदान, सच्ची देशभक्ति और संकल्पशीलता का प्रतीक बन गया है। उनका जीवन अनवरत संघर्ष की गाथा है। भगतसिंह की उच्च कोटि की बौद्धिकता और तर्कशक्ति से रूबरू होने के लिए विभिन्न विषयों पर उनके लेखन को पढ़ना और उन्हें सही परिप्रेक्ष्य में समझना बेहद जरुरी है।

भगतसिंह का फैन होने का हक़दार कौन?

भगत सिंह के सपनों और विचारों से दूर- दूर तक कोई सम्मान या रिश्ता नहीं रखने वाली युवा पीढ़ी उनके जन्मदिन व बलिदान दिवस का उत्सवधर्मी, खोखला और पाखण्डी आयोजन कर इस शहीद-ए-आजम का सम्मान करने का ढोंग रचती है। युवा पीढ़ी भगतसिंह का सिर्फ़ नाम लेती है पर वह भगतसिंह के जोश, जुनून और जज़्बे से कोसों दूर है। ख़ुद को कम्फर्ट जोन में क़ैद करने वाली, ख़ुद को ख़ुद तक सीमित रखने वाली और मीडिया पर परोसे जा रहे प्रोपेगैंडा के जाल में फंस चुकी इस पीढ़ी में मानविकी (humanities) के अंतर्गत आने वाले विषयों के पढ़ने-समझने की प्रवृति का तेज गति से ह्रास होता जा रहा है। नतीज़तन यह पीढ़ी वैचारिक दरिद्रता का शिकार होती जा रही है। भगतसिंह की वैचारिक समृद्धता, दृढ़ता, विराटता से अवगत हुए बिना तथा उनके विचारों को कर्म में रूपांतरित किए बिना किसी अवसर विशेष पर सिर्फ़ उनका नाम लेने मात्र से या फेसबुक वॉल पर उनकी डीपी लगाने से या उन जैसी मूंछे सहजने या उनके चित्र से सज्जित टीशर्ट पहन लेने से कोई ख़ुद को भगतसिंह का प्रशंसक (फैन) कहलाने का हक़दार नहीं हो सकता। भगतसिंह का असली दीवाना कोई ख़ुद को तभी कहलाने का हक़दार हो सकता है जब वह हर प्रकार की संकीर्णता का परित्याग कर वैज्ञानिक दृष्टिकोण को अपने जीवन में आत्मसात करे तथा हर तरह के अन्याय का पुरजोर प्रतिकार कर दमित, शोषित, प्रताड़ित वर्ग की मुक्ति का मार्ग प्रशस्त करने में योगदान दे।

सरदार भगत सिंह स्मारक

शादीपुर खैर, अलीगढ़, उत्तर प्रदेश स्थित एक गाँव है। जहाँ पर नहर के किनारे पर ही शहीद सरदार भगत सिंह जी के नाम का एक स्मारक भी बना हुआ है । जो कि इस गाँव की सौन्दर्य को बड़ा देता है । इस गाँव में बहुत से अच्छे लोगो ने अपने

दिनों को व्यतीत किया है। जिसमें सरदार भगत सिंह और माननीय टोडर सिंह जी एक थे। ये गाँव पहलवानों के लिए भी जाना जाता रहा है। यहाँ के लोग बहुत ही मेहनती है।

शादीपुर में वेश बदलकर रहे थे भगत सिंह

अलीगढ़ जनपद में जट्टारी क्षेत्र के गांव शादीपुर में शहीद भगत सिंह ने शिक्षा रूपी पौधा रोपित कर बच्चों को देशभक्ति का पाठ पढ़ाया था। वह अपनी पहचान बदलकर बलवंत सिंह के नाम से शादीपुर गांव में 18 माह तक रुके थे। यहां पर उन्होंने अंग्रेज सैनिकों से मोर्चा लेने के लिए लोगों को बम बनाना भी सिखाया करते थे। हालांकि भगत सिंह की ओर से रोपा गया शिक्षा का पौधा उदासीनता के चलते सूख चुका है।

गांव के निवासी सेवानिवृत्त प्रवक्ता चौधरी लक्ष्मण सिंह और अध्यापक योगेश कुमार के अनुसार सरदार भगत सिंह सन् 1928 में गणेश शंकर विद्यार्थी के पास कानपुर पहुंचे थे। कानपुर क्रांतिकारियों का गढ़ था। शादीपुर गांव के निवासी स्वतंत्रता सेनानी ठाकुर टोडर सिंह भी कानपुर गए थे जहां उनकी उनकी मुलाकात भगत सिंह से हुई थी। कानपुर में पुलिस का खतरा बढ़ता देख स्वतंत्रता सेनानी ठाकुर टोडर सिंह अनुरोध कर भगत सिंह को अपने साथ अलीगढ़ और फिर तकीपुर रजवाहा होते हुए अपने गांव शादीपुर ले आए थे। यहां भगत सिंह ने दाढ़ी, बाल कटवा लिया था और टोडर सिंह ने बलवंत सिंह के रूप में ग्रामीणों का उनका परिचय दिया था।

ठा. टोडर सिंह के यहां रहते हुए गांव से करीब 800 मीटर बाहर एक बगीचे में भगत सिंह बच्चों को पढ़ाते थे। रामशरण उसरह, नत्थन सिंह जलालपुर, रघुवीर सिंह मढ़ा हबीपुर, हरिशंकर आजाद, खैर और गांव के नारायण सिंह आदि ने भगत सिंह से शिक्षा के साथ देशभक्ति का भी पाठ पढ़ा था। वह शाम के समय कुश्ती भी सिखाते थे। 23 मार्च 1931 को फांसी दिए जाने के बाद से शादीपुर गांव के लोग शहीद दिवस मनाते आ रहे हैं। संदर्भ:- 'शादीपुर में वेश बदलकर रहे थे भगतसिंह' – अमर उजाला, 23-03-2019.

कैसे भगत सिंह शादीपुर पहुंचे

अंग्रेजों की गुलामी से देश को आजाद कराने के लिए बहुत कम उम्र में ही महान क्रांतिकारी भगत सिंह ने अपना जीवन लुटा दिया। 28 सितंबर 1907 को जन्मे इस क्रांतिकारी की जयंती पर देश उन्हें याद कर रहा है। क्रांति के दौरान अंग्रेजों के खिलाफ रणनीति बनाने के लिए भगत सिंह उप्र में अलीगढ़ के गांव शादीपुर में 18 महीने तक रुके थे।

"खैर तहसील के गांव शादीपुर की माटी में आज भी भगत सिंह की बिखेरी गई खुशबू को महसूस किया जाता है। कोई भी इस गांव में आता है तो माटी को माथे से लगाए बिना नहीं रहता।

कैसे भगत सिंह शादीपुर पहुंचे: बात 1929 की है। शादीपुर के ठाकुर टोडर सिंह भी उन दिनों भारत मां को अंग्रेजों की बेड़ियों से मुक्त कराना चाह रहे थे। वह क्रांतिकारियों की बैठक में कानपुर गए थे। वहां संपादक व क्रांतिकारी गणेश शंकर विद्यार्थी से मुलाकात हुई। सरदार भगत सिंह भी वहीं पर थे। उनके पीछे अंग्रेज पड़े हुए थे। गणेश शंकर विद्यार्थी ने भगत सिंह को कुछ दिनों के लिए टोडर सिंह के साथ अलीगढ़ भेज दिया।

शादीपुर में खोला नेशनल स्कूल: शादीपुर में ही भगत सिंह ने नेशनल स्कूल के नाम से विद्यालय खोला। इसमें 18 महीने तक पढ़ाया। खैर क्षेत्र के अधिकांश लोग यहां पढ़ने आते थे। इनमें से कई बाद में क्रांतिकारी भी निकले। एक दिन भगत सिंह ने गांव वालों से कहा कि वह अब अपने घर जाएंगे। ऐसा बताया जाता है कि पूरा गांव उन्हें रोकने लगा।

भगत सिंह ने टोडर सिंह से कहा कि मेरी मां बीमार हैं, मुझे जाना पड़ेगा। टोडर सिंह ने भगत सिंह के शिष्य व जलालपुर निवासी ठाकुर नत्थन सिंह को बुलाया। उनसे भगत सिंह को खुर्जा जंक्शन तक छोड़ने को कहा। बताया कि पूरब से जो ट्रेन पश्चिम की ओर जाए, उसी में बैठाना। भगत सिंह पश्चिम से आ रही ट्रेन में झट से बैठ गए और नत्थन सिंह से बोले, "अब मैं रुक नहीं सकता, भारत मां मुझे बुला रही हैं।

हालांकि, शादीपुर गांव में भगतसिंह के नाम से कोई स्मारक नहीं बना है। जिस स्थान पर पढ़ाते थे, वह खंडहर में तब्दील हो गया। कुआं जमींदोज हो गया और उसके पास कुंडी अभी है, जिसमें वह नहाया करते थे। टोडर सिंह के पुत्र रामप्रताप सिंह ने कई बार इसका जिक्र किया। वह कहा करते थे कि पिताजी ने भगत सिंह को अपनी कोठी में रखा था। मुझे फख्र है कि मैं ऐसे गांव से हूं, जिसकी धरती पर भगत सिंह का पांव पड़ चुका है।

9

संत बाबा गंगादास (14 फरवरी 1823 से 1973)

संत बाबा गंगादास (14 फरवरी 1823 से 1973)

जाट समाज के अनमोल रत्न बाबा गंगादास जी

हिंदी साहित्य के भीष्म पितामह महान स्वतन्त्रता सेनानी सन्त गंगादासजी महाराज - संपूर्ण संक्षिप्त इतिहास

महात्मा गंगादास जी का जन्म 14 फरवरी 1823 को बसंत पंचमी के दिन उत्तर प्रदेश के हापुड़ जिले के रसूलपुर बहलोलपुर गांव में एक धनी कुलीन जाट परिवार में हुआ था। उनके पिता चौधरी सुखीराम जी मुंढेर के पास 600 एकड़ जमीन थी व उनके परिवार का वातावरण बहुत धार्मिक था। उनकी माता दखाकौर हरियाणा के बल्लभगढ़ के एक गांव से थी।

महात्मा जी का बचपन का नाम गंगाबक्ष जी था।

गंगाबक्ष जी बचपन से ही बहुत धार्मिक व साफ सफाई रखते थे उन्हें थोड़ी सी मिट्टी लगते ही वे रोने लग जाते थे व बहुत पूजा पाठ और भक्ति भी करते थे।इसलिए लोग उन्हें व्यंग से भगत जी ही कहते थे। लेकिन ये कौन जानता था कि यही भगत एक दिन इतना बड़ा महात्मा बन जायेगा।

छोटी सी उम्र में ही गंगादास जी के माता पिता चल बसे थे। इसलिए वे 12 वर्ष की उम्र में ही एक अच्छे गुरु की खोज में निकल पड़े। गंगादास जी की विरक्ति एवं बुद्धिमता देखकर सेंदेपुर जिला बुलंदशहर की कुटी के संत बाबा विष्णुदास उदासीन ने इन्हें अपना शिष्य बना लिया।

1857 के अग्रदूत व महान स्वतन्त्रता सेनानी -

सन्त जी अपनी मातृभूमि से बहुत प्रेम करते थे व इसे अंग्रेजो की दासता से मुक्त करवाना चाहते थे।

इस समय वे अपने आश्रम गंगादास की शाला ग्वालियर में रहते थे।

1857 की क्रांति में गंगादास जी सक्रिय रहे और अपने घोड़े पर चढ़कर जगह जगह घूमकर लोगो को स्वतन्त्रता संग्राम में शामिल होने के लिए उत्साहित किया।

बहुत से क्रांतिकारी उनसे गुप्त रूप से मिलने आते थे।

गंगादास जी उन्हें मार्दर्शन करते थे। वे अपने उपदेशों से क्रांतिकारियों में एकता लाते एवं उनकी सहायता के लिए हमेशा तैयार रहते थे।

1857 की क्रांति के समय उनके आश्रम में राजाओ की एक मीटिंग भी हुई थी। जहां उन्होंने उपदेश दिया व रणनीति निर्माण में उनका मार्गदर्शन किया।

महारानी लक्ष्मीबाई के सद्गुरु -

महात्मा गंगादास जी महारानी लक्ष्मीबाई जी के पिता के गुरु थे। लक्ष्मीबाई जी को भी बचपन मे उन्होंने दीक्षा दी थी।

शादी के बाद भी जब भी रानी लक्ष्मीबाई व्यथित होती थी तो वे अपने पारिवारिक गुरु गंगादास जी से अपनी सहेली मुंढेर के साथ उनसे मार्गदर्शन के लिए मिलने आती थी।

एक बार लक्ष्मीबाई ने उनसे पूछा के स्वराज किस प्रकार मिलेगा? गुरुजी ने कहा कि स्वराज बलिदानों से मिलेगा। जब हम सब भेदभाव भूलकर एक हो जाएंगे और स्वराज रूपी भवन के लिए बलिदान रूपी पत्थरो को लगेट जाएंगे तो एक दिन स्वराज जरूर मिलेगा।

फिर एक दिन जब लक्ष्मीबाई को लगा कि वे स्वराज अपने जीवन मे नहीं देख पाएगी तो उन्होंने अपनी यह व्यथा गुरुजी से बताई। तो गुरुजी ने उन्हें समझाया कि जैसे कोई भवन बनाने से पहले नींव रूपी गड्ढे को पत्थरो से भरना जरूरी होता है वैसे ही स्वराज रूपी भवन को बनाने के लिए बलिदान रूपी पत्थरो से पहले नींव भरनी जरूरी है। आज के बलिदानी भले ही अचानक से स्वराज न ला सकते परन्तु वे नींव का काम कर रहें हैं। आगे चलकर इसी नींव पर कंगूरा खड़ा होगा। और नींव के बिना कंगूरे का कोई अर्थ नहीं ईसलिये ये बलिदान व्यर्थ नहीं बल्कि हमारे स्वराज का आधार होंगे।

महात्मा जी ने रानी लक्ष्मीबाई का हमेशा साथ दिया।

रानी लक्ष्मीबाई की हत्या का बदला एवं उनका अंतिम संस्कार-

जब वीरांगना लक्ष्मीबाई युद्ध मे घायल हो गयी और मरणासन्न अवस्था में थी तो उन्होंने अपने साथियों से कहा कि ऊनका शव दुष्ट अंग्रेजो के हाथ नहीं लागना चाहिए। सलिये उनके साथी उन्हें अंग्रेजो से बचकर बाबा गंगादास जी की शाला में ले गए।

महात्मा गंगादास जी ने पहुंचते ही लक्ष्मीबाई के हालात देखे और लक्ष्मीबाई ने उन्हें हर हर महादेव कहकर प्रणाम किया। महात्मा ने कहा कि हमें सीता और सावित्री के देश की इन महान वीरांगनाओं पर हमेशा गर्व रहेगा।

कुछ क्षण बाद वीरांगना ने अपने प्राण त्याग दिए। उसके बाद सब दुखी हो गए सबकी आंखे आंसुओ से भर गई। तब महात्मा जी ने सबको समझाया कि प्रकाश का कभी अंत नहीं होता यह हमेशा जगत को प्रकाशमान करता है। यह पुनः प्रज्वलित होकर चमकेगा। लक्ष्मी मरी नहीं बल्कि अमर हो गयी है। इसलिए अपना मोह त्यागकर जल्दी से अंतिम संस्कार की तैयारी शुरू करो अंग्रेज जल्द ही यहां पहुंचने वाले हैं।

इसके बाद साधुओं व रानी के संगियो ने तैयारियां शुरू कर दी। बरसात का मौसम था सुखी लकड़ी मिलना असम्भव था इसलिए आश्रम में पड़े घसे को इक्कठा किया जाने लगा तो महात्मा जी ने उन्हें रोका और कहा के उनकी कुटिया उधेड़ लो। यह सुनकर सब आश्चर्यचकित रह गए उन्होंने कहा कि इससे आपका नुकसान होगा। तो उन्होंने कहा रानी के बलिदान के आगे इस कुटिया की कीमत कुछ नहीं। ये दान से बनी है और दान आएगा तो फिर बन जाएगी।

फिर कुटिया की लकड़ियों से रानी का अंतिम संस्कार किया गया।

इसी बीच अंग्रेजो ने हमला कर दिया। गंगादास जी की शाला के 745 साधुओं ने उनसे लोहा लिया व अपना सर्वस्व बलिदान कर दिया। रानी के सहयोगियों को पीछे से निकाल दिया गया अंग्रेजो को कुछ नहीं मिला। और इस युद्ध में रानी की हत्या करने वाला दुष्ट अंग्रेज अफसर भी मारा गया।

बाद में अंग्रेजी सरकार के दबाव से ग्वालियर के सिंधिया राजा ने उन्हें देश निकाला दे दिया। और आश्रम जी जागीर हड़प ली। कहते हैं कि महात्मा जी को रानी ने अपने गुप्त खजाने का राज बता दिया था ताकि वह अंग्रेजो के हाथ न लगे।महात्मा जी व उनके शिष्य कालूराम ने उसे तीन हिस्सों में करके अलग अलग जगह छुपा दिया। आज भी वह खजाना वहीं छुपा हुआ है क्योंकि वह खजाना कभी नहीं निकाला गया और महात्मा व उनके शिष्य की मृत्यु के साथ ही वह राज राज ही रह गया।

देश निकाले के पश्चात महात्मा जी रानी की अस्थियों को लेकर हरिद्वार चले गए और उन्हें गंगा में प्रवाहित कर उनकी आत्मा की शांति के लिए प्रार्थना की।

फिर वे बनारस चले गए। बाद में सिंधिया को जनसमर्थन के आगे आत्मग्लानि महसूस हुई और उन्हें झुकना पड़ा। जागीर वापिस आश्रम को दे दी गयी व महात्मा का प्रतिबंध हटा दिया गया।

महात्मा जी जीवन पर्यंत भक्ति, क्रांति व समाज सुधार में लगे रहे।

हिंदी साहित्य के भीष्म पितामह-

आज जो हिंदी हम बोलते हैं वह खड़ी बोली का ही मानक रूप है। यह वो दौर था जब खड़ी बोली को कोई काव्य व साहित्य के लिए उपयुक्त नहीं समझता था तब महात्मा जी ने खड़ी बोली में काव्य साहित्य की रचना की व उसका विकास करके प्रचलन किया। ईसके प्रचलन के बाद ही यह आम बोलचाल की भाषा में विस्तृत रूप से विकसित हुई व शुद्ध होकर हिन्दी के रूप में हमारी मातृभाषा व राष्ट्रभाषा बनी।

उनके शिष्य जैसे-चेतराम, बालूराम, दयाराम, मोतीराम, मोहनलाल आदि उनकी पद काव्य रचनाएं घूम घूमकर लोगो को सुनाते थे जिससे जागरूकता के साथ साथ हिंदी का भी विकास हो रहा था।

इस तरह उन्हें खड़ी बोली का आदिकवि कहा जाता है। और हिंदी साहित्य में उनके योगदान के कारण उन्हें हिंदी साहित्य का भीष्म पितामह कहा जाता है। उनके बाद भारतेंदु हरिश्चंद्र जैसे कावियो ने हिंदी के विकास में योगदान दिया और जो हिंदी आज हम बोलते हैं वो इन्हीं विद्वानों की देन हैं।

उन्होंने अपने 90 वर्ष के जीवन काल मे 50 से अधिक गन्थों की रचना की। महाकवि संत गंगा दास ने 25 कथा काव्यों और कई सहस्र निर्गुण पदों कुंडलियों की रचना की थी, जो हिंदी साहित्य के लिए अमूल्य निधि हैं. उनके प्रमुख कथा काव्य निम्न लिखित है - पार्वती मंगल (दो भाग), नल दमयंती, नरसी भक्त, ध्रुव भक्त, कृष्णजन्म, नल पुराण, राम कथा, नाग लीला, सुदामा चरित, महा भारत पदावली, बलि, बलि के पद रुक्मणी मंगल, प्रह्लाद भक्त, चन्द्रावती-नासिकेत, भ्रमर गीत मंजरी, हरिचंद होली, हरिचंद के पद, गिरिराज पूजा, होली पूरनमल, पूरनमल के पद, द्रोपदी-चीर आदि प्रमुख हैं।

कबीर का फक्कड़पन, सूर की भक्ति, तुलसी का समन्वय, केशव की छंद योजना और बिहारी की कला एक ही स्थान पर देखनी हो तो संत गंगा दास का काव्य इसका सटीक उदहारण है।

उनका बहुत सा साहित्य व रचनाएं अभी लोगो के सामने नहीं आयी है उन पर खोने का कार्य अभी जारी है।

महा कवि गंगादास जैसी अमूल्य मणि पर पड़ी समय की धूल को साफ़ करने का पुण्य कार्य दिल्ली के डॉ जगन्नाथ शर्मा 'हंस' कर रहे हैं। सर्वप्रथम उन्होंने 1970 में 'महाकवि गंगादास व्यक्तित्व और क्रितत्व' विषय पर शोध ग्रन्थ लिखा। वे पिछले कई वर्षों से 'अखिल भारतीय गंगादास हिंदी संसथान' के माध्यम से गंगादास जी पर शोध, साहित्य प्रकाशन एवं जन जाग्रति का कार्य करवा रहे हैं।

चमत्कारी सन्त -

सन्त गंगादास जी चमत्कारिक व्यक्तित्व कर धनी थे।

संत गंगा दास जी ग्राम ललाने में सेठ हरलाल की हवेली में कुछ दिन रुके थे। उन्ही दिनों सेठ के घर कुख्यात दस्यु झंडा गुजर ने डाका डाला था। संत गंगा दास के हस्तक्षेप करने पर झंडा गुजर ने लालाजी के आभूषण लोटा दिए तथा संत जी के पैर छूकर माफ़ी मांगी थी। सेठ काशी राम के कोई संतान न थी संत गंगा दास की सेवा से संतान प्राप्ति की बात भी काफी प्रचलित है।

संत गंगा दास जी ने काशी में 20 वर्षों तक रहकर वेदांत, व्याकरण, गीता, महाभारत, रामायण, रामचरित मानस, अद्वैत कौस्तुम तथा मुक्तावली आदि दार्शनिक ग्रंथों का गहन अध्ययन किया। संत जी ने जिला मुरादाबाद उत्तर प्रदेश, हरियाणा, पंजाब, दिल्ली, और राजस्थान में भी भ्रमण किया था।

बक्सर के निकट फतापुर ग्राम में ये 19 वर्षों तक रहे और चौधरी रकम सिंह और पंडित चिरंजीव लाल को क्रमश: हिन्दी और संस्कृत व्याकरण पढ़ाई थी। यहाँ इनके अनेक शिष्य रहते थे जिनगें जियाकौर नामक शिष्या को भी यहीं दीक्षित किया गया था।

संध्या के समय संत जी गाँव से बाहर बाग़ के कुंए पर बैठकर बंशी बजाया करते थे। कहते हैं ये बंशी इतनी मधुर बजाते थे कि वहां विशाल जनसमूह और सैंकडों मयूर भी इकट्ठे हो जाते थे।

काशी से लौटने के पश्चात् ये अपने ग्राम में काफी दिन तक रहे। यहाँ ये साधू वेश में अलग कुटिया बनाकर रहते थे।

सन 1917 में ये अपने घोडे पर चढ़कर आसपास के संतों से मिलते थे। दिल्ली दरबार को देखने जब संत जी अपने घोडे पर चढ़कर दिल्ली पहुंचे तो प्रबंधकों ने इस भव्य वक्तित्व से प्रभावित होकर इनको किसी रियासत का राजा समझ कर आगे की कुर्शियों पर बिठाने लगे। परन्तु महात्मा जी ने अवगत कराया कि वे तो एक साधू हैं। अपने जीवन के अन्तिम २५-२६ वर्षों तक ये गढ़मुक्तेश्वर

में रहे। ये समाधी लगाते थे। एक बार अपने शिष्य दयाराम से कोटड़ी का ताला लगवाया तथा एक मास बाद बाहर आए। इस घटना से इनकी ख्याति बहुत फैल गई। इनका कद लंबा और हष्ट-पुष्ट था. इनका चेहरा लालिमा से दहकता था। भक्त जी आजीवन ब्रह्मचारी रहे।

ब्रह्मलीन/प्राणत्याग/निर्वाण -

संत गंगा दास ने सन 1973 में भाद्रपद कृष्ण अष्टमी को प्रात अपना पार्थिव शरीर त्याग दिया था। जन्माष्टमी के दिन प्राण त्यागने से पहले इन्होने कुटुम्बियों को आदेश दिया कि मेरा शव गंगा में प्रवाहित कर देना, मेरे इस स्थान की कोई भी वस्तु घर मत ले जाना क्योंकि यह सब दान माल की है। लेटे हुए ही उन्होंने यह आदेश दिया था। फिर वहां से सबको बाहर जाने के लिए कहा। सबके बाहर जाने के बाद वे शीघ्रता से उठकर बैठ गए। पदमासन लगाया और ब्रह्मलीन हो गए। अब वह स्थान जहाँ महात्मा जी का आश्रम था उदासी साधू बुद्धा सिंह द्वारा डॉ राम मनोहर लोहिया कालिज को दान में दे दिया गया है।

उनकी समाधी रसूलपुर गाँव के निकट गढ़मुक्तेश्वर मार्ग पर चोपला में बनी है।

महात्मा गंगादास जी खड़ी बोली के आदिकवि हिंदी साहित्य के भीष्म पितामह, उच्च कोटि के सन्त व समाज सुधारक और महान स्वतंत्रता सिनाई व देशभक्त थे।

इन महान विभूतियों का कर्ज हम कभी नहीं चुका सकते।

आने वाली पीढ़ी को इनके बारे में ज्ञान हो इसके लिए हमें हमेशा ही प्रयत्नरत रहना चाहिए।

सन्त गंगादास जी,जैसी महान विभूति को कोटि- कोटि नमन !

10

राजा महेन्द्र प्रताप मुरसान हाथरस (1 दिसम्बर 1886 से 29 अप्रैल 1979)

राजा महेन्द्र प्रताप मुरसान हाथरस (1 दिसम्बर 1886 से 29 अप्रैल 1979)

राजा महेंद्र प्रताप का जीवन परिचय

राजा महेंद्र प्रताप वो व्यक्ति थे जिन्होने देश के भावी प्रधानमंत्री अटल बिहारी बाजपेयी को चुनावों में धूल चटा दी, ये वो क्रांतिकारी थे जिन्होने 28 साल पहले वो काम कर दिया, जो नेताजी बोस ने 1943 में आकर किया। ये वो व्यक्ति है, जिसे गांधी की तरह ही नोबेल पुरस्कार के लिए नॉमिनेट किया गया और उन दोनों ही साल नोबेल पुरस्कार का ऐलान नहीं हुआ और पुरस्कार राशि स्पेशल फंड में बांट दी गई।

राजा महेंद्र प्रताप का सही से आकलन इतिहासकारों ने किया होता तो आज राजा को ही नहीं दुनिया हाथरस जिले को और उनकी रियासत मुरसान को भी उसी तरह से जानती, जैसे बाकी महापुरुषों के शहरों को जाना जाता है। आखिर कोई तो बात थी राजा में कि पीएम मोदी ने उदघाटन तो काबुल की संसद में अटल ब्लॉक का किया। और तारीफ राजा महेंद्र प्रताप की की, वो भी तब जब राजा खुद

को मार्क्सवादी कहते थे।

फ्रंटियर या सीमांत गांधी को जानने वाले आज लाखों मिल जाएंगे, लेकिन राजा महेंद्र प्रताप का नाम कितने लोग जानते हैं, मोदी ने सीमांत गांधी के साथ राजा महेंद्र प्रताप का नाम लिया और उनके और अफगानिस्तान के किंग के बीच की बातचीत को भाईचारे की भावना का प्रतीक बताया।

स्वदेशी आंदोलनः 1905 के स्वदेशी आंदोलन से वो इतना प्रभावित हुए कि अपने ससुर के मना करने के बावजूद वो 1906 के कांग्रेस के कोलकाता अधिवेशन में हिस्सा लेने चले गए। 19वीं सदी के पहले दशक में एक जाट और राजा के परिवार में कोई ऐसा सोचने की भी हिम्मत नहीं कर सकता था। फिर विदेशी वस्त्रों के खिलाफ अपनी रियासत में उन्होंने जबरदस्त अभियान चलाया।

बाद में उनको लगा कि देश में रहकर कुछ नहीं हो सकता। लाला हरदयाल, वीरेंद्रनाथ चट्टोपाध्याय, रास बिहारी बोस, श्याम जी कृष्ण वर्मा, अलग- अलग देशों से ब्रिटिश सरकार की गुलामी के खिलाफ उस वक्त भारत के लिए अभियान चला रहे थे। उस वक्त तक जर्मनी में रह रहे भारतीय क्रांतिकारी बर्लिन कमेटी बना चुके थे, प्रथम विश्वयुद्ध को वो एक मौका मान रहे थे, जब इंग्लैंड की विरोधी शक्तियों से हाथ मिलाकर भारत को गुलामी से मुक्ति दिलाई जा सके।

राजा महेंद्र का नाम तब तक इतना हो चुका था कि स्विट्जरलैंड में उनकी मौजूदगी की भनक लगते ही चट्टोपाध्याय ने लाला हरदयाल और श्याम जी कृष्ण वर्मा को उन्हें बर्लिन बुलाने को कहा। बाकायदा जर्मनी के विदेश मंत्रालय से कहा गया उन्हें बुलाने को। लेकिन राजा ने खुद जर्मनी के किंग से व्यक्तिगत तौर पर मिलने की इच्छा जताई, इधर जर्मनी के राजा भी उनसे मिलना चाहते थे, जर्मनी के राजा ने उन्हें 'ऑर्डर ऑफ दी रैड ईगल' (Order Of The Red Eagle) की उपाधि से सम्मानित किया। राजा जींद के दामाद थे और उन्होंने अफगानिस्तान की सीमा से भारत में घुसने के लिए पंजाब की फुलकियां स्टेटस जींद, नाभा, और पटियाला की रणनीतिक पोजीशन की उनसे चर्चा की।

जर्मन राजा से काफी भरोसा पाकर वो बर्लिन से चले आए। बर्लिन छोड़ने से पहले उन्होंने पोलैंड बॉर्डर पर सेना के कैंप में रहकर युद्ध की ट्रेनिंग भी ली। उसके बाद वो स्विट्जरलैंड, तुर्की, इजिप्ट में वहां के शासकों से ब्रिटिश सरकार के खिलाफ सपोर्ट मांगने गए, उसके बाद अफगानिस्तान पहुंचे। उन्हें लगा कि यहां रहकर वो भारत के सबसे करीब होंगे और ब्रिटिश सरकार के खिलाफ जंग यहां रहकर लड़ी जा सकती है।

आप जानकर हैरत में पड़ जाएंगे कि उस वक्त जब वो कई देश के राजाओं से अपने देश की आजादी के लिए मिल रहे थे, उनकी उम्र महज 28 साल थी और अगले 32 साल वो दुनिया भर की खाक ही छानते रहे..... दरबदर।

भारत की पहली निर्वासित सरकारः एक दिसंबर 1915 का दिन था, राजा महेंद्र प्रताप का जन्मदिन, उस दिन वो 28 साल के हुए थे। उन्होंने भारत से बाहर देश की पहली निर्वासित सरकार का गठन किया, बाद में सुभाष चंद्र बोस ने 28 साल बाद उन्हीं की तरह आजाद हिंद सरकार का गठन सिंगापुर में किया था। राजा महेंद्र प्रताप को उस सरकार का राष्ट्रपति बनाया गया यानी राज्य प्रमुख। मौलवी बरकतुल्लाह को राजा का प्रधानमंत्री घोषित किया गया और अबैदुल्लाह सिंधी को गृहमंत्री।

भोपाल के रहने वाले बरकतुल्लाह के नाम पर बाद में भोपाल में बरकतुल्लाह यूनीवर्सिटी खोली गई। राजा की इस काबुल सरकार ने बाकायदा ब्रिटिश सरकार के खिलाफ जेहाद का नारा दिया। लगभग हर देश में राजा की सरकार ने अपने राजदूत नियुक्त कर दिए, बाकायदा वो उन सरकारों से बतौर भारत के राजदूत मान्यता देने की बातचीत में जुट गए। लेकिन उस वक्त ना कोई बेहतर सैन्य रणनीति थी और ना ही उन्हें इस रिवोल्यूशरी आइडिया के लिए बोस जैसा समर्थन मिला और सरकार प्रतीकात्मक रह गई। लेकिन राजा की लड़ाई थमी नहीं उनकी जिंदगी तो हंगामाखेज थी।

दिलचस्प बात ये थी कि जिस साल में राजा ने भारत की पहली निर्वासित सरकार बनाई, उसी साल गांधी जी साउथ अफ्रीका से भारत वापस लौटे थे और प्रथम विश्व युद्ध के लिए भारतीयों को ब्रिटिश सेना में भर्ती करवा रहे थे, उन्हें भर्ती करने वाला सर्जेंट तक कहा गया था।

राजा के सिर पर ब्रिटिश सरकार ने इनाम रख दिया, रियासत अपने कब्जे में ले ली, और राजा को भगोड़ा घोषित कर दिया। राजा ने काफी परेशानी के दिन झेले। फिर उन्होंने जापान में जाकर एक मैगजीन शुरू की, जिसका नाम था वर्ल्ड फेडरेशन। लंबे समय तक इस मैगजीन के जरिए ब्रिटिश सरकार की क्रूरता को वो दुनिया भर के सामने लाते रहे। फिर दूसरे विश्व युद्ध के दौरान राजा ने फिर एक एक्जीक्यूटिव बोर्ड बनाया, ताकि ब्रिटिश सरकार को भारत छोड़ने के लिए मजूबर किया जा सके। लेकिन युद्ध खत्म होते-होते सरकार राजा की तरफ नरम हो गई थी, फिर आजादी होना भी तय मानी जाने लगी। राजा को भारत आने की इजाजत मिली। ठीक 32 साल बाद राजा भारत आए, 1946 में राजा मद्रास के समुद्र तट पर उतरे। वहां से वो घर नहीं गए, सीधे वर्धा पहुंचे गांधीजी से मिलने।

गांधीजी और राजा में अजीबो-गरीब रिश्ता था, बहुत कम लोगों को पता होगा कि हाथरस के इस राजा को नोबेल पुरस्कार के लिए नॉमिनेट किया गया था और एक तय वक्त के बाद नोबेल कमेटी के कमेंट्स को सार्वजनिक कर दिया जाता है।

सबसे खास बात थी कि नोबेल पुरस्कार समिति की इन्हीं लाइनों से ये पता चला कि वो गांधीजी के साउथ अफ्रीका वाले आंदोलन में भी हिस्सा लेने जा पहुंचे थे, इतना ही नहीं वो तिब्बत मिशन पर दलाई लामा से भी मिले थे। ऐसी इंटरनेशनल तबीयत के थे राजा महेंद्र प्रताप। उस साल किसी को भी नोबेल पुरस्कार नहीं दिया गया, सारी पुरस्कार राशि किसी स्पेशल फंड में दे दी गई। इसका गांधी कनेक्शन ये है कि बिलकुल ऐसा ही तब हुआ था, जब गांधीजी को 1948 में नोबेल पुरस्कार के लिए नॉमिनेट किया गया था, गांधीजी की हत्या होने के चलते बात आगे नहीं बढ़ी और उस साल भी नोबेल पुरस्कार के लिए किसी के नाम का ऐलान नहीं हुआ। सारा पैसा स्पेशल फंड में दे दिया गया।

नोबेल पुरस्कार समिति के कमेंट्स से ही पता चलता है कि गांधीजी ने एक बार राजा महेंद्र प्रताप की अपने अखबार यंग इंडिया में जमकर तारीफ की थी, गांधीजी ने लिखा था, ""For the sake of the country this nobleman has chosen exile as his lot. He has given up his splendid property...for educational purposes. Prem Mahavidyalaya...is his creation,"।

गांधीजी से उनके गहरे नाते की मिसाल देखिए, 32 साल बाद भारत आए तो सीधे उनसे मिलने जा पहुंचे, मद्रास से सीधे वर्धा। बावजूद इसके वो कांग्रेस में शामिल नहीं हुए। लेकिन उनकी हस्ती इस कदर बड़ी थी कि कांग्रेस तो कांग्रेस उस वक्त के जनसंघ के बड़े नेता और भावी पीएम अटल बिहारी वाजपेयी को भी लोकसभा के चुनावों में उन्होंने धूल चटा दी। वो 1952 में मथुरा से निर्दलीय सांसद बने और 1957 में फिर से अटल बिहारी वाजपेयी को हराकर निर्दलीय ही सांसद चुने गए। बिना किसी का अहसान लिए शान से राजा की तरह जीते रहे।

राजा महेंद्र प्रताप की उपलब्धियां यहीं कम नहीं होतीं, उनके खाते में भारत का पहला पॉलिटेक्निक कॉलेज भी है। अपने बेटे का नाम रखा उन्होंने प्रेम और वृंदावन में एक पॉलिटेक्निक कॉलेज खोला, जिसका नाम रखा प्रेम महाविद्यालय। राजा मॉडर्न एजुकेशन के हिमायती थे, तभी एएमयू के लिए भी जमीन दान कर दी।

देश की आजादी के बाद लोग मानते थे कि उनसे बेहतर कोई विदेश मंत्री नहीं हो सकता था, लेकिन उन्होंने किसी से कुछ मांगा नहीं और आमजन के लिए काम करते रहे। पंचायत राज कानूनों, किसानों और फ्रीडम फाइटर्स के लिए लड़ते रहे।

राजा जो भी काम करते थे, वो क्रांति के स्तर पर जाकर करते थे। हिंदू घराने में वो पैदा हुए थे, मुस्लिम संस्था में वो पढ़े थे, यूरोप में तमाम ईसाइयों से उनके गहरे रिश्ते थे, सिख धर्म मानने वाले परिवार से उनकी शादी हुई थी। लेकिन उनको लगता था मानव धर्म ही सबसे बड़ा धर्म है या सब धर्मों का सार ये है कि मानवीयता को, प्रेम को बढ़ावा मिलना चाहिए। राजा महेंद्र प्रताप ने तब वो कर डाला जो कभी मुगल बादशाह अकबर ने किया था, जैसे अकबर ने नया धर्म दीन ए इलाही चलाया था, वैसे भी राजा महेंद्र प्रताप ने भी एक नया धर्म शुरू कर दिया, प्रेम धर्म। इस धर्म के अनुयायियों का एक ही उद्देश्य था प्रेम से रहना, प्रेम बांटना और प्रेम भाईचारे का संदेश देना। हालांकि दीन ए इलाही की तरह प्रेम धर्म भी उसको चलाने वाले के साथ ही गुमनामी में खो गया।

राजा महेंद्र प्रताप भी उन्हीं तमाम चेहरों में से हैं, जिनका आजादी के बाद इतिहासकारों ने सही ढंग से मूल्यांकन नहीं किया। दुनिया भले ही नोबेल के लायक उनको मान ले, लेकिन सरकार उनकी जयंती तक मनाने लायक नहीं समझती आई और ये नाइंसाफी की मार केवल राजा महेंद्र प्रताप ने ही नहीं भुगती, उनके जिले हाथरस ने भी भुगती है।

साभार - इस जाट राजा ने नेताजी से 28 साल पहले बना ली थी "आजाद हिन्द " सरकार ! नोबेल के लिए हुआ था नॉमिनेट, विष्णु शर्मा का ब्लॉग, जनवरी 11, 2016

वाजपेयी की जमानत जब्त करा दी थी इस 'जाट राजा' ने

राजा महेंद्र प्रताप ने ही अटल बिहारी बाजपेयी को 1957 के आम चुनाव में करारी शिकस्त दी थी। चुनावी दस्तावेजों को पलटें तो पता चलेगा कि 1957 के लोक सभा चुनावों में मथुरा लोकसभा सीट से राजा महेंद्र प्रताप सिंह ने चुनाव लड़ा था। इस चुनाव में लगभग 4 लाख 23 हजार 432 वोटर थे। जिसमें 55 फीसदी यानि लगभग 2 लाख 34 हजार 190 लोगों ने अपने मताधिकार का प्रयोग किया था। 55 फीसदी वोट उस वक्त पड़ना बड़ी बात होती थी। इस चुनाव में जीते निर्दलीय प्रत्याशी राजा महेंद्र प्रताप सिंह ने भारतीय जन संघ पार्टी के उम्मीदवार अटल

बिहारी वाजपेयी की जमानत तक जब्त करा दी थी। क्योंकि नियमानुसार कुल वोटों का 1/6 वोट नहीं मिलने पर जमानत राशि जब्त हो जाती है। अटल बिहारी इस चुनाव में 1/6 से भी कम वोट मिले थे। जबकि राजा महेंद्र प्रताप को सर्वाधिक वोट मिले और वह विजयी हुए।

राजा महेंद्र प्रताप जन्मोत्सव 1 दिसंबर पर एक विहंगम दृष्टि

विश्व बंधुत्व का महानायक आर्यन पेशवा (सम्राट) राजा महेंद्र प्रताप जन्मोत्सव 1 दिसंबर पर एक विहंगम दृष्टि

"स्वतंत्रता संग्राम का दीवाना। भारत का प्रथम राजघराना।।"

भारत भूमि आदिकाल से ही समस्त भूमंडल को अपनी उर्वरा के द्वारा आलोकित करती रही है। इस धर्म प्रसूता वसुंधरा पर अनेक नायक, महानायक, लोकनायक हमारे प्रणेता रहे हैं। इसी ब्रजभूमि के मुरसान गांव में राजा घनश्याम सिंह की धर्मपत्नी माता दानकौर की कुक्षि (कोख) से एक बालक का जन्म हुआ। रानी दानकौर जन्म देते ही चल बसी। 1 दिसम्बर 1886 मुरसान महल में हर्ष एवं विशाद का दिन था। आगे चलकर यह बालक विश्वबन्धुत्व का महानायक आर्यन् पेशवा के नाम से लोकप्रिय हुआ। बालक के जन्म के समय राजा घनश्याम सिंह अवसाद में आ गए थे, परंतु आर्य विचारधारा के कारण अवसाद अधिक दिनों तक ठहर नहीं सका तथा उन्होंने बालक के लालन-पालन पर ध्यान केंद्रित किया।

"मेरी 50 वर्ष की यात्रा" पुस्तक में आर्यन् पेशवा राजा महेंद्र प्रताप लिखते हैं कि "एक विश्वसनीय नाई (नापित) अभिभावक की भूमिका निभाता था। एक ब्राह्मण मुझे हिंदी पढ़ाने आता था तथा मौलवी मुझे फारसी पढ़ाने आता था। 8 वर्ष की आयु में एक पब्लिक स्कूल में प्रवेश लिया। परंतु इस स्कूल में मेरा मन नहीं लगा। फिर अलीगढ़ के प्रसिद्ध मोहम्डन कॉलेज (एंग्लो ओरिएंटल) कॉलेज जिसे माओ कॉलेज के नाम से जाना जाता था, में प्रवेश लिया। वहां मुझे दस सेवादार (नौकर) घेरे रहते थे। पांचवी कक्षा में मुझे श्री नियाज मोहम्मद ने खूब डंडों से पीटा। एक बार कक्षा छः तथा एक बार एम.ए. में फेल हुआ। मैं बड़ा खर्चीला था। मेरे हेडमास्टर मि. मौस ने कहा था संभल कर खर्च करो नही तो एक दिन कंगाल हो जाओगे। बस इसी विचार ने मेरा मन मस्तिष्क बदल दिया और सादगी से रहने लगा। सन् 1901 में पिताश्री की मृत्यु हो गई उस समय मेरी आयु मात्र 16 वर्ष थी। इसी वर्ष मेरा विवाह जीन्द रियासत के महाराजा रणवीर सिंह की छोटी बहिन बलवीर कौर से हुआ। सन् 1907 में राजकाज के बोझ से बी.ए. की पढ़ाई बीच में

छोड़ी। विद्यार्थी जीवन में राज परिवारों के राजकुमारों की संगत से शराब की भी लत पड़ गई थी परंतु आर्य समाज से प्रभावित होकर शराब को सन् 1910 ईस्वी में सदैव को अलविदा किया।

सन् 1909 में घर एक कन्या का जन्म हुआ। मैंने किसी ब्राह्मण को नहीं बुलाया। नामकरण संस्कार में 'भक्ति' नाम रखा। सन् 1912 में एक पुत्र का जन्म हुआ उसका नामकरण संस्कार भी मैंने स्वयं किया। राजकुमार का नाम प्रेम प्रताप रखा। मैं स्वयं ब्राह्मणवादी आडंबरों और पाखंड के खिलाफ था।

1906 से 1913 ईस्वी तक सारे देश का भ्रमण किया। सभी धार्मिक तीर्थ स्थलों पर भी शोषण होते देखा। इस भ्रमण से भारत भूमंडल को नजदीकी से पढ़ने, समझने का अवसर मिला। भारत की गरीबी, रूढ़िवादिता, जात-पात, छुआ-छात, ऊंच-नीच, छोटा-बड़ा तथा अंग्रेजों के शासन का कुचक्र भी देखा किस प्रकार भारतीयों से घृणा का व्यवहार होता था। धर्म के ठेकेदार,पंडा पुजारी भी अपने कुचक्र से आम जनता का शोषण कर अपने मकड़जाल में फंसाए हुए थे। एक बार द्वारिका मंदिर में जात पूछने पर मैंने अपने को भंगी बता दिया ,तब मुझे मंदिर में घुसने नहीं दिया। उस समय मैं बड़ौदा नरेश के रियासती डाक बंगले में ठहरा हुआ था। असलियत का पता लगने पर पुजारियों ने आकर डाक बंगले पर माफी मांगी। अब राजा मंदिर नहीं जायेगा

जहां ऐसे पाखंडी बैठे हैं। मैं वहां जीवन भर नहीं गया।" उन्होंने इस वचन को अंतिम श्वांस तक निभाया। यहीं से उनके मन में विश्वबन्धुत्व ,विश्व समाज, संसार संघ (यू.एन.ओ.) की ज्वाला उत्पन्न हुई। उस समय उनकी आयु लगभग 26 वर्ष थी।

17 अगस्त 1907 से 17 दिसंबर 1907 चार माह अपनी नवविवाहिता पत्नी रानी बलवीर कौर के साथ विभिन्न देशों जैसे मारसौली, जिनेवा,वेनिस,फियूस बुडोपेस्ट, वियना, बर्लिन, पेरिस, लंदन,न्यूयॉर्क, वॉशिंगटन ,फिलाडेलफिया, मान्द्रिपाल, क्यूबैक,ओटावा,टोरन्टो,नियाग्रा फॉल्स, बैंकुवर, विक्टोरिया आदि अनेकानेक स्थानों का दौरा कर भारत से तुलना की। राजा ने विचार किया कि भारत क्या था? क्या हो गया है? क्या बन गया है? टोरन्टो के एक कस्टम अधिकारी ने राजा से वार्तालाप कर कहा कि आपकी और आपके भारत की फिलोसफी तो इतनी ऊंची है फिर भी आपकी फिलोस्फी भारत को गुलामी से नहीं बचा सकी। उस अधिकारी का यह वाक्य उनकी छाती में सदा के लिए गढ़ गया।

यही से उन्होंने अपने देश को आजाद करने का प्रण लिया और सारा जीवन इसी में खपा दिया। रानी बलवीर कौर ने यूरोप यात्रा के दौरान भारतीय शैली (परिधान)

को अपनाकर भारतीयता की अमिट छाप छोड़ी।

विदेशी दौरे से राजा साहब को यह शिक्षा मिली कि भारतवर्ष से अंग्रेजों ने तकनीकी शिक्षा समाप्त कर दी है जो पूरे विश्व में शिरोमणि थी। भारत लौटने पर प्रेम महाविद्यालय की नींव सन् 1909 में रखी। 24 अगस्त 1909 से कक्षाएं नियमित चलने लगीं। महेशचन्द्र सिन्हा प्रथम प्रधानाचार्य थे। संस्था सोसायटी एक्ट 1860 के अंतर्गत 29 जुलाई 1910 को पंजीकरण कराकर 33 हजार का दान दिया। बाद में पं. मदन मोहन मालवीय के परामर्श से संस्था को अपनी आधी जायदाद का दान कर दिया। यह भारत का प्रथम तकनीकी संस्थान है जो वृन्दावन में अपने 128 वर्ष पूरे कर तकनीक तीर्थ स्थल का साक्षी है। महात्मा गांधी, जवाहरलाल नेहरू, शिव वर्मा, आजाद शुभानी, सी.एफ. एंड्रयूज,मदन मोहन मालवीय जैसे लोग भी इस पर गर्व करते थे।

सन् 1912 में आर्यन् पेशवा राजा महेंद्र प्रताप अपने शिष्ट मंडल के साथ तकनीकी अनुभव प्राप्त करने के लिए इंग्लैंड के विभिन्न शहरों लंदन, एडिनबर्ग, पेरिस, ग्लास्गो, बर्लिन, ज्यूसित, वर्मिंघम, लीड्स, शेफिल, वयानगेस्टर आदि स्थानों का गहराई से अध्ययन किया। फ्रेन्च भाषा को पेरिस में ही सीख लिया था। आप बर्लिन पेरिस, अफगानिस्तान, टर्की होते हुए भारत पहुंचे।

ब्रिटिश साम्राज्य को आर्यन् पेशवा ने चुनौती के रूप में स्वीकार किया। प्रत्येक देश की जनता अंग्रेजों से छुटकारा चाहती थी। अतः आजादी की लड़ाई में कूदने का दृढ़ संकल्प लेकर 1906 में स्वतंत्रता संग्राम में कूद पड़े। 1906 में कांग्रेस का वार्षिक अधिवेशन कोलकाता में हो रहा था। दादा भाई नौरौजी इसकी अध्यक्षता कर रहे थे। इस सम्मेलन में वे भाग लेने के लिए संगरूर से कोलकाता गए। उस समय जींद रियासत के महाराजा रणवीर सिंह ने कहा कि हम रियासतों को अंग्रेजों के विरुद्ध नहीं जाना चाहिए। इस पर आर्यन् पेशवा राजा महेंद्र प्रताप ने कहा कि आपको अपनी रियासतों की चिंता है मुझे गुलाम राष्ट्र में जीना मुश्किल हो रहा है। राजनीति में प्रवेश किए बिना अपने लक्ष्य तक नहीं पहुंच सकते। कोलकाता अधिवेशन में राजा साहब ने दादाभाई नौरोजी, विपिनचन्द्र पाल, लोकमान्य तिलक, लाजपत राय और बड़ौदा के महाराज सयाजीराव गायकवाड से विचार सुनकर और मन की उथल-पुथल ने सक्रिय राजनीति से जोड़ दिया।

यहीं से राजा साहब की कांग्रेस के बड़े नेताओं में गिनती होने लगी। 1910 में प्रयागराज (इलाहाबाद) आनन्द भवन में शिक्षा के अधिकार का प्रस्ताव सबके लिए रखा। वे भारत में एक समान सर्व शिक्षा अभियान चलाना चाहते थे, पर उस समय कामयाब नहीं हुए परंतु इस विचार से बड़े नेताओं में उनका कद बढ़ गया।

राजा साहब जात पात के खिलाफ थे। उनका मानना था कि "जात पात अशिक्षा हमारे कट्टर दुश्मन हैं, हम सब एक हैं कोई छूत अछूत नहीं"। राजा साहब ने अफ्रीका जाने की अनुमति श्री गोपाल कृष्ण गोखले से मांगी तो गोखले जी ने कहा कि राजा साहब उत्तरी भारत में स्वेच्छा से संघर्ष करने को क्या लोग तैयार हैं? इस पर राजा साहब ने उत्तरी भारत से ही आजादी की अलख जगाने का संकल्प लिया।

राजा महेंद्र प्रताप शिक्षा एवं नारी शिक्षा के माध्यम से आंदोलन को आगे बढ़ाना चाहते थे। शिक्षा से ही देश प्रेम होगा अतः महिलाओं को शिक्षित करना जरूरी है। 15 अगस्त 1914 में प्रेम महाविद्यालय का वार्षिक सम्मेलन हुआ जिसकी अध्यक्षता आर्यन् पेशवा के मित्र आगरा के कमिशनर मि. डैंपियर ने की। मथुरा के डीएम (कलेक्टर) भी बुलाए गए। आर्यन् पेशवा महेंद्र प्रताप जी ने अपने समापन भाषण में कहा – "हम अन्याय को गद्दी से उतार कर न्याय को बिठायेंगे"। इस प्रकार के कथन को सुनकर उनके मित्र कमिशनर मि. डैंपियर ने नाराजगी जाहिर करते हुए कहा कि यह भाषण अंग्रेजो के खिलाफ है। इस पर मिस्टर डैंपियर कमिशनर को राजा साहब ने दो टूक जवाब दिया कि "मैं अंग्रेजी राज्य का भुरता बना दूंगा।" इस प्रकार राजा साहब अंग्रेजो के खिलाफ आग उगलने वाले प्रथम महारथी बन गए।

वे अब अंग्रेजों की आंखों में खटकने लगे। उनके क्रांतिकारी विचारों को समाचार पत्रों में निकाला जाने लगा। एक संपादक और पत्रकार बुलाकीराम "कॉस्मापॉलिटन" नामक पत्रिका में राजा साहब के आजादी के विचारों को प्रथम पृष्ठ पर छापने लगे। स्वयं राजा साहब ने भी प्रेम नामक समाचार पत्र भी निकालना प्रारंभ किया इससे आजादी की चिंगारी और सुलगने लगी।

अब अंग्रेज सरकार राजा महेंद्र प्रताप को भी देशद्रोह का आरोप लगाकर जेल में सड़ाना चाहती थी। राजा साहब ब्रिटिश सरकार की चालबाजी से परिचित थे। वे जेल में सड़ने की बजाय बाहर रहकर भारत की आजादी की लड़ाई लड़ना चाहते थे। उन्हें ब्रिटिश सरकार फूटी आंख नहीं सुहाती थी। प्रथम विश्व युद्ध प्रारंभ हुआ। इंग्लैंड ने जर्मन पर आक्रमण कर दिया। वैसे इंग्लैंड और जर्मन में ममेरे फुफेरों का राज्य था। राजा के दोनों ही शत्रु थे पर राजा ने जर्मन का साथ देने की घोषणा कर दी। 20 अगस्त 1914 को रात 10.00 बजे अपनी पत्नी को रोते बिलखते छोड़ कर (धर्म नामक बंग्ले से) विदा हुए। उनकी 5 वर्षीय पुत्री 'भक्ति' ने यह नजारा देखा। प्रेम महाविद्यालय को सेठ नारायणदास बी.ए., कु. हुकम सिंह एवं स्वामी श्रद्धानंद के पुत्र हरीशचंद्र को सौंप कर देहरादून होते हुए बम्बई पहुंचे। राजा साहब बम्बई से लंदन कूच कर गए लेकिन हवाई जहाज का टिकट नहीं था।

लंदन से आर्यन् पेशवा जिनेवा पहुंचे। वहां क्रांतिकारी श्यामजी कृष्ण वर्मा ने गर्मजोशी से उनका स्वागत किया। राजा साहब ने लाला हरदयाल एम.ए. से भेंट की और जर्मन के शासक चांसलर कैसर से मिलने गए। जिनेवा में सरोजिनी नायडू के भाई चट्टोपाध्याय के घर ठहरे व देश की आजादी पर विचार किया। 10 फरवरी 1915 में दोनों बर्लिन पहुंचे। जर्मन के चांसलर ने आर्यन् पेशवा के कहने पर भारत के समस्त राजाओं को पत्र लिखा कि "लुटेरे अंग्रेजो के खिलाफ देसी रियासतों के राजा सब लामबंद हो जाओ।" जर्मन ने भारत का साथ देने का वायदा किया और चांसलर ने राजा साहब को डेढ़ लाख रुपए देकर अफगानिस्तान भेजा। शिकागो, बुल्गारिया होते हुए कभी पैदल, कहीं ऊंट, घोड़ा तथा रेल मार्ग से सफर तय किया। इराक, ईरान होते हुए २ अक्टूबर 1915 को काबुल में प्रवेश किया। अफगानिस्तान कभी भारत का राज्य हुआ करता था। वहां हमारा खून का रिश्ता है।

1 दिसंबर 1915 को राजा साहब ने अस्थाई हिन्द सरकार की स्थापना कर कहा "आज अपने भारतवर्ष के पुराने राज्य से जिसकी राजधानी काबुल है अस्थाई हिन्द सरकार के गठन का प्रस्ताव रखता हूं। आज बारह सौ वर्ष से गुलामी के जुए को फेंकते हुए पहली सरकार बनाएं जो दुष्ट दमनकारी अंग्रेजों को भारत से

खदेड़ने के लिए विश्व स्तर पर भारत का प्रतिनिधित्व करेगी। आजादी मिलने के बाद यह सरकार प्रतिनिधि दिल्ली में एक स्थाई लोकतांत्रिक सरकार का गठन करेगी।" उपस्थित समूह ने सर्वसम्मति से हाथ उठाकर समर्थन किया। अस्थाई हिन्द सरकार के आर्यन् पेशवा राजा महेंद्र प्रताप राष्ट्रपति चुने गए और राष्ट्रपति ने अपना मंत्रिमंडल चुना। अफगानिस्तान के साथ जम्मू कश्मीर के राजा हरीसिंह तथा नाभा स्टेट ने मान्यता दे दी। साथ ही अफगानिस्तान बादशाह हबीबुल्ला ने पचास हजार अफरीदी जाटों की सेना का गठन कर राजा को सौंप दी। राजा साहब ने इस सेना का नाम "विश्व सेना" रखा। यह खबर विश्व में आग की तरह फैल गई। भारतीय राष्ट्रीय कांग्रेस को इससे सदमा लगा। सारे विश्व में हड़कंप मच गया क्योंकि अंग्रेजों के राज्य में सूरज नहीं छिपता था। अब आर्यन् पेशवा राष्ट्रीय नहीं, अन्तरराष्ट्रीय नेता बन चुके थे। अंग्रेज किसी भी प्रकार महेंद्र प्रताप को गिरफ्तार करना चाहते थे। इस दौरान राजा साहब ने रूस से भी संधि कर ली। उन पर पूरा खर्च अफगान सरकार कर रही थी इसी कारण अंग्रेजों ने

1919 में अफगानिस्तान पर युद्ध थोप दिया। इस युद्ध में राजा साहब की "विश्व सेना" ने अफगानिस्तान की भारी मदद की और अंग्रेजों को जनधन की बहुत हानि हुई। राजा साहब अब तक नेपाल से भी संधि कर चुके थे। तुर्की के अकाल समय में राजा ने अफगान एवं ताशकंद (रूस) से सहायता दिलाई। बाद में

स्विट्जरलैंड के विदेश मंत्री 'मौथ' से मिले। वहां भी मित्रता कर आश्वस्त हुए फिर जापान पहुंचे। जापान के शहर याकोहामा में रासबिहारी बोस से भेंट हुई। जापान के लोगों ने "मार्को पोलो" की उपाधि से अलंकृत किया। साथ ही बताया कि जापान भी आपके जम्बूद्वीप का एक भाग है क्योंकि संपूर्ण एशियाई देशों को वैदिक काल में जम्बूद्वीपे भरतखण्डे आर्यावर्त........ परिसर में माना गया है।

जापान से राजा साहब चीन पहुंचे। वहां चीन की संसद को संबोधित कर प्रथम भारतीय बने। यह भाषण विश्व की सभी भाषाओं में छपा। इस भाषण से पूरे विश्व में आर्यन् पेशवा की धाक जम गई। अंग्रेजी करतूतों से सावधान रहते हुए पुनः जापान लौट आए। राजा साहब ने 1922 में अफगान के बादशाह के सहयोग से "आजाद हिंद फौज" का गठन किया। बाद में इसी आजाद हिन्द फौज को रासबिहारी बोस ने चलाया। जिसे बाद में सुभाष चंद्र बोस ने पुनर्गठित कर संवारा और निखारा था। इसी सेना ने भारत की आजादी में महत्वपूर्ण भूमिका निभाई थी।

राजा साहब जापान से मंगोलिया फिर चीन पहुंचकर रूस का वीजा प्राप्त कर 21 जून 1923 में रूस की सीमा में प्रवेश किया। 1 जनवरी 1925 को न्यूयॉर्क पहुंचे। 6 नवंबर 1925 को तिब्बत में प्रवेश किया। राजा साहब तिब्बत को स्वर्ण भूमि, सृष्टि की उत्पत्ति, आर्य ग्रंथों के आधार मानते थे। तिब्बत अब बौद्ध की धरती, एशिया की धड़कन एवं संसार की छत है। 15 जुलाई 1927 को सीलोन (लंका) पहुंच कर एक सेमिनार में छात्रों को संबोधित करते हुए कहा कि "अधिकार गिड़गिड़ा ने से नहीं मिलते उनके लिए कुर्बानी देनी पड़ती है। अधिकार छीने जाते हैं। एक दिन अंग्रेज भागते नजर आएंगे आप देख सकेंगे"। इसी दौरान 1 सितंबर 1929 को बर्लिन में "संसार संघ" की नींव रखी एवं राजा साहब ने तीन प्रस्ताव रखे (1) मेरा मानव धर्म है (2) सब सरकारें संकुचित विचार छोड़ें (3) सभी शिक्षित हो, नारी की शिक्षा के बिना उन्नति संभव नहीं है।

इसी दौरान न्यूयॉर्क में उनकी भेंट कर्नल इमरसन से हुई। इमरसन ने राजा को एशिया मैगजीन के संपादक से मिलवाया उसमें राजा साहब के लेख छपने लगे। इन लेखों ने आर्यन पेशवा को संसार संघ (यू.एन.ओ.) का बेताज बादशाह बना दिया।

एक बार संसार संघ के बारे में राजा साहब ने बोलते हुए कहा कि "संसार संघ का विचार ब्रज क्षेत्र में जन्मा, ईरान की राजधानी तेहरान में विचार ने मूर्त रूप लिया"। मास्को में राजा साहब ने लिखित रूप धारण किया और प्रचार प्रसार बर्लिन से हुआ। राजा साहब ने आगे कहा "मैं एक ऐसा स्वतंत्र एवं किस्मत का खुद

फैसला करने वाला आर्यन् देश चाहता हूं जिसमें हिंदू, मुस्लिम, ईसाई इत्यादि सब मिलकर रहें। विश्व की एक राजधानी हो और एक सरकार। सारी दुनिया को राज्यों में बांटा जाए। संपूर्ण एशिया एक आर्यन् स्टेट होगी जिसमें भारत, चीन, तिब्बत, मंगोलिया, ईरान, ईराक, अफगान आदि समस्त देश आर्यन् होंगे"।

राजा साहब आगे लिखते हैं कि "गांधी और उसके पिछलग्गुओं ने इस सशस्त्र क्रांति का विरोध कर अंग्रेजों का साथ दिया है"। 06 एवं 09 अगस्त 1945 की बम्ब घटना ने युद्ध का पासा पलट दिया और राजा साहब को अमेरिका ने जापान का समर्थक मानकर सुगानो जेल में डाल दिया।

इनकी पुत्री 'भक्ति' ने सारा जीवन विवाह नहीं किया क्योंकि विवाह की योग्यता के समय राजा विदेशों में रह कर आजादी को संघर्ष कर रहे थे और भक्ति देवी ने प्रण कर रखा था कि "जब तक पिताजी नहीं लौटेंगे मैं विवाह नहीं करूंगी"। 14 फरवरी 1946 को अमेरिका ने राजा साहब को सुगानो जेल से रिहा किया। लगभग 32 वर्ष बाद आर्यन् पेशवा ने भारत भूमि पर पग रखे तब तक भक्ति देवी की आयु विवाह की योग्यता से निकल चुकी थी। यह एक नारी का राष्ट्र की स्वतंत्रता के योगदान में कितना बड़ा तप था ऐसी मिसालें भारत में ही नहीं विश्व में भी ढूंढने से नहीं मिलती। 9 अगस्त 1946 को भारत में लगभग 32 वर्ष के निष्कासन के बाद वृंदावन पहुंच कर अपने पहले भाषण में कहा था "जब एक भारतीय नौजवान इंग्लैंड में जाकर भरी सभा में जनरल डायर को सरेआम गोलियों से भून सकता है तो यहां अंग्रेज कैसे राज कर सकते हैं। 24 घंटे में दीनबंधु सर छोटूराम की चेतावनी से जिन्ना पंजाब से भाग सकता है तो मुस्लिम लीग पाकिस्तान कैसे बनवा सकती है। मैं ब्रिटिश सेना के सैनिकों से कहता हूं कि ब्रिटिश आदेशों का हुकुम ना माने, ब्रिटिश साम्राज्य का अंत निकट है। गोरी चमड़ी वाले अंग्रेजों को जाना ही होगा। उन्हें याद रखना चाहिए कि उनका सामना मुरसान नरेश महेंद्र प्रताप से है अतः चुपचाप चले जाने में भलाई है"। उन्होंने नारा दिया दिल्ली पकड़ो आगे बढ़ो। आजादी हमारा जन्मसिद्ध अधिकार है।

1956 में मुरसान नरेश राजा महेंद्र प्रताप ने मथुरा से लोकसभा का चुनाव लड़ा। पूर्व प्रधानमंत्री स्व. अटल बिहारी एवं कांग्रेस के दिग्गज जाट नेता दिगम्बर सिंह को चुनावों में ऐसी पटखनी दी कि अटल बिहारी वाजपेयी की जमानत भी जब्त हो गई। उनका दिल्ली पकड़ो का स्वप्न पूरा हुआ।

आर्यन पेशवा महेंद्र प्रताप की भारतीय स्वतंत्रता आंदोलन में कितनी महती भूमिका है यह तो पाठक एवं सुधी श्रोता ही निर्णय करेंगे। लेकिन गोरों को तो छोड़ो, सत्ता की मलाई खाने वालों में ऐसे अनेक महामहिमों की आज भी उपेक्षा हो रही

है। वर्तमान सृष्टि में सर्वाधिक अज्ञातवास राजा साहब का रहा है। संसार का प्रथम राजा जिसने अपनी संपूर्ण संपति तकनीकी शिक्षा प्रेम महाविद्यालय को दान में दी। यह सब आर्य संस्कृति से प्रभावित होकर न्योछावर किया। वे हिन्दू के स्थान पर आर्यन् राष्ट्र का सपना साकार करना चाहते थे। ऐसे क्रांतिकारी आर्यन् पेशवा राजा महेंद्र प्रताप 29 अप्रैल 1979 को स्वर्ग यात्रा को प्रस्थान कर राष्ट्र भावना की प्रेरणा के अद्भुत देवदूत बन गये थे।

विशेष प्रसंग

1. देश के बंटवारे पर राजा साहब ने महात्मा गांधी को खूब फटकारा। दो अंग्रेज अधिकारी विल जॉनसन एवं कायल जॉनसन लिखते हैं कि राजा साहब देश के बंटवारे के कट्टर विरोधी थे। वे कहते थे कि इन नेताओं का कुछ नहीं बिगड़ेगा, नागरिकों का खून बहता रहेगा और सीमा पर लाशें गिरती रहेंगी। गांधी, नेहरू को डर था कि राजा साहब कहीं अस्थाई हिन्द सरकार को स्थाई हिन्द सरकार में ना बदल दें। एशिया के अनेक देश राजा को सरकार बनाने की मान्यता दे सकते हैं ऐसे में मेरी प्रधानमंत्री की कुर्सी खिसकने में देर नहीं लगेगी।

2. देश स्वतंत्र होने के बाद पाक राष्ट्रपति एवं प्रधानमंत्री ने कराची में एक विशाल भोज का आयोजन किया। इसमें राजा साहब को सादर आमंत्रित किया। भोज में एक मुसलमान मंत्री ने कहा कि राजा साहब आप तो पाकिस्तान को मिटाना चाहते थे। इससे पहले राजा साहब कुछ कहते वहां के प्रधानमंत्री लियाकत खां बोल उठे कि "राजा साहब तो हिंदुस्तान को भी मिटाने की बात करते हैं वे तो आर्यन् देश बनाना चाहते हैं। भई हम तो उनकी योजना पर खुश हैं। राजा साहब नेहरू को मना लें, मैं आपकी योजना पर हस्ताक्षर कर दूंगा"। राजा साहब ने नेहरू से दोनों देशों को एक करने की सलाह दी तो नेहरू ने कहा कि राजा साहब जैसे तैसे इनसे पीछा छूटा है इन्हें फिर से मत मिलाओ। इस पर राजा साहब ने नेहरू से स्पष्ट कहा कि "आपकी हठधर्मी भविष्य में खतरनाक सिद्ध होगी। जब तक पाकिस्तान है बर्बादी होती रहेगी।" स्वतंत्रता आंदोलन के समस्त प्रथम पंक्ति के नेताओं की गांधी एवं नेहरू के सामने हैसियत इतनी बौनी हो गई थी कि सब तमाशबीन बनकर रह गए थे। चिंतन करने का विषय है कि आर्यन् पेशवा ने आर्यन् राष्ट्र की बात सोच समझ कर रखी थी कि विश्व का मुसलमान अपने को हिन्दू ना कहकर आर्यन् होने में अपना स्वाभिमान समझता है। क्योंकि उनके शब्दकोश में हिन्दू का अर्थ काफिर, चोर, लुटेरा है और आर्य ही श्रेष्ठ है। अतः वर्तमान नेताओं को चिंतन करने का शुभावसर है कि राजा महेंद्र प्रताप का विचार समस्त भूमंडल को प्रेरणास्पद है। आदि ऋषि ब्रह्मा से लेकर गौतम, कपिल, कणाद, भृगु, श्रीराम,

योगीराज कृष्ण,मदालसा, मैत्रेयी, गार्गी, अपाला, घोषा, सीता, सावित्री, अनुसूया, महर्षि वेदव्यास, जैमिनी पर्यंत सभी ने आर्य संस्कृति का संवर्धन किया है। इसे महर्षि दयानंद सरस्वती ने अपने कालजयी ग्रंथ "सत्यार्थ प्रकाश" में भी उद्धृत किया है।

"राष्ट्रपिता कौन महात्मा गांधी या राजा महेंद्र प्रताप" पुस्तक एवं उनके भाषण के अंश"

संकलनः गजेंद्र सिंह आर्य, राष्ट्रीय वैदिक प्रवक्ता, जलालपुर (अनूपशहर), बुलंदशहर, उत्तर प्रदेश – 203390 +91-9783897511

संदर्भ भारत ब्यूरो

राजा महेन्द्र प्रताप सिंह विश्व विद्यालय अलीगढ़ की आधार शिला रखी

दिनांक 14 सितम्बर 2021 दिन मंगलवार को माननीय प्रधानमंत्री श्री नरेन्द्र मोदी जी भारत सरकार ने माननीय मुख्य मंत्री उत्तर प्रदेश सरकार श्री योगी जी की उपस्थिति में राजा महेन्द्र प्रताप सिंह विश्व विद्यालय अलीगढ़ की आधार शिला रखी। प्रस्तावित लागत 100 करोड़ तथा निर्माण अवधि लगभग 2 वर्ष निश्चित किया गया है ।

11

हरियाणा का स्वातन्त्र्य संग्राम

हरियाणा का स्वातन्त्र्य संग्राम

हरियाणा का स्वातन्त्र्य संग्राम

लेखक - स्वामी ओमानन्द सरस्वती (आचार्य भगवान् देव) - (पृष्ठ - 112-150)

दिल्ली के चारों ओर डेढ़ सौ - डेढ़ सौ मील की दूरी तक का प्रदेश हरियाणा प्रान्त कहलाता है । सारे प्रान्त में जाट, अहीर, गूजर, राजपूत आदि योद्धा (जुझारू) जातियां बसती हैं । इसीलिये हरियाणा ने इस युद्ध में सब प्रान्तों से बढ़-चढ़कर भाग लिया था । इसी प्रान्त के एक भाग मेरठ में यह क्रान्ति की चिन्गारी सब से पहले सुलगी और शनैः-शनैः सारे भारत में फैल गई । इस स्वतन्त्रता के युद्ध के शान्त होने पर हरियाणा प्रान्त की जनता पर जो भीषण अत्याचार अंग्रेजों ने किए उनको स्मरण करने से वज्रहृदय भी मोम हो जाता है । कोटपुतली जयपुर राज्य के ठिकाने खेवड़ी के राजा को दे दिया । इसी के फलस्वरूप अंग्रेजों ने इस प्रान्त को अनेक भागों में विभाजित करके इस वीर प्रान्त की संगठन शक्ति को चूर-चूर कर दिया । मेरठ, आगरा, सहारनपुर आदि इसके भाग उत्तर-प्रदेश में मिला दिये । भरतपुर, अलवर आदि राजस्थान में मिला दिये । कुछ भाग को दिल्ली प्रान्त का नाम देकर के पृथक कर दिया । नारनौल को पटियाला राज्य, बावल को नाभा और दादरी-नरवाना को जीन्द स्टेट, जो फुलकिया राज्य कहलाते हैं, उन में मिला दिया जो झज्जर प्रान्त के भाग थे । शेष गुड़गावां, रोहतक, हिसार, करनाल आदि

को पंजाब में मिला दिया । इस प्रकार हरियाणा की वीर-भूमि को खण्डशः करके नष्ट-भ्रष्ट कर दिया ।

हरियाणा के एक एक ग्राम ने बड़ी वीरता से अंग्रेज के साथ युद्ध किया है, आज उन सब का इतिहास नहीं मिलता । आज तक सन् 57 के क्रान्तियुद्ध में भाग लेने वाले अनेक ग्रामों के वीर भूमिहीन कृषक के रूप में अपने कष्टपूर्ण दिन काट रहे हैं । जैसे लिबासपुर, कुण्डली, भलागढ़, खामपुर, अलीपुर, हमीदपुर, सराय इत्यादि जी. टी. रोड, जो दिल्ली से लाहौर की ओर जाता है, उस पर बसते हैं । कुछ ग्रामों के विषय में संक्षेप से लिखता हूं ।

लिबासपुर का बलिदान

जी. टी. रोड में से एक टुकड़ा सड़क का सोनीपत को जाता है, उसी स्थान पर यह गाँव बसा हुआ है । उस समय से अब तक इसमें जाटकुल क्षत्रिय बसते हैं । क्रांतियुद्ध के समय उदमी राम नाम का एक वीर युवक इसी ग्राम का निवासी था, जो अंग्रेज सैनिक दिल्ली से भागकर इधर से जते थे, यह उनके साथ युद्ध करता था । इसने अपने 22 वीर योद्धाओं का एक संगठन बना रखा था, जो अत्यन्त वीर, स्वस्थ, सुन्दर, सुदृढ़ शरीर वाले युवक थे । अतः उस सड़क पर से गुजरने वाले अंग्रेज सैनिकों को चुन-चुन कर मारते थे और सब को समाप्त कर देते थे । एक दिन एक अंग्रेज अपने धर्मपत्नी सहित ऊंटकराची में जी. टी. रोड पर देहली से पानीपत को जा रहा था । जब वह लिबासपुर के निकट आया तो इन वीरों ने उसे पकड़ लिया और अंग्रेज को तो उसी समय मार दिया, किन्तु भारतीय सभ्यता के अनुसार उस अंग्रेज औरत को नहीं मारा । ग्राम के कुछ दुष्ट प्रकृति के लोगों ने उस अंग्रेज स्त्री को गांव के चारों ओर मई की धूप में चक्कर लगवाया और खलिहान (पैर) में बैलों का गांहटा भी हंकवाया । इस प्रकार की घटनाओं को कुछ इतिहास लेखक झूठी और अंग्रेजों की घड़ी हुई बतलाते हैं । हरियाणा के ही नहीं, बल्कि सभी भारतीयों ने अंग्रेजी देवियों और बच्चों पर कहीं अत्याचार नहीं किए । सायंकाल भालगढ़ में रहने वाली बाई जी (ब्राह्मणी) को उस अंग्रेज स्त्री की देखभाल के लिए सौंप दिया । उसे समुचित भोजन वस्त्रादि देकर सेवा की । इस घटना के समाचार आस पास के सभी ग्रामों में फैल गये । कितने ही बाहर के ग्रामों के लोग समाचार जानने के लिए लिबासपुर आये । इनमें राठधना निवासी सीताराम भी था । उसने ग्राम में आकर सब वृत्त को जानने का विशेष यत्न किया और भालगढ़ ग्राम में बाई जी के पास, जहां वह अंग्रेज स्त्री ठहरी थी, उसके पास

भी पहुंच गया । उस अंग्रेज स्त्री को इन्होंने बता दिया कि लिबासपुर के उदमीराम, गुलाब, जसराम, रामजस, रतिया आदि ने बहुत से अंग्रेजों को मृत्यु के घाट उतारा है और तुझे भी मारने का षड्यंत्र कर रहे हैं । सीताराम और बाई जी ने उस अंग्रेज महिला के साथ गुप्त मन्त्रणा की । उस अंग्रेज देवी ने इन्हें अनेक प्रकार के वचन दिये और प्रलोभन दिया कि यदि आप मुझे रातों रात पानीपत के सुरक्षित स्थान पर जहां अंग्रेजों का कैंप है, पहुंचा दो तो बहुत सारी सम्पत्ति मैं दोनों को दिलवाऊंगी । उन दोनों ने सवारी का प्रबन्ध करके उसे पानीपत में अंग्रेजों के कैम्प में पहुंचा दिया । युद्ध शान्त होने पर क्रांतियुद्ध के समय की कई रिपोर्टों के आधार पर अंग्रेजों ने लोगों को दण्ड और पारितोषिक देना आरम्भ किया और अपने निश्चित कार्यक्रम के अनुसार एक दिन अंग्रेज सेना ने प्रातःकाल चार बजे लिबासपुर ग्राम को चारों ओर से घेर लिया । उदमी, जसराम, रामजस, सहजराम, रतिया आदि वीर योद्धाओं ने अपने साधारण शस्त्र जेली, तलवार, गण्डासे, लाठियां और बल्लम संभाले, किन्तु ये गिने चुने वीर साधारण शस्त्रों के एक बहुत बड़ी अंग्रेज सेना के साथ जो आधुनिक शस्त्रों से सुसज्जित थी, कब तक युद्ध कर सकते थे ? बहुत से मारे गए और शेष सब गिरफ्तार कर लिए गए । गिरफ्तार हुए व्यक्तियों की पहचान के लिए देश-द्रोही बाई जी और सीताराम को बुलाया गया । उन्होंने जिन जिन व्यक्तियों को बताया कि इन्होंने अंग्रेज मारे हैं, गिरफ्तार कर लिए गए । सारे ग्राम को बुरी प्रकार से लूटा गया । तीस पैंतीस बैलगाड़ियां गांव के तमाम धन-धान्य, मूल्यवान सामान से भर कर देहली भेज दीं गईं । ग्राम की सब स्त्रियों के आभूषण बलपूर्वक छीन लिए गए । किसी व्यक्ति के पास कुछ भी न रहने दिया । शेष गांव के निवासी मृत्यु के भय से गांव छोड़कर भाग गये और जीन्द राज्य के रामकली ग्राम, झज्जर तहसील के खेड़का ग्राम में और सोनीपत तहसील के कल्याणा और रत्नगढ़ ग्राम में जाकर बस गये । ये लोग इन ग्रामों में तीन वर्ष तक बसे रहे । जब तीन वर्ष के पश्चात् पूर्ण शान्ति हो गई, लौटकर अपने ग्राम में आये । ग्राम तीन वर्ष तक सर्वथा उजड़ा हुआ (निर्जन) पड़ा रहा । शान्ति होने पर सीताराम ने अपने सम्बन्धियों को मुरथल से तथा अन्य स्थानों से लाकर उस में बसा दिया और लिबासपुर का निवासी लिखवा दिया । उसने इस प्रकार की धूर्तता की । सीताराम ने इस ग्राम के कागजात में अपना नाम लिखवा दिया और लिबासपुर ग्राम को खरीदा हुआ बताया और कागजी कार्यवाही पूरी कर दी । तभी से लिबासपुर ग्राम सीताराम के बेटे पोतों की अध्यक्षता में है और कागजात में भी इसी प्रकार लिखा हुआ है ।

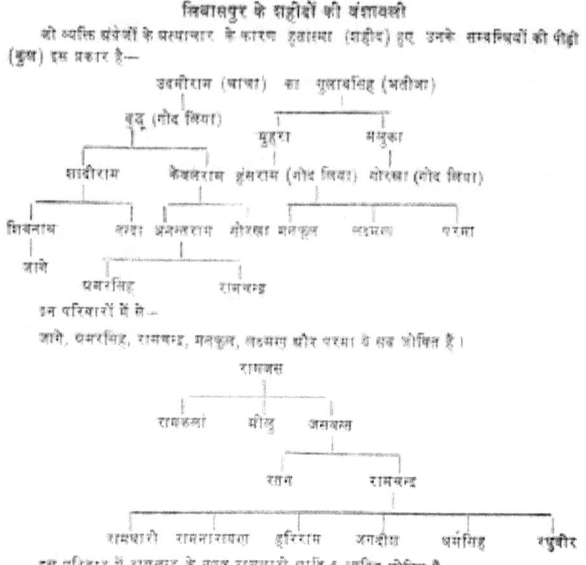

लिबासपुर

ग्राम के यथार्थ निवासी भूमिहीन (मजारे) के रूप में चले आ रहे हैं । गांव का कोई भी व्यक्ति एक बीघे जमीन का भी (बिश्वेदार) स्वामी नहीं है । ग्रामवासियों ने जो कष्ट सहन किये उनका लिखना सामर्थ्य से बाहर है । इन कष्टों को तो वे ही जानते हैं जिन्होंने उन्हें सहर्ष सहन किया है । जिन व्यक्तियों को गिरफ्तार किया था उन्हें राई के सरकारी पड़ाव में ले जाकर सड़क पर लिटाकर भारी पत्थर के कोल्हुओं के नीचे डालकर पीस दिया गया । उन कोल्हुओं में से एक कोल्हू का पत्थर अब भी 23वें मील के दूसरे फर्लांग पर पड़ा हुआ है ।

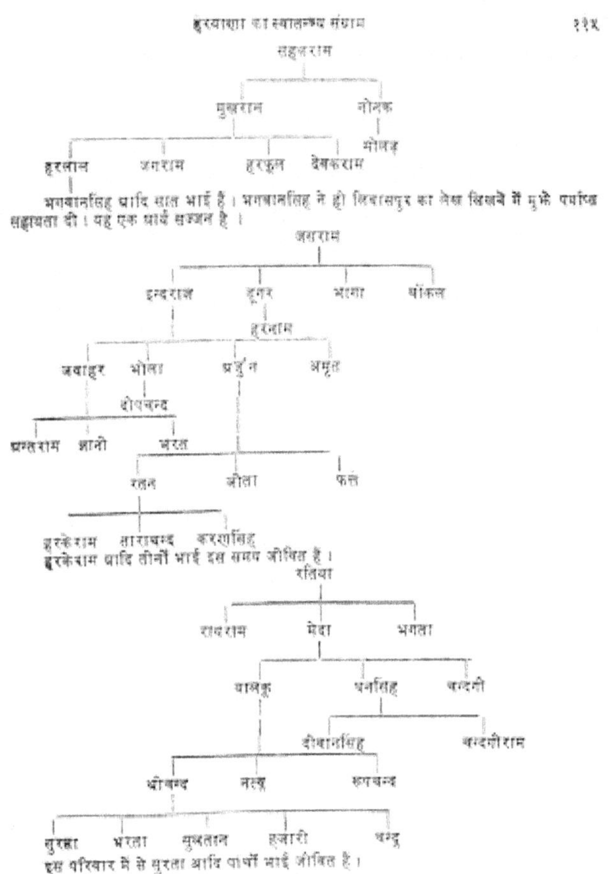

लिबासपुर

वीर योद्धा उदमीराम को पड़ाव के पीपल के वृक्ष पर बांधकर हाथों में लोहे की कीलें गाड़ दीं गईं, उनको भूखा-प्यासा रक्खा गया। पीने को जल मांगा तो जबरदस्ती उसके मुख में पेशाब डाला गया। अंग्रेजों का सख्त पहरा लगा दिया गया। भारत मां का यह सच्चा सपूत 35 दिन तक इसी प्रकार बंधा हुआ तड़फता रहा। इस वीर ने अपने प्राणों की आहुति देकर सदा के लिए हरियाणा प्रान्त और अपने गांव का नाम अमर कर दिया। उसके शव को भी अंग्रेजों ने कहीं छिपा दिया।

जो व्यक्ति अंग्रेजों के अत्याचार के कारण हुतात्मा (शहीद) हुए उनके सम्बन्धियों की पीढ़ी (कुल) इस प्रकार है –

लिबासपुर के शहीदों की वंशावली - देखिये ऊपर वाले चित्र -

यह लेख लिखने में श्री बलवीरप्रसाद चतुर्वेदी मुख्याध्यापक "संस्कृत हाई स्कूल लिबासपुर" बहालगढ़ से मुझे पूरी सहायता मिली । यह सामग्री एक प्रकार से आप ने ही इकट्ठी करके दी है । इसके लिए मैं आपका आभारी हूं । जब मैं आपके पास पहुंचा तो आपने तुरन्त स्कूल के सब कार्य छोड़कर मुझे यह लेख लिखने के लिए सामग्री लाकर दी और श्री भगवानसिंह आर्य भी लिबासपुर बुलाने से तुरन्त उसी समय आ गये । यह स्कूल पं. मनसाराम जी आर्य जाखौली निवासी ने खोला हुआ है जहाँ बैठकर मैंने यह सामग्री एकत्रित की । आपका सारा जीवन आर्यसमाज के प्रचार में बीता है ।

मुरथल का बलिदान

मुरथल ग्रामवासियों ने भी इसी प्रकार अत्याचारी अंग्रेजों के मारने में वीरता दिखाई थी । अंग्रेज शान्ति होने पर मुरथल ग्राम को भी इसी प्रकार का दण्ड देना चाहते थे । किन्तु नवलसिंह नम्बरदार मुरथल निवासी अंग्रेज सेना को मार्ग में मिल गया । अंग्रेज सेना ने उससे पूछा कि मुरथल ग्राम कहाँ है? तो नम्बरदार ने बताया कि आप उस गांव को तो बहुत पीछे छोड़ आये हैं । उस समय अंग्रेज सेना ने पीछे लौटना उचित न समझा और यह बात नम्बरदार की चतुराई से सदा के लिए टल गई । देशद्रोही सीताराम को इनाम के रूप में लिबासपुर ग्राम सदा के लिए दे दिया और उस बाई जी (ब्राह्मणी) को बहालगढ़ गांव दे दिया । आज भी इन दोनों ग्रामों के निवासी भूमिहीन (मजारे) कृषक के रूप में अपने दिन कष्ट से बिता रहे हैं । देश को स्वतन्त्र हुए 38 वर्ष हो गए किन्तु इनको कोई भी सुविधा हमारी सरकार ने नहीं दी । इनके पितरों (बुजुर्गों) ने देश की स्वतन्त्रता के लिए अपने सर्वस्व का बलिदान दिया । किन्तु किसी प्रकार का पारितोषिक तो इनको देना दूर रहा, इनकी भूमि भी आज तक इनको नहीं लौटाई गई । सन् 1957 में स्वतन्त्रता के प्रथम युद्ध की शताब्दी मनाई गई, किन्तु देशभक्त ग्रामों को पारितोषिक व प्रोत्साहन तो देना दूर रहा, किसी राज्य के बड़े अधिकारी ने धैर्य व सान्त्वना भी नहीं दी । मेरे जैसे भिक्षु के पास देने को क्या रखा है, यह दो चार पंक्तियां इन देशभक्तों के लिए श्रद्धांजलि के रूप में इस बलिदानांक में लिख दी हैं । इस प्रकार के सभी देशभक्त ग्रामों के लिए यही श्रद्धा के पुष्प भेंट हैं ।

कुण्डली का बलिदान

सूबा देहली में नरेला के आस-पास लवौरक गोत्र के जाटकुल क्षत्रियों के दस बारह ग्राम बसे हुए हैं । उनमें से ही यह कुण्डली ग्राम सोनीपत जिले में जी. टी. रोड पर है । इस ग्राम के निवासियों ने भी सन् 1857 के स्वतन्त्रता युद्ध में बढ़ चढ़ कर भाग लिया था । यहां के वीर योद्धाओं ने भी इसी प्रकार अत्याचारी भागने वाले अंग्रेज सैनिकों का वध किया था ।

एक अंग्रेज परिवार ऊँटकराची में बैठा हुआ इस गांव के पास से सड़क पर जा रहा था । वे चार व्यक्ति थे, एक स्वयं, दो उसके पुत्र और एक उसकी धर्मपत्नी । जब वे चारों इस ग्राम के पास आए तो गांव के लोगों ने ऊँटकराची को पकड़ लिया । ऊँट को भगा दिया और कराची को एक दर्जी के बगड़ में बिटोड़े में रखकर भस्मसात् कर दिया । उस अंग्रेज और उसके दोनों लड़को को मार दिया । उस देवी को भारतीय सभ्यता के अनुसार कुछ नहीं कहा । उसे समुचित भोजनादि की व्यवस्था करके गांव में सुरक्षित रख लिया । जब युद्ध की समाप्ति पर शान्ति हुई तो एक अंग्रेज नरेला के पास पलाश-वन में, जो कुण्डली से मिला हुआ है, शिकार खेलने के लिए आया । उसकी बन्दूक के शब्द को सुनकर अंग्रेज स्त्री आंख बचाकर उसके पास पहुंच गई और उसने अपने परिवार के नष्ट होने की सारी कष्ट-कहानी उसको सुना दी । वह उसे अपने साथ लेकर तुरन्त देहली पहुंच गया । एक किंवदन्ती यह भी है कि उस कराची में 80 हजार का माल था जो उस ग्राम वालों ने लूट लिया । अंग्रेज आदि उस समय कोई कत्ल नहीं किया । वह माल लूटकर इस भय से कभी तलाशी न हो, नरेला भेज दिया गया । कुण्डली ग्राम के कुछ निवासी इस घटना को असत्य भी बताते हैं । कुछ भी हो, इस ग्राम को दण्ड देने के लिए एक दिन प्रातः चार बजे अंग्रेजी सेना ने आकर घेर लिया ।

ग्राम के वस्त्र, आभूषण, पशु इत्यादि सब अंग्रेजी सेना ने लूट लिये और सारे पशु इत्यादि को अलीपुर ले जाकर नीलाम कर दिया । स्त्रियों के आभूषण बलपूर्वक उतारे गये, यहां तक कि भूमि खोद-खोद कर गड़ा हुआ धन भी निकाल लिया गया । बहुत से व्यक्ति तो जो भागने में समर्थ थे, ग्राम को छोड़कर भाग गए । ग्राम के कुछ मुख्य-मुख्य आदमी जो भागे नहीं थे, गिरफ्तार कर लिए गए । कुछ व्यक्ति ग्राम के सर्वनाश का एक कारण और भी बताते हैं । जब अत्याचारी मिटकाफ जो काणा साहब के नाम से प्रसिद्ध था और हरियाणा के वीर ग्रामों को दण्ड देता और आग लगाता हुआ फिर रहा था, वह नांगल की ओर से आया तो कुछ व्यक्ति उसके स्वागत के लिए दूध इत्यादि लेकर नांगल की ओर चले गए । वे मार्ग में ही इसका स्वागत करके अपने गांव को बचाना चाहते थे । किन्तु उस दिन मिटकाफ ने दूसरे

किसी ग्राम का प्रोग्राम नांगल, जाखौली इत्यादि का बना लिया । कुण्डली वाले विवश हो लौट आये । जिस समय यह लौट रहे थे, तो अंग्रेजी सरकार की चौकी पर मालिम नाम का व्यक्ति रहता था । उसने ग्रामवासियों से दूध मांगा कि यह दूध मुझे दे जाओ, किन्तु चौधरी सुरताराम जो कठोर प्रकृति के थे, उसे यह कहकर धमका दिया कि तेरे जैसे तीन सौ फिरते हैं, तेरे लिए यह दूध नहीं है । उस व्यक्ति ने कहा - अच्छा, मुझे भी उन तीन सौ में से एक गिन लेना, समय पड़ने पर मैं भी आप लोगों को देखूंगा । उसी व्यक्ति ने मिटकाफ साहब को सूचना दी कि अंग्रेजों को कुण्डली ग्राम वालों ने मारा है । और अंग्रेज अपनी सेना लेकर ग्राम पर चढ़ आये । निम्नलिखित व्यक्तियों को गिरफ्तार किया –

1- श्री सुरताराम जी, 2- उनक पुत्र जवाहरा, 3- बाजा नम्बरदार 4- पृथीराम 5- मुखराम 6- राधे 7- जयमल । कुछ व्यक्ति जो और भी गिरफ्तार हुए थे, उनके नाम किसी को याद नहीं । यह लोकश्रुति है कि 14 व्यक्ति गिरफ्तार किए गए थे - ग्यारह को दण्ड दिया गया और तीन को छोड़ दिया गया । इनमें से 8 को एक-एक वर्ष का कारागृह का दण्ड मिला । तीन को अर्थात् सुरताराम, उनके पुत्र जवाहरा तथा बाजा नम्बरदार को आजन्म काले पानी का दण्ड दिया गया । इनको अण्डमान द्वीप (कालेपानी में) भेज दिया गया । वहां पर चक्की, कोल्हू, बेड़ी इत्यादि भयंकर दण्ड देकर खूब अत्याचार ढ़ाये गये । अतः ये तीनों वीर अपने देश की स्वतन्त्रता के लिए बलिवेदी पर चढ़ गये, इनमें से कोई लौटकर नहीं आया । इसके विषय में लोगों ने बताया कि जब इनको गिरफ्तार करके ले जाने लगे तो बाजा नम्बरदार ने सुरता नम्बरदार को कहा - यह ग्राम सुख से बसे, हम तो लौटकर आते नहीं । सुरता ने कहा - बाजिया, तू तो यों ही घबराता है, मेरे माथे में मणि है (अर्थात् मैं भाग्यवान् हूं), हम अलीपुर व देहली से ही छूटकर अवश्य घर लौट आयेंगे, हमारा दोष ही क्या है ? बात यथार्थ में यह है कि अंग्रेजों ने खूब यत्न किया । इस ग्राम के द्वारा अंग्रेजों के कत्ल के अभियोग को सिद्ध नहीं क्या जा सका । सुरता की बात सुनकर बाजा ने कहा - जिनके ढोर, पशुधन आदि ही नहीं रहा, वह लौटकर कैसे आयेगा ? हुआ भी ऐसा ही । ये तीनों बहीं पर समाप्त हो गए । जो इस ग्राम के वीर स्वतन्त्रता की बलिवेदी पर चढ़े, उन की पीढ़ियां निम्न प्रकार से हैं -

कुंडली के शहीदों की वंशावली

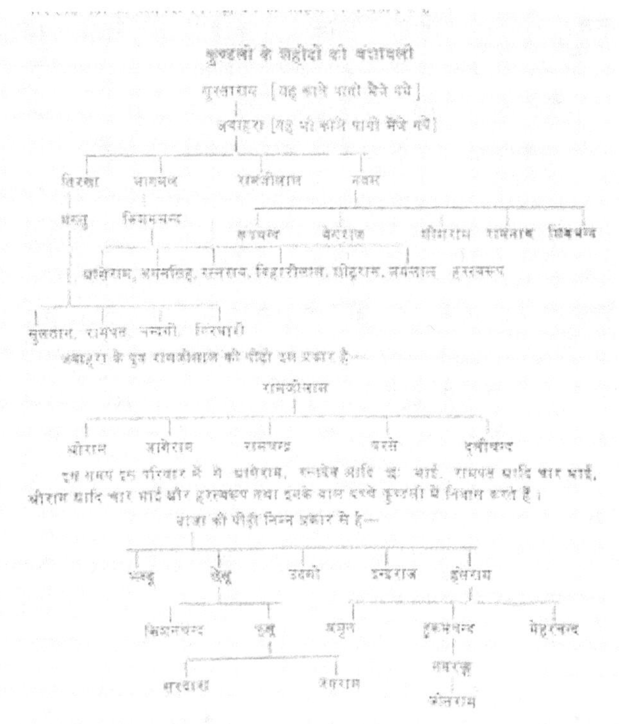

Kundali Martyrs

आजकल कुंडली ग्राम के स्वामी सोनीपत निवासी ऋषिप्रकाश आदि हैं, यह ग्राम उनको किस प्रकार मिला, इसके विषय में यह किंवदन्ती है कि सोनीपत निवासी मामूलसिंह नाम का ब्राह्मण (मोहरिर) लेखक था। सड़क पर एक आदमी की लाश पड़ी थी। कोई यह कहता है कि वह किसी अनाथ का ही शव था। उसके ऊपर वस्त्र डालकर उसके पास बैठकर मामूलसिंह रोने लगा। जब उसके पास से कुछ अंग्रेज गुजरे तो कहने लगा - यह मेरा आदमी आप लोगों की सेवा में मर गया। इसी के फलस्वरूप अंग्रेजों ने प्रसन्न होकर उसे पहले तो खामपुर ग्राम पारितोषिक के रूप में दिया था किन्तु पीछे कुण्डली ग्राम का स्वामी बना दिया। जिस समय नोटिश (विज्ञापन) लगाया गया था कि यह गांव तीन वर्ष के लिए जब्त किया जा रहा है और मामूलसिंह को दिया जा रहा है, ग्राम वालों का कहना है कि उस समय उसने अपनी चालाकी, दबाव अथवा लोभ से दबा और सिखाकर सदा के लिए अपने नाम लिखा लिया। ग्राम के लोगों ने अनेक बार मुकदमा भी लड़ा

और कलकत्ते तक भाग दौड़ भी की, किन्तु नकल ही नहीं मिली । मुकदमे में यह झूठ बोल दिया गया कि यह ग्राम मेरे बाप दादा का है, हमारी यह पैतृक सम्पत्ति है । इसीलिए आज तक भी मामूलसिंह के व्यक्ति इस ग्राम के स्वामी हैं और गांव के देशभक्त कृषक जो ग्राम के निवासी और स्वामी हैं, भूमिहीन (मजारे) के रूप में अनेक प्रकार से कष्ट सहकर अपने दिन काट रहे हैं । मामूलसिंह के बेटे पोतों ने इस ग्राम को खूब तंग किया । अनेक प्रकार के पूछी आदि टैक्स लगाये, चौपाल तक नहीं बनाने दी । ग्रामवासियों ने भी खूब संघर्ष किया । अनेक बार जेल में गये । अन्त में चौपाल तो बनाकर ही छोड़ी । श्री रत्नदेव जी आर्य, जो सुरता और जवाहरा के परिवार में से हैं, इन्होंने ग्राम पर होने वाले अत्याचारों को दूर करने के लिए संघर्षों में नेतृत्व किया और खूब सेवा की । इस ग्राम के निवासी प्रायः सभी उत्साही हैं । अंग्रेजी राज्य के रहते इस ग्राम के पढ़े लिखे को किसी भी सरकारी नौकरी में नहीं लिया गया । सभी प्रकार के कष्ट यह लोग सहते रहे और यह आशा लगाये बैठे थे कि जब देश स्वतन्त्र होगा तब हमारे कष्ट दूर हो जायेंगे । जब सन् 47 में 15 अगस्त को देश को स्वतन्त्रता मिली और लाल किले पर तिरंगा झण्डा फहराया गया उस समय यह गांव बड़े हर्ष में मग्न था कि अब हमारे भी सुदिन आ गये हैं । किन्तु आज देश को स्वतन्त्र हुए 38 वर्ष हो चुके हैं, यहां के ग्रामवासी पहले से भी अधिक दुःखी हैं । हमारे राष्ट्र के कर्णधारों व राज्याधिकारियों का इनके कष्टों की ओर कोई ध्यान नहीं । भगवान् ही इनके कष्टों को दूर करेगा । कुण्डली ग्राम के निवासी वृद्ध जीतराम जी जिनकी आयु 85 वर्ष है, तथा सुरता और जवाहरा के परिवार के श्री महाशय रत्नदेव जी और उनके बड़े भाई आशाराम जी ने इस ग्राम के इतिहास की सामग्री इकट्ठी करने में मुझे पूरा सहयोग दिया है, इन सबका मैं आभारी हूँ ।

खामपुर, अलीपुर, हमीदपुर, सराय आदि अनेक ग्राम हैं जिन्होंने सन् 1857 के युद्ध में बड़ी वीरता से अपने कर्त्तव्य का पालन किया था । जब कभी मुझे समय मिला, मेरी इच्छा है मैं हरियाणा का एक बहुत बड़ा इतिहास लिखूं, तब इनके विषय में विस्तार से लिखूंगा । खामपुर आदि ग्राम भी जब्त कर लिए गए थे । ग्राम खामपुर दिल्ली निवासी एक ब्राह्मण लछमनसिंह के बाप दादा को दिया गया था । आज भी वह परिवार उस ग्राम का स्वामी है । खामपुर ग्राम के जाट जो निवासी थे वे भाग गये थे, वह खेड़े आदि अन्य ग्रामों में बसते हैं । इस ग्राम में तो अन्य मजदूरी करने वाले लोग बसते हैं । अलीपुर ग्राम के आदमियों को भी लिबासपुर के निवासियों के समान सड़क पर डालकर कोल्हू से पीस दिया गया था और अलीपुर ग्राम को बुरी तरह लूटकर जलाकर राख कर दिया गया था । अलीपुर ग्राम को जब्त

करके दिल्ली के कुछ देशद्रोही मुसलमानों को दे दिया गया था । उन मुसलमानों के परिवार ने जो इस ग्राम के स्वामी थे, चरित्र संबन्धी गड़बड़ कुण्डली ग्राम में आकर की । कुंडली ग्राम के दलितों ने इन पापियों के ऊपर अभियोग चलाया और उसी अभियोग में विवश होकर वह अलीपुर ग्राम मुसलमानों को जाटों के हाथ बेचना पड़ा । हमीदपुर ग्राम भी जब्त करके मुसलमानों को दिया गया था । इसी प्रकार ही ऐसे देशभक्त ग्रामों को जब्त करके देशद्रोहियों को दे दिया गया था । इसके विषय में विस्तार से कभी समय मिलने पर लिखूंगा ।

अलीपुर ग्राम की घटना जो माननीय वयोवृद्ध पं० बस्तीराम जी आर्यापदेशक के मुखारविन्द से सुनी, निम्न प्रकार से है ।

अलीपुर की घटना

अलीपुर की घटना - मानेलुक नाम का एक अंग्रेज घोड़े पर सवार अलीपुर ग्राम से जा रहा था । वह प्यास से अत्यन्त व्याकुल था । उसने एक किसान को, जो सड़क के पास ही अपने खलिहान (पैर) में गाहटा चला रहा था, संकेत से जल पीने को मांगा । किसान को दया आई और वह घड़े में से जल लेने के लिए गाहटा छोड़कर चल दिया किन्तु उस समय घड़े में जल न मिला । विवश होकर किसान अपने घड़े को उठाकर कुएं पर जल भरने को चला गया । किसान के इस सहानुभूति पूर्ण व्यवहार को देखकर अंग्रेज विचारने लगा इस व्यक्ति ने मेरे लिए अपना काम भी छोड़ दिया । वह अंग्रेज उसके खलिहान में आ गया और घोड़े से उतर कर, यह समझ कर कि किसान के कार्य में हानि न हो, उसमें घुस गया और बैलों को हांकना प्रारम्भ कर दिया और अपना घोड़ा पास के किसी वृक्ष से बांध दिया । उसी समय एक दूसरा अंग्रेज घुडसवार, जिसका नाम गिलब्रट था, उसी सड़क से जा रहा था । उसने यह समझा कि मानेलुक से बलपूर्वक गाहटा हंकवाया जा रहा है और वह शीघ्रता से वहां से भागकर चला गया और अपने डायरी में अलीपुर ग्राम के विषय में अंग्रेजों पर अत्याचार करने के लिए नोट लिख दिया, अर्थात् अलीपुर पर अत्याचार का आरोप लगाया । वह गिलब्रट नाम का अंग्रेज जो वहां से भय के मारे शीघ्रता से भाग गया, उसने भय के कारण सत्यता का अन्वेषण भी नहीं किया । इधर जब किसान जल का घड़ा भरकर लाया तो अंग्रेज गाहटे में खड़ा था और बैल उससे बिधक कर (डरकर) भाग गये थे । किसान ने अंग्रेज को सहानुभूतिपूर्ण शब्दों में कहा - आपने ऐसा कष्ट क्यों किया ? उस किसान ने मानेलुक अंग्रेज के कपड़े झाड़े, धूल साफ की, जल पिलाया और रोटी भी खिलाई । इस प्रकार उसकी अच्छी

सेवा की और वह अंग्रेज चला गया । उस अंग्रेज (मानेलुक) ने डायरी में लिखे गए अपने नोट में अलीपुर के विषय में बहुत अच्छा लिखा । शान्ति होने के पश्चात् गिलब्रट की डायरी, जिसमें अलीपुर के बारे में बुरा लिखा हुआ था, उसी के अनुसार अलीपुर ग्राम को बुरी तरह लूटा गया और मनुष्य, पशु आदि प्राणियों सहित अग्नि में जलाकर भस्मसात् कर दिया गया । कुछ दिन पीछे मानेलुक की सच्ची रिपोर्ट भी अंग्रेजों के आगे पेश हुई । तब अंग्रेजों को ज्ञात हुआ कि जिस अलीपुर ग्राम को पारितोषिक मिलना चाहिए था उसको तो भीषण अग्निकांड में जला दिया गया । यह अंग्रेजों की मूर्खता का एक उदाहरण है और हरियाणा के ग्रामों पर दोष लगाया जाता है कि यहां के किसानों ने सब अंग्रेज स्त्रियों से गाहटा चलवाया था । यह सब बात इस अलीपुर के गाहटे की घटना के समान मिथ्या और भ्रम फैलाने वाली है । भारतीयों ने अंग्रेज महिलाओं और बच्चों पर कभी अत्याचार नहीं किये ।

अलीपुर का बलिदान

अलीपुर ग्राम कई शताब्दियों से बड़ी सड़क जी. टी. रोड पर बसा हुआ है । इसी सड़क से अंग्रेजों की सेनायें गुजरती थीं । यहां के वीर लोगों ने भी सन् 1857 के स्वातन्त्र्य संग्राम में खूब बढ़ चढ़ कर भाग लिया और इस सड़क पर गुजरने वाले अनेक अत्याचारी अंग्रेजों को काल के गाल में पहुंचाया गया । यही नहीं, इस स्वतन्त्रता समर में बलिदान देने वाले वीरों की संख्या इस ग्राम में सबसे बढ़कर है । अलीपुर ग्राम में 1857 में सड़क के निकट ही सरकारी तहसील विद्यमान थी और उसके पास ही बाहर बाजार था । क्रांति के समय ग्राम के लोगों ने तहसील में घुसकर सब सरकारी कागजों को फूंक दिया और बाजार को भी लूट लिया । ऐसा अनुमान है कि बाजार में जो दुकान थीं, या तो वे सरकार की थी या सरकारी पिट्ठुओं की थी । इसलिए उन्हें लूटा गया । तहसील पर जिस समय जनता के लोगों ने आक्रमण किया तो तहसील के सरकारी नौकरों ने अवश्य कुछ न कुछ विरोध किया होगा । उसके फलस्वरूप युद्ध हुआ और वीरों ने गोलियां चलाईं । उन गोलियों के निशान आज भी लकड़ी के किवाड़ों पर विद्यमान हैं । उन्हीं दिनों अनेक अंग्रेज ग्रामीण योद्धाओं के द्वारा मारे गये ।

अलीपुर ग्राम को दण्ड देने के लिए मिटकाफ (काना साहब) सेना लेकर अलीपुर पहुंच गया । उसने अपनी सेना का शिविर दो कदम्ब (कैम) के वृक्षों के नीचे लगाया जो आज भी विद्यमान हैं । ये ऐतिहासिक वृक्ष अंग्रेजों के अत्याचार के मुंह बोलते चित्र हैं । गांव के चारों ओर सेना ने घेरा डाल दिया । तोपखाना भी लगा दिया । किसी व्यक्ति को भी गांव से बाहर नहीं निकलने दिया गया । सेना के बड़े बड़े अधिकारी गांव में घुस गए और गांव के 70-75 चुने हुए व्यक्तियों को

गिरफ्तार कर लिया गया । हंसराम नाम का एक व्यक्ति उस समय हलुम्बी ग्राम की ओर शौच गया हुआ था, उसे पकड़ने के लिए कुछ अंग्रेज जंगल में ही पहुंच गए और उसे गिरफ्तार कर लिया । वह खेड़े के निकट कुण्डों के पास पकड़ा गया । वह अत्यन्त स्वस्थ, सुन्दर आकृति का युवक था । पकड़ने वाले अंग्रेज अधिकारी के मन में दया आ गई तथा उसकी सुन्दर आकृति व स्वास्थ्य से प्रभावित होकर उसे छोड़ दिया । किन्तु उस युवक ने कहा कि मैं तो अपने साथियों के साथ रहना चाहता हूँ, जहां वे जायेंगे मैं भी वहीं जाऊंगा । मेरा कर्तव्य है कि मैं अपने साथियों के साथ जीऊँ और साथियों के साथ ही मरूँ । अंग्रेज सिपाहियों ने उसे बहुत छोड़ना चाहा और उसे भागने के लिए बार बार प्रेरणा की किन्तु उसने भागने से इन्कार कर दिया और गिरफ्तार हुए साथियों के साथ मिल गया । अंग्रेज 70-75 व्यक्तियों को गिरफ्तार करके लाल किले में ले गये और उन सब को फांसी पर चढ़ा दिया गया ।

यह घटना 1857 के मई मास के अन्तिम सप्ताह की है ।

लाल किले में से हंसराम को घसियारे के रूप में अंग्रेजों ने निकालना चाहा । वह अंग्रेज उसके सुन्दर शरीर तथा स्वास्थ्य को देखकर उसे छोड़ना चाहता था, किन्तु उसने फिर इन्कार कर दिया । तो फिर उसे भी फांसी पर चढ़ा दिया ।

मुहम्मद नाम का एक मुसलमान किसी प्रकार बचकर भाग आया । वह फिर सकतापुर भोपाल राज्य में जाकर बस गया ।

कुछ व्यक्तियों का ऐसा भी मत है कि इन व्यक्तियों को फांसी नहीं दी गई थी किन्तु इन सब को पत्थर के कोल्हू के नीचे सड़क पर डालकर पीसकर मार डाला गया था । वे पत्थर के कोल्हू अभी तक इस सड़क पर पड़े हुए हैं ।

जिन व्यक्तियों को फांसी दी गई उनमें से तुलसीराम और हंसराम के अतिरिक्त और किसी के भी नाम का पता यत्न करने पर भी नहीं चल सका । अलीपुर ग्राम का भाट सोनीपत का निवासी है जो आजकल जाखौली ग्राम में रहता है । उसकी पोथी में पैंतीस व्यक्तियों के नाम मिलते हैं । उस विश्वम्भरदयाल भाट के पास जाखौली इन्हीं नामों को जानने के लिये मैं गया, किन्तु जिस पोथी में ये नाम हैं, उस पोथी को उस भाट का पुत्र लेकर किसी गांव में अपने यजमानों के पास चला गया था, दुर्भाग्य से वे नाम नहीं मिल सके ।

अलीपुर ग्राम में भी मैं इसी कार्य के लिए तीन बार गया । जिन घरों में इन नामों के मिलने की आशा थी, खोज करवाने पर भी वे नाम नहीं मिल सके । यह हमारा दुर्भाग्य ही रहा कि जिन हुतात्मा वीरों ने हंसते हंसते देश की स्वतन्त्रता के लिए अपने प्राणों को न्यौछावर कर दिया, आज उनके नाम भी हमें उपलब्ध न हो सके ।

जिस किसी ने भी 1857 के स्वातन्त्र्य समर के विषय में लिखा है, हरियाणा प्रान्त के विषय में दो चार शब्द लिखने का भी कष्ट नहीं किया । यथार्थ में यह युद्ध हरियाणा प्रान्त के सैनिकों ने ही लड़ा था । सभी रिसाले और पलटनों में, मेरठ आदि सभी छावनियों में हरियाणा के वीर सैनिक ही अधिक संख्या में थे । उस समय तक हरियाणा प्रान्त के सभी ग्रामों में पंचायती सैनिक थे । सभी गांवों में अखाड़े चलते थे जहां पंचायती सैनिक तैयार किए जाते थे, किसी प्रकार की आपत्ति पड़ने पर जो धर्मयुद्ध में भाग लेते थे । अलीपुर गांव के जो नवयुवक इस क्रांति में हंसते-हंसते बलिवेदी पर चढ़ गये वे भी इसी प्रकार के पंचायती सैनिक थे । इन सबको फांसी देने के लिए जिस समय गिरफ्तार किया गया, तोपों के द्वारा गांव पर गोले बरसाये गए । जिस समय तोपें चलीं, उस समय तोपें चलाने वाला कोई अंग्रेज अफसर दयालु स्वभाव का था । उसने इस ढंग से तोपें चलवाईं कि तोप के गोले गांव के ऊपर से गुजरकर जंगल में गिरते रहे । ग्राम नष्ट होने से बच गया । कुछ का ऐसा भी मत है कि ग्राम को लूटा भी गया । जितने व्यक्ति इस ग्राम के मारे गये, उनमें भंगी से लेकर ब्राह्मण तक सभी सम्मिलित थे । जाट उनमें कुछ अधिक संख्या में थे ।

एक पटवारी और एक नम्बरदार ने, जब उनको बहुत तंग किया गया, तब इन सब लोगों के नाम लिखवाये थे जिनको फांसी दी गई थी । फांसी आने के बाद जो देवियां विधवा हो गई थीं, उन्होंने उस नम्बरदार के घर के आगे आकर अपनी चूड़ियां फोड़कर डाल दीं । इस प्रकार उनकी सहानुभूति में ग्राम की अन्य देवियों ने भी अपनी चूड़ियां फोड़कर ढेर लगा दिया । यहां यह लोकश्रुति है कि उस समय उस नम्बरदार के घर के सामने सवा मन चूड़ियों का ढेर लग गया ।

जिस समय ग्राम पर यह आपत्ति आई, ग्राम के सब बाल-बच्चे, स्त्री और बूढ़े भागकर हलुम्बी ग्राम में चले गये । नवयुवक सब ग्राम में ही विद्यमान थे जिनमें से गिरफ्तार करके पचहत्तर को फांसी दी गई । ग्राम पर यही दोष लगाया गया था कि इन्होंने तहसील को जलाया और कुछ अंग्रेजों का वध किया था । एक दो व्यक्तियों ने ऐसा भी बताया कि दोनों प्रकार के प्रमाण-पत्र गांव में मिले । ग्राम ने कुछ अंग्रेजों को मारा और कुछ को बचाया भी । इसलिए एक अंग्रेज स्त्री के निषेध करने पर इस गांव को जलाया नहीं गया और न ही जब्त किया गया । बारह वर्ष पूर्व ही यह गांव कुछ नम्बरदारों के सरकारी लगान स्वयं खा जाने पर एक मुसलमान के पास चार हजार रुपये में गिरवी रख दिया गया था । क्रांति युद्ध के पीछे यहां के निवासियों ने रुपये देकर इसे खरीद लिया । जो अंग्रेज अलीपुर में मारे गए थे, उनकी कब्रें अलीपुर के पास ही बना दी गई थीं, जो कुछ वर्ष पहले विद्यमान थीं ।

अंग्रेज अफसरों की आज्ञा से सिक्ख सेना ने बादली ग्राम के आस पास के बारह ग्रामों के अहीर आदि सभी कृषकों के सब पशु हांक लिए थे । उस समय तोताराम नाम के एक चतुर व्यक्ति ने अपने अलीपुर ग्राम के सब निवासियों को उत्साहित किया और युद्ध करके सिक्खों से अपना सब पशुधन छुड़वा लिया और उन ग्रामों के, जिनके ये पशु थे, उनको ही सौंप दिये । किन्तु वह चतुर वीर तोताराम इस युद्ध में मारा गया । अब तक बादली, समयपुर आदि ग्रामों के निवासी उस उपकार के कारण अलीपुर के निवासियों का बड़ा आदर करते हैं ।

पीपलथला, सराय आदि ग्रामों को भी इसी प्रकार लूटा और जलाया गया । इसी सराय ग्राम (भड़ोला) के पास आज भी एक अंग्रेज अफसर का स्मारक बना हुआ है जो उस समय ग्रामवासियों द्वारा मारा गया था । इस सराय ग्राम में कभी एक छोटी सी गढ़ी (दुर्ग) थी जो आज खण्डहर के रूप में पड़ी हुई है, केवल उसके दो द्वार खड़े हुए हैं । अनुमान यही है कि इस क्रान्तियुद्ध में ये अंग्रेजों द्वारा ही नष्ट किये गए ।

हरियाणा के सैंकड़ों ग्रामों ने सन् 1857 के युद्ध में इसी प्रकार भाग लिया और पीछे अंग्रेजों द्वारा दंडित हुए । इनके विषय में मैं समय मिलने पर लिखूँगा ।

रोहट गांव

छोटे थाने वाले भागे हुए अंग्रेजों को ढूंढ-ढूंढ कर मारते थे । एक दिन नहर की पटरी पर एक अंग्रेज अपने एक बच्चे और स्त्री सहित घोड़ा गाड़ी में आ रहा था, यह नहर का मोहतमीम था । इसके तांगे से एक अशर्फियों की थैली नीचे गिर गई । स्त्री स्वभाव के कारण वह अंग्रेज स्त्री उसे उठाने के लिए उतरकर पीछे चली गई । थाने ग्राम के निवासी पहले ही पीछे लगे हुए थे । उन्होंने वह थैली छीन ली और उस अंग्रेज स्त्री को न जाने मार दिया या कहीं लुप्त कर दिया । आगे चलकर रोहट ग्राम का रामलाल नाम का ठेकेदार उसे मिला जो इसे जानता था । उसने उस मोहतमीम को बचाने के लिए बच्चे सहित घास के ढेर में छिपा दिया, बाद में अपने घर ले गया । थाने ग्राम के लोगों को यह कह दिया कि तांगा आगे चला गया, उसी में अंग्रेज है । वह ग्राम में कई दिन रहा । फिर उसको ग्राम के बाहर उसकी इच्छा के अनुसार आमों के बाग में रखा । वहां वह आम के वृक्ष पर बन्दूक लिए बैठा रहता था । पचास ग्राम वाले भी उसकी रक्षा करते थे । शान्ति होने पर उसे सुरक्षित स्थान पर भेज दिया गया । रोहट ग्राम की 14 वर्ष तक के लिए नहरी और कलक्ट्री उघाई माफ कर दी गई । बोहर और थाने ग्राम के लोगों ने अंग्रेजों को मारा था, अतः इन

दोनों ग्रामों को दण्डस्वरूप जलाना चाहते थे किन्तु रामलाल ने कहा था कि पहले मुझे गोली मारो फिर इन ग्रामों को दण्ड देना । रामलाल के कहने पर यह दोनों ग्राम छोड़ दिये गये । रामलाल को एक तलवार, प्रमाणपत्र और मलका का एक चित्र पुरस्कार में दिया गया । उस रामलाल ठेकेदार के लिए यह लिखकर दिया कि इसके परिवार में से कोई मैट्रिक पास भी हो तो उसे अच्छा आफीसर बनाया जाये । वह अंग्रेज ग्राम वालों की सहायता से शान्ति होने पर करनाल पहुंच गया । मार्ग में कलाये ग्राम में उसका लड़का मर गया । गाड़ने के लिए ग्राम वालों ने भूमि नहीं दी । एक किसान ने भूमि दी जिसमें उसकी कब्र बना दी गई । चिन्हस्वरूप उसका स्मारक बना दिया गया । रोहट ग्राम में सर्वप्रथम छैलू को जेलदारी मिली । सुजान, छैलू ठेकेदार और रामलाल ठेकेदार को प्रमाणपत्र दे दिया गया ।

वीर अमरसिंह

अमरसिंह सुनारियां ग्राम (रोहतक शहर से थोड़ी दूर) का निवासी था । वह डी.सी. साहब के यहां (रोहतक में) चपरासी का कार्य करता था । वह डी.सी. चरित्रहीन था । अमरसिंह को यह बुरा लगा और उसने त्यागपत्र देकर अपना वेतन मांगा । डी.सी ने उसे वेतन नहीं दिया । इस पर अनबन बढ़ गई ।

अमरसिंह ग्राम में जाकर बल्लू लुहार से कसोला लेकर आया और डी.सी की कोठी में जाकर रात को उसे जगाकर कत्ल कर दिया । कसोला वहीं डाल दिया । उसकी मेम को नहीं मारा, उसे स्त्री समझकर छोड़ दिया । इसके बाद नीम पर चढ़कर जब वह बाहर निकला तो मेम ने शिकारी कुत्ते छोड़ दिये, वह उन कुत्तों ने फाड़ लिया । वह ग्राम में चला गया ।

अंग्रेजों ने वहाँ जाकर सारे गांव को तोपों से उड़ाना चाहा किन्तु अमरसिंह स्वयं उपस्थित हो गया । अंग्रेज उसे घोड़े के पीछे बांधकर ले गए और उसके ऊपर दही छिड़क कर शिकारी कुत्तों से फड़वाया गया । यह वृत्तान्त कचहरी में लिखा हुआ है ।

हांसी का शहीद हुकमचन्द

(जिसको घर के सामने ही फाँसी पर लटका दिया गया)

1857 की महान् क्रंति ने भारत के कोने कोने में उथल पुथल मचा दी थी । अनेक देशभक्त वीर हंसते-हंसते आजादी की बलिवेदी पर अपना जीवन न्यौछावर कर गए । इतिहास प्रसिद्ध हांसी नगर पृथ्वीराज चौहान के समय से अपनी विशेषता रखता है । सन् 1857 में भी हांसी नगर किसी से पीछे नहीं रहा । दिवंगत दुनीचन्द के सुपुत्र श्री हुकमचन्द जी (जो हांसी, हिसार और करनाल के कानूनगो थे) को मुगल बादशाह ने 1841 में विशिष्ट पदों पर नियुक्त करके इन प्रान्तों का प्रबन्धक बना दिया ।

जब भारतवासी अंग्रेजों की परतन्त्रता से स्वतन्त्र होने के लिए संघर्ष कर रहे थे तब श्री हुकमचन्द जी ने फारसी भाषा में मुगल बादशाह जाफर को निमंत्रण पत्र भेजा कि वह अपनी सेना लेकर यहां के अंग्रेजों पर चढ़ाई कर दे ।

सितम्बर 1857 के अन्तिम सप्ताह में जब शाह जफर को अंग्रेजों ने बन्दी बना लिया तब उनकी विशेष फाइल में वह निमन्त्रण पत्र मिला जो कि हुकमचन्द ने बादशाह को भेजा था । हिसार की सरकारी फाइल में वह पत्र आज तक भी विद्यमान है ।

देहली के अंग्रेज कमिश्नर ने वह पत्र हिसार डिवीजन के कमिश्नर को उस पर तत्काल कार्यवाही हेतु भेज दिया । किन्तु सरकार का विरोध करने के अपराध में 19 जनवरी 1858 को श्री हुकमचन्द को उनके घर के सामने फांसी पर लटका दिया गया । उनके सम्बन्धियों को उनका शव तक भी नहीं दिया गया । लाला हुकमचन्द के शव को जलाने के स्थान पर भूमि में दफना कर हमारी धार्मिक भावनाओं पर कुठाराघात किया और उनकी चल और अचल सम्पत्ति भी जब्त कर ली गई । उस समय अपने देश से प्रेम करने वालों को गद्दार बताकर बिना अपराध असंख्य लोगों को फांसी पर चढ़ाकर अंग्रेजों ने अपनी पिपासा को शान्त किया ।

लाला हुकमचन्द जी के दो भाई और थे, किन्तु केवल उन्हीं के भाग की 84-85 एकड़ भूमि जब्त कर ली गई जो अंग्रेजों के चाटुकारों ने आपस में बांट ली । शेष दोनों की पितृ-संपत्ति अब तक चली आ रही है ।

50 वर्ष की आयु में हुकमचन्द जी को फांसी पर लटकाया गया था । उनके दो सुपुत्र एक 8 वर्ष का और दूसरा केवल 19 दिन का ही था । कोई 400 तोला सोना, 4 हजार तोले चांदी, अनेक गाय, भैंस, ऊँट आदि पशु और अन्न तथा घर का सामान अल्पतम मूल्य पर नीलाम कर दिया गया ।

श्री हुकमचन्द जी के दस कुटुम्ब अब भी फल फूल रहे हैं । हरियाणा प्रान्त का इतिहास ऐसे ही वीरों के बलिदानों से भरपूर है ।

झज्जर के नवाब

रोहतक के दक्षिण में 22 मील व दिल्ली के पश्चिम-दक्षिण में 36 मील झज्जर नाम का प्रसिद्ध कस्बा है । यह कस्बा एक हजार साल पहले झज्झू नाम के जाट ने बसाया था और उसी के नाम से झज्जर प्रसिद्ध हुआ । मुगलकाल में यह शहर अपने व्यापार के लिए अत्यन्त प्रसिद्ध था । झज्जर, रिवाड़ी, भिवानी एक त्रिकोण बनाते हैं, जो आज की तरह पूर्व काल में भी व्यापारिक केन्द्र थे । अकेले झज्जर शहर में 300 अत्तारों और गन्धियों की दुकानें थीं । झज्जर से दिल्ली जाने वाली सड़क पर शहर से बाहर बादशाह शाहजहां के जमाने की अनेक पुरानी इमारतें व मकबरे हैं जिनके द्वारों पर फारसी लिपि में अनेक वाक्य खुदे हुए हैं । उन भवनों व मकबरों के बीच में सदियों पुराना एक बहुत बड़ा पक्का तालाब है, जहां म्युनिसिपैलिटी की ओर से पशुओं का मेला भरता (लगता) है ।

हरियाणा का यह प्रदेश सन् 1718 में बादशाह फरुखसियर ने अपने वजीर अलीदीन को जागीर में दिया । सन् 1732 में फरुखनगर के नवाब को दे दिया । सन् 1760 में महाराजा सूरजमल (भरतपुर) ने फरुखनगर के नवाब मूसा खां को हराकर यह प्रदेश उससे छीन लिया । इस समय दिल्ली नगर की चारदीवारी तक उनका राज्य था । बादली नाम का प्रसिद्ध गांव उनकी एक तहसील था । सन् 1754 में बलोच सरदार बहादुरखां को बहादुरगढ़ बादशाहों से जागीर में मिला । झज्जर बेगम सामरू के पति वेनरेल साहब के कब्जे में आ गया । गोहाना, महम, रोहतक, खरखौदा आदि दिल्ली के वजीर नब्ज खां के कब्जे में थे । सन् 1790 में बेगम सामरू की मुलाजमत में रहने वाले अंग्रेज इस्किन्दर ने उत्तर हिन्दुस्तान में जाटों, मराठों, सिक्खों की खींचातानी देखकर हांसी, महम, बेरी, रोहतक, झज्जर पर कब्जा कर लिया और जहाजगढ़ में किला बनाकर अपना सिक्का भी चलाया । 1803 में अंग्रेजों ने मराठों को हराया । दिल्ली के साथ हरियाणा पर भी कब्जा जमा लिया । झज्जर, बल्लभगढ़, दुजाना आदि रियासतें कायम कीं । हरयाणा का बाकी हिस्सा 1836 तक गवर्नर बंगाल की मातहती में बंगाल के साथ रहा । इसके बाद आगरे के नये सूबे में शामिल कर दिया गया ।

1857 में हरियाणा में उस समय अनेक राजा राज्य करते थे । झज्जर इलाके में अब्दुल रहमान खां नवाब की नवाबी थी । झज्जर प्रान्त झज्जर,बदली, दादरी, नारनौल, बावल, और कोटपुतली आदि परगनों में विभाजित था । झज्जर का नवाब जवान किन्तु भीरू प्रकृति का था । सदैव नाच-गान, राग-रंग व भोग-विलास में ही फंसा रहता था । इसके दुराचार से प्रजा उस समय प्रसन्न नहीं थी, फिर भी

उसका राज्य अंग्रेजों की अपेक्षा अच्छा था । ठाकुर स्यालुसिंह कुतानी निवासी नवाब के बख्शी थे । दीवान रामरिछपाल झज्जर निवासी नवाब के कोषाध्यक्ष (खजान्ची) थे । नवाब प्रकट रूप से तो दिल्ली बादशाह बहादुरशाह की सहायता कर रहा था क्योंकि हरियाणा की सारी जनता इस स्वतन्त्रता युद्ध में बड़े उत्साह से भाग ले रही थी । अतः नवाब भी विवश था किन्तु भीरु होने के कारण उसे यह भय था कि कभी अंग्रेज जीत गए तो मेरी नवाबी का क्या बनेगा । इसलिए गुप्त रूप से धन से अंग्रेजों की सहायता करना चाहता था । अपने दीवान मुन्शी रामरिछपाल द्वारा 22 लाख रुपये इसने अंग्रेजों को सहायता के लिए गुप्त रूप से भेजने का प्रबन्ध किया । मुन्शी रामरिछपाल ने ठाकुर स्यालुसिंह कुतानी निवासी को जो एक प्रकार से झज्जर राज्य के कर्त्ता-धर्त्ता थे, यह भेद बता दिया । ठाकुर स्यालुसिंह ने मुन्शी रामरिछपाल को समझाया कि नवाब तो भीरु और मूर्ख है । अंग्रेजों को रुपया किसी रूप में भी नहीं मिलना चाहिये । हम दोनों बांट लेते हैं । उन दोनों ने ग्यारह-ग्यारह लाख रुपया आपस में बांट लिया, अंग्रेजों के पास नहीं भेजा ।

ठाकुर स्यालुसिंह ने उस समय यह कहा - यदि अंग्रेज जीत गए तो नवाब मारा जायेगा, हमारा क्या बिगाड़ते हैं, यदि अंग्रेज हार ही गये तो हमारा बिगाड़ ही क्या सकते हैं । नवाब के भीरु और चरित्रहीन होने का कारण लोग यों भी बताते हैं कि नवाब अब्दुल रहमान खां किसी बेगम के पेट से उत्पन्न नहीं हुआ किन्तु वह किसी रखैल स्त्री (वेश्या) का पुत्र था । उसके विषय में एक घटना भी बताई जाती है । इसके चाचा का नाम समद खां था । नवाब ने अपने इसी चाचा की लड़की के साथ विवाह किया था । समदखां इससे अप्रसन्न रहता था, इससे बोलता भी नहीं था । समदखां वैसे बहादुर और अभिमानी था । एक दिन नवाब ने अपनी बेगम को जो समदखां की लड़की थी, चिढ़ाने की दृष्टि से यह कहा कि समदखां की औलाद की नाक बड़ी लम्बी होती है । उसी समय बेगम ने जवाब दिया - जब मेरा विवाह (वेश्यापुत्र) आपके साथ हो गया तो क्या अब भी समदखां की औलाद की नाक लम्बी रह गई ? नवाब ने इसी बात से रुष्ट होकर बेगम को तलाक दे दिया । समदखां नवाब से पहले ही नाराज था, इस बात से वह और भी नाराज हो गया । वह नवाब से सदैव रुष्ट रहता था और कभी बोलता नहीं था । उन्हीं दिनों अंग्रेज फौजी अफसर मिटकाफ साहब जो आंख से काना था, किन्तु शरीर से सुदृढ़ था, छुछकवास अपने पांच सौ सशस्त्र सैनिक लेकर पहुंच गया और झज्जर नवाब की कोठी में ठहर गया । वहां नवाब झज्जर को मिलने के लिए उसने सन्देश भेजा । झज्जर का नवाब मिटकाफ साहब से मिलने के लिए हथिनी पर सवार होकर जाना

चाहता था । उसकी 'लाडो' नाम की हथिनी थी, उसने सवारी के लिए उसे उठाना चाहा किन्तु हथिनी हठ कर के बैठ गई, उठी ही नहीं । नवाब के चाचा समदखां ने कहा - हैवान हठ करता है, खैर नहीं है, आप वहां मत जाओ । नवाब ने उत्तर दिया - आप नवाब होकर भी शकुन अपशकुन मानते हैं ? समदखां ने कहा हमने तेरे से बोलकर मूर्खता की । नवाब हथिनी पर बैठकर छुछकवास चला गया । मिटकाफ साहब ने वहां नवाब का आदर नहीं किया । नवाब हथिनी से उतरकर कुर्सी पर बैठना चाहता था किन्तु मिटकाफ ने नवाब को आज्ञा दी कि अपका स्थान आज कुर्सी नहीं अपितु काठ का पिंजरा है, वहां बैठो । नवाब को काठ के पिंजरे में बन्द करके दिल्ली पहुंचा दिया गया । वहां झज्जर के नवाब को और बल्लभगढ़ के राजा नाहरसिंह तथा लच्छुसिंह कोतवाल को जो दिल्ली का निवासी था, फांसी के तख्ते पर लटका दिया गया ।

बहादुरशाह के विषय में उन दिनों एक होली गाई जाती थी । यह होली ठाकुरों, नवाबों, राजे-महाराजों के यहां नाचने वाली स्त्रियां गाया करतीं थीं ।

टेक –

मची री हिन्द में कैसो फाग मचो री ।
बारा जोरी रे हिन्द में कैसो फाग मचो री ॥

कली -
गोलन के तो बनें कुड्कुमें, तोपन की पिचकारी ।
सीने पर रखा लियो मुख ऊपर, तिन की असल भई होरी ।
शोर दुनियां में मचो री हिन्द में कैसो फाग मचो री ॥
बहादुरशाह दीन के दीवाने, दीन को मान रखो री ।

मरते मरते उस गाजी ने, दीन दी देन कहो री ॥
दीन वाको रब न रखो री, हिन्द में कैसो फाग मचो री ॥

नवाब झज्जर के पकड़े जाने पर उसका चाचा समदखां और बख्शी ठाकुर स्यालुसिंह कई सहस्र सेना लेकर काणोड के दुर्ग (गढ़) को हथियाने के लिए आगे बढ़े । रिवाड़ी की तरफ से राव तुलाराम, राव श्री गोपाल और गोपालकृष्ण सहित जो रामपुरा के आसपास के राजा थे, बड़ी सेना सहित काणोड के गढ़ की ओर बढ़े । काणोड वही स्थान है जिसे आजकल महेन्द्रगढ़ कहते हैं । अंग्रेज भी अपनी सेना

सहित उधर बढ़ रहे थे । जयपुर आदि के नरेशों ने अपनी सात हजार सैनिकों की सेना जो नागे और वैरागियों की थी, अंग्रेजों की सहायतार्थ भेजी । नवाब झज्जर और राव तुलाराम की सेना दोनों ओर से बीच में घिर गई । नारनौल के पास लड़ाई हुई, हरयाणे के सभी योद्धा बड़ी वीरता से लड़े । राव कृष्णगोपाल और श्री गोपाल वहीं लड़ते लड़ते शहीद हो गये । राव तुलाराम बचकर काबुल आदि के मुस्लिम प्रदेशों में चले गये । सहस्रों वीर इस आजादी की लड़ाई में नसीरपुर की रणभूमि में खेत रहे ।

युद्ध के पश्चात् शान्ति हो जाने पर अंग्रेजों ने भीषण अत्याचार किये । अंग्रेज सैनिक लोगों को पकड़ पकड़ कर सारे दिन तक इकट्ठा करते थे और सायंकाल 3 बजे के पश्चात् सब मनुष्यों को तोपों के मुख पर बांध कर गोलियों से उड़ा दिया जाता था । ठाकुर स्यालुसिंह को भी परिवार सहित गिरफ्तार करके गोली से उड़ाने के लिए पंक्ति में खड़ा कर दिया । उस समय एक अंग्रेज जो जींद के महाराजा का नौकर था, जो पहले झज्जर भी नवाब के पास नौकरी कर चुका था, वह ठाकुर स्यालुसिंह का मित्र था । वह झज्जर आया हुआ था । उसने ठाकुर स्यालुसिंह को अपने परिवार सहित पंक्ति में खड़े देखा । उसने ठाकुर साहब से पूछा क्या बात है ठाकुर साहब ? ठाकुर साहब ने उत्तर दिया मेरे साथ अन्याय हो रहा है । नवाब ने तो मुझे अंग्रेजों का वफादार समझकर मेरी गढ़ी को कुतानी में तोपों से उड़ा दिया और आज मैं नवाब का साथी समझकर परिवार सहित मारा जा रहा हूं । यदि मैं अंग्रेज का शत्रु था तो मेरी गढ़ी नवाब द्वारा तोपों से क्यों उड़ाई गई और मैं नवाब का शत्रु हूं तो मुझे क्यों परिवार सहित गोली का निशाना बनाया जा रहा है ? यह सब सुनकर उस अंग्रेज की सिफारिश पर स्यालुसिंह को छोड़ दिया गया और उसे निर्दोष सिद्ध करने का प्रमाण देने के लिए वचन लिया गया । वह घोड़े पर सवार हो नंगे शरीर ही दिल्ली, चौधरी गुलाबसिंह बादली निवासी के पास पहुंचा । वह उस समय अंग्रेजों की नौकरी करता था । पहले ठाकुर स्यालुसिंह ने बादली से चौ. गुलाबसिंह को निकाल दिया था । फिर भी ठाकुर स्यालुसिंह के बार बार प्रार्थना करने पर चौ. गुलाबसिंह ने सहायता करने का वचन दे दिया और उसने ठा. स्यालुसिंह की गवाही देकर अपकार के बदले में उपकार किया । ठा. स्यालुसिंह का एक भाई ठा. शिवजीसिंह सेना में दानापुर में अंग्रेजों की सेना में सूबेदार था, उसने भी ठा. स्यालुसिंह की सहायता की । इस प्रकार ठा. स्यालुसिंह का परिवार बच गया । ठाकुर साहब के परिवार के लोग आज भी कुतानी व धर्मपुरा आदि में बसते हैं । उन्हीं में से ठा. स्वर्णसिंह जी आर्यसमाजी सज्जन हैं, जो धर्मपुरा में भदानी के निकट बसते हैं ।

झज्जर मे नवाब की नवाबी को तोड़ दिया गया और भिन्न-भिन्न प्रान्तों में बांट दिया गया, जैसा कि पहले लिखा जा चुका है । अंग्रेज कोटपुतली को जयपुर नरेश को देना चाहते थे किन्तु उनके निषेध कर देने पर खेतड़ी नरेश को दे दिया गया ।

बहादुरगढ़ में भी उस समय नवाब का राज्य था । सिक्खों की सेना जो 12 हजार की संख्या में थी, बहादुरगढ़ डेरा डाले पड़ी थी । हरियाणा के वीरों ने इसे आगे बढ़ने नहीं दिया । सिक्खों की सेना ग्रामों से भोजन सामग्री लूटकर अंग्रेजों की सहायता करती थी । उस समय कुछ नीच प्रकृति के मुसलमान भी चोरी से जनाजा (अर्थी) निकालकर मांस, अन्न, रोटी छिपाकर अंग्रेज सेना को बेच देते थे । उस समय एक-एक रोटी एक-एक रुपये में बिकती थी, जल भी बिकता था । कोतवाल लच्छुसिंह ने इस बात को भांप लिया । उस ने उन नीच मुसलमानों को जो काले पहाड़ पर घिरी हुई अंग्रेजी सेना को अन्न मांस बेचकर सहायता करते थे, पकड़वा कर मरवा दिया । अंग्रेजों ने इसी कोतवाल लच्छुसिंह, नरेश नाहरसिंह तथा नवाब झज्जर को इन्दारा कुंए के पीपल के वृक्ष पर बांधकर फांसी दी थी ।

सन् 1857 के युद्ध के बाद बहादुरगढ़, बल्लभगढ़, फरुखनगर, झज्जर आदि की रियासतें समाप्त कर दीं । लोहारू, पटौदी, दुजाना की रियासतें रहने दीं । इसके बाद 1858 में हरियाणा को आगरा से निकाल कर सजा के तौर पर पंजाब के साथ जोड़ दिया । दिल्ली को कमिश्नरी का हैडक्वार्टर बना दिया । सिरसा और पानीपत के जिले तोड़कर उन्हें तहसील बना दिया गया ।

कुतानी की गढ़ी

ठाकुर स्यालुसिंह अपने छः भाइयों सहित निवास करते थे । यह झज्जर के नवाब के बखशी थे अर्थात् वही सर्वेसर्वा थे । नवाब क्या, यही ठाकुर स्यालुसिंह राज्य किया करते थे । इसने नवाब की फौज में हरियाणा के वीरों को भर्ती नहीं किया, आगे चलकर इस भूल का फल भी उसे भोगना पड़ा । उसने सब पूर्वियों को ही फौज में भरती किया, वह यह समझता था कि यह अनुशासन में रहेंगे । एक पूर्वीय सैनिक को ठाकुर स्यालुसिंह ने लाठी से मार दिया था, अतः सब पूर्वीय सैनिक उस से द्वेष करने लगे थे । एक दिन काणोड के दुर्ग में नाच गाना हो रहा था । एक पूर्वीय सैनिक ने ठाकुर स्यालुसिंह पर अवसर पाकर तलवार से वार किया । तलवार का वार पगड़ी पर लगा और ठाकुर साहब बच गये किन्तु इस पूर्वीय को ठाकुर साहब ने वहीं मार दिया । पूर्वियों ने दुर्ग का द्वार बंद कर दिया और द्वार

पर तोप लगा दी और टके भरकर तोपें चलानी शुरू कर दीं । उस समय ठाकुर स्यालुसिंह के साथ 11 अन्य साथी थे । ठाकुर हरनाम सिंह रतनथल निवासी ने तोपची को मार दिया । इस प्रकार बचकर ये लोग अपने घर चले गए । ठाकुर स्यालुसिंह अपनी ससुराल पाल्हावास में जो भिवानी के पास है, जहां इसके बाल-बच्चे उस समय रहते थे, चला गया । किन्तु पीछे से सब पूर्वियों ने कुतानी की गढ़ी पर चढ़ाई कर दी । नवाब ने पूर्वी सैनिकों को ऐसा करने से बहुत रोका, उसने यह भी कहा कि तुम ठाकुर के विरुद्ध मेरे पास मुकद्दमा करो, मैं न्याय करूंगा, किन्तु वे किसी प्रकार भी नहीं माने । नवाब ने कुतानी के ठाकुरों के पास भी अपना सन्देश रामबख्श धाणक खेड़ी सुलतान के द्वारा भेजा कि गढ़ी को खाली कर दें । इस प्रकार यह सन्देश तीन बार भेजा किन्तु गढ़ी में स्यालुसिंह का भाई सूबेदार मेजर शिवजीसिंह था । वह यही कहता रहा कि स्यालुसिंह के रहते हुए हमारा कोई कुछ भी नहीं बिगाड़ सकता । किन्तु रात्रि को पूर्वीय सैनिकों ने सारी गढ़ी को घेरकर तोपों से आक्रमण कर दिया । ठाकुर शिवजीसिंह ने अपनी मानरक्षा के लिए छः ठाकुरानियों को तलवार से कत्ल कर दिया । दो लड़कों का भी वध कर दिया । किन्तु वह अपनी मां का वध नहीं कर सका । उसकी मां ने स्वयं अपना सिर काट लिया और यह कहा कि मैं यदि पकड़ी गई तो कलकत्ता तक सब ठाकुर बदनाम हो जायेंगे । कुतानी की गढ़ी के सब लोग गांव छोड़कर भाग गये । कुतानी के ठाकुरों की हवेली आज भी टूटी पड़ी है । तोप के गोलों के चिन्ह अब तक दीवारों पर हैं । गढ़ी उजड़ अवस्था में पड़ी है ।

फरुखनगर

फरुखनगर के नवाब ने भी इस स्वतन्त्रता के युद्ध में भाग लिया था । नवाब का नाम फौजदार खां था । फरुखनगर का बड़ा अच्छा 'दुर्ग' था । नगर के चारों ओर भी परकोटा बना हुआ था, जो आजकल भी विद्यमान है । इस नवाब को भी गिरफ्तार करके फांसी पर लटका दिया । नवाब हिन्दू प्रजा को भी अपने पुत्र के समान समझता था । एक बार हिन्दुओं ने मिलकर नवाब से प्रार्थना की कि पशुओं का वध नगर में न किया जाये क्योंकि इससे हमारा दिल दुखता है । नवाब ने उनकी प्रार्थना मान ली और पशु वध बंद कर दिया । इसी कारण चारण, भाट, डूम इत्यादि उसके विषय में गाया करते थे - जुग जुग जीओ नवाब फौजदार खां ।
पांच पुत्र पांचों श्रीश पांचों गुणनागर ।
नख तुल्लेखां मुखराज करें जो वंश उजागर ॥

नवाब फौजदार खां ईश्वर का बड़ा भक्त था । वह सत्संग करने के लिए एक बार भरतपुर गया । रूपराम ब्राह्मण, महाराजा भरतपुर का मन्त्री तथा महाराजा भरतपुर की महारानी गंगा भी ईश्वरभक्त थी, और भी वहां अनेक ईश्वरभक्त रहते थे । नवाब हाथी पर चढ़कर सत्संग करने के लिए ही रानी और मन्त्री के पास गया था । उसने महाराजा भरतपुर को अपने आने की कोई सूचना पहले नहीं भेजी थी । अतः वह पकड़कर जेल में डाल दिया गया । उन्हीं दिनों महारानी गंगा के यहां पुत्र उत्पन्न हुआ । नवाब को प्रातःकाल हाथी पर चढ़कर भ्रमण करने की आज्ञा मिली हुई थी । एक दिन वह भ्रमण के लिए जा रहा था तो महारानी के महल को देखकर पूछा कि यह महल किसका है ? किसी ने उत्तर दिया - यह महारानी गंगा का महल है । नबाब कवि था, उसने उसी समय कहा –

गंगा गंगा सब कहें यह गंगा वह नाय ।

वह गंगा जगतारणी यह डोबे धारा मांह ॥

महारानी गंगा उस समय महल पर थी, उसने उसे सुनाने के लिए ही यह कहा था । उसने भी यह सुन लिया । रूपराम मन्त्री का भी महल मार्ग में आया । नवाब के पूछने पर किसी ने बताया कि यह मन्त्री रूपराम का महल है । नवाब ने उसी समय कविता में कहा –

रूपराम तब तें सुना जब तें पड़ो न काम

काम पड़े पायो नहीं तां में रूप न राम ॥

पुत्रोत्सव की प्रसन्नता में राजा ने दो सौ कैदियों को छोड़ने की आज्ञा दी । रूपराम ने दो सौ कैदियों में से सर्वप्रथम नवाब को छोड़ दिया । भरतपुर के महाराजा ने पीछे सूचना भेजी कि नवाब को न छोड़े किन्तु वह पहले ही रूपराम के द्वारा छोड़ा जा चुका था । मंत्री रूपराम ने राजा के पास सूचना भेजी कि नवाब तो सत्संग करने के लिए आया था, बिना आज्ञा के नहीं आया । राजा की आज्ञा से वह एक मास तक भरतपुर में रहकर सत्संग करता रहा । राज्य की ओर से अतिथि के रूप में उसकी सेवा की गई । वह सत्संग करके सहर्ष फरुखनगर लौट गया ।

बराणी के ठाकुर

ठाकुर नौरंगसिंह छोटी बोन्द के निवासी थे । उनको ऊण ग्राम के पास फौजी अंग्रेज मिटकाफ साहब, जो काणा था, मिल गया । नौरंगसिंह ने उसको हलवा इत्यादि

खिलाकर खूब सेवा की और फिर उसे सुरक्षित ऊँट पर बिठाकर भिवानी और हिसार पहुंचा दिया । इस सेवा के बदले उस अंग्रेज ने एक पत्र लिखकर ठाकुर साहब को दे दिया । उसी पत्र को देखकर जोन्ती के पास ठाकुरों को भूमि देना चाहा किन्तु ठाकुर के निषेध करने पर नवाब की भूमि में से 10 हजार बीघे जमीन छुछकवास के बीड़ में से देनी चाही, ठाकुर साहब ने कहा कि यह जमीन बहुत अधिक है । बड़ी कठिनता से 4 हजार बीघे जमीन स्वीकार की जहां आजकल बराणी ग्राम बसा हुआ है । कुछ जमीन 400 बीघे इनके संबन्धियों को खेतावास में दी गई । इसी प्रकार की सेवा से छुछकवास के पठानों को 6 हजार बीघे भूमि का बीड़ दिया । मौडी वाले जाटों को भी इसे प्रकार की सेवा के बदले भूमि दी गई ।

बल्लभगढ़ नरेश नाहरसिंह

1857 में भारतीय स्वतन्त्रता प्राप्ति हेतु प्रज्वलित प्रचण्ड समराग्नि में परवाना बनकर जलने वाले अगणित ज्ञात एवं अज्ञात नौनिहाल शहीदों में बल्लभगढ़ नरेश राजा नाहरसिंह का नाम अत्यन्त महत्वपूर्ण है । दिल्ली की जड़ में अंग्रेजों के विरुद्ध मोर्चा लगाने का श्रेय इसी महावीर को मिला । रणक्षेत्र में उसे पराजित करना असंभव ही था क्योंकि अंग्रेज बल्लभगढ़ को दिल्ली का "पूर्वी लोह द्वार" मानकर उससे भय-त्रस्त रहते थे और बल्लभगढ़ नरेश से युद्ध करने का साहस तक उनमें न था । राजा नाहरसिंह के जीते जी उनको किसी पेन्शन या उत्तराधिकार की भी ऐसी कोई उलझन न थी, जिसके कारण महारानी लक्ष्मीबाई या नाना साहब की भांति उनके व्यक्तिगत स्वार्थों को अंग्रेजों ने कोई धक्का पहुंचाया हो । फिर भी रोटी और लाल फूल का संकेत पाते ही राजा नाहरसिंह देश की स्वतन्त्रता की रक्षार्थ स्वेच्छा से समराग्नि में कूद पड़े और दिल्ली के पराभव के उपरान्त भी अंग्रेजों से नाक से चना बिनवाते रहे ।

यह थी उनकी निस्पृह देशभक्ति की प्रबल भावना जिससे अंग्रेज चकरा गए और अन्त में छल से सफेद झंडा दिखाकर धोखे से उन्हें दिल्ली लाए और वहां एक रात सोते हुए इस 'नाहर' को फिरंगियों ने कायरतापूर्वक जेल के सीखचों में बन्द कर दिया ।

गिरफ्तारी के बाद भी अंग्रेज बराबर यह चेष्टा करते रहे कि नाहरसिंह उनकी मित्रता स्वीकार कर लें, किन्तु वह महावीर तो उस फौलद का बना था जो टूट सकती है किन्तु झुकना नहीं जानती । परिणामतः अंग्रेजों की मैत्री को अस्वीकार करने के अपराध में राजा नाहरसिंह ने दिल्ली के ऐतिहासिक फव्वारे पर सहर्ष

फांसी के तख्ते पर झूल कर जर्जर भारत माता का अपने रक्त से अभिषेक किया और एक महान् उद्देश्य की प्राप्ति के मार्ग में वह मरकर भी अमर हो गए ।

महत्वपूर्ण क्यों नहीं ?

यह दूसरी बात है कि विदेशी दासत्व के युग में लिखे गए भारतीय इतिहास ग्रन्थों में भारत के इस अमर नौनिहाल को वह महत्वपूर्ण स्थान नहीं दिया गया है जिसका वह वास्तविक अधिकारी है । पर क्या अब स्वतन्त्र भारत में भी हम इस पिछली भूल को दोहराते रहें ?

कदाचित् राजा नाहरसिंह के इस अमर बलिदान को दो कारणों से अधिक महत्त्व नहीं मिला । प्रथम तो यह कि बल्लभगढ़ उन रजवाड़ों में सबसे छोटा था जिन्होंने सन 1857 के स्वातन्त्र्य समर में खुल कर भाग लिया और उसमें अपना अस्तित्व ही लीन कर दिया । उगते सूर्य को नमस्कार करने वाली हमारी मनोवृत्ति इस डूबते सूर्य की ओर आकृष्ट नहीं हुई या फिर दूसरा कारण यह था कि राजा नाहरसिंह को फाँसी देने से पूर्व कूटनीतिज्ञ अंग्रेजों ने उन्हें जबरन "नाहर खाँ" प्रचारित करके जनता में एक भ्रम फैला दिया था । हिन्दू धर्मानुसार राजा अवध्य होता है, किन्तु अंग्रेजों के हित में इस राजा का मारा जाना उस समय अनिवार्य था । अस्तु ।

अंग्रेजों ने एक विरोधी शक्ति के रूप में राजनैतिक उद्देश्य से राजा नाहरसिंह के विरुद्ध जो कुछ भी किया, हम यहां उस पर विचार करना नहीं चाहते, क्योंकि स्वयं ब्रिटिश इतिहासकारों ने महाराजा नाहरसिंह का जिस रूप में उल्लेख किया है वही उनके व्यक्तित्व एवं वीरत्व की परख की उत्तम कसौटी है । यदि महाराजा और उनके पूर्वज अद्वितीय वीर, सुयोग्य सैन्य संचालक, चतुर राजनीतिज्ञ तथा प्रजा-वत्सल शासक न होते तो मुगल साम्राज्य की नाक के तले ही यह स्वतन्त्र जाट-राज्य बल्लभगढ़ शान से मस्तक उठाए यों खड़ा न रहता ।

मुगलों से सन्धि

बल्लभगढ़ का यह छोटा सा राज्य दिल्ली से केवल 20 मील दूर ही तो था । मुगल सिंहासन की जड़ में ही एक शक्तिशाली हिन्दू राज्य स्वयं मुगलों को ही कब सहन होता ? इतिहास साक्षी है कि बार बार शाही सेना ने बल्लभगढ़ पर आक्रमण किए । पर बल्लभगढ़ के सुदृढ़ दुर्ग की अजेयता को स्वीकार करके दिल्ली दरबार बल्लभगढ़ नरेशों के साथ मित्रता के स्थायी सम्बंध में बंध गया । नवयुवक राजा नाहरसिंह की यह दूरदर्शिता ही कही जायेगी कि इन्होंने दिन-दूने बढ़ने वाले अंग्रेजी खतरे का सामना करने की दृष्टि से मुगल बादशाह से मित्रता कर ली ।

मित्रता के साथ ही लड़खड़ाते मुगल साम्राज्य का बहुत सा उत्तरदायित्व भी राजा नाहरसिंह ने अपने कन्धों पर सम्भाला । परिणामतः दिल्ली नगर की सुरक्षा एवं सुव्यवस्था की बागडोर बादशाह ने राजा को दे दी । शाही दरबार में राजा नाहरसिंह को विशेष सम्मान के रूप में 'सोने की कुर्सी' मिलती थी और वह भी बादशाह के बिल्कुल समीप ।

इस प्रकार टूटते हुए मुगल साम्राज्य की ढाल के रूप में सम्राट् बहादुरशाह के यदि कोई विश्वस्त सहायक थे तो वह राजा नाहरसिंह ही थे । हर संकट में वह दिल्ली की गद्दी की रक्षार्थ तत्पर रहते थे ।

परन्तु समय की गति तो किसी के रोके नहीं रुकती । धीरे-धीरे दिल्ली का तख्त अंग्रेजों के चंगुल में आता गया । यह दशा देखकर राजा नाहरसिंह सशंक हो उठे । उन्होंने रात-दिन दौड़-धूप करके सैन्य संगठन किया और इस योजना की सफलता के लिए यूरोपीय कप्तानों को अपनी सेना में सम्मानपूर्ण पद दिए । श्री पीयरसन को दिल्ली में बल्लभगढ़ राज्य का रेजीडेन्ट नियत किया तथा बल्लभगढ़ की सेना को यथासम्भव आधुनिक शस्त्रास्त्रों से सुसज्जित किया ।

16 मई 1857 को जब कि दिल्ली फिर से आजाद हुई, राजा नाहरसिंह की सेना दिल्ली की पूर्वी सीमा पर तैनात हुई । शाही सहायता के लिए 15000 रुहेलों की फौज सजाकर मुहम्मद बख्त खां दिल्ली में आ चुका था किन्तु उसने भी पूर्वी मोर्चे की कमान राजा नाहरसिंह पर ही रहने दी । सम्राट् बहादुरशाह भी अपनी दाहिनी भुजा नाहरसिंह को ही मानते थे ।

मजबूत मोर्चाबन्दी

अंग्रेजी आधिपत्य से मुक्त राजधानी दिल्ली के 134 दिन के स्वतन्त्र जीवन में राजा नाहरसिंह ने रात दिन परिश्रम करके सुव्यवस्था बनाए रखने तथा मजबूत मोर्चाबन्दी करने का प्रयत्न किया । उन्होंने दिल्ली से बल्लभगढ़ तक फौजी चौकियां तथा गुप्तचरों के दल नियुक्त कर दिए । उनकी इस तैयारी से त्रस्त होकर ही सर जॉन लारेन्स ने पूर्व की ओर से दिल्ली पर आक्रमण करना स्थगित कर दिया । लार्ड केनिंग को लिखे गए एक पत्र में सर जॉन लारेन्स ने लिखा था - "यहां पूर्व और दक्षिण की ओर बल्लभगढ़ के नाहरसिंह की मजबूत मोर्चाबन्दी है और उस सैनिक दीवार को तोड़ना असंभव ही दीख पड़ता है, जब तक कि चीन अथवा इंग्लैंड से हमारी कुमक नहीं आ जाती ।"

यही हुआ भी - 13 सितंबर को जब अंग्रेजी पलटनों ने दिल्ली पर आक्रमण किया तब वह कश्मीरी दरवाजे की ओर से ही किया गया । एक बार जब गोरे शहर में घुस पड़े तब अधिकांश भारतीय सैनिक तितर-बितर होने लगे । बादशाह को

भी किला छोड़कर हुमायूं के मकबरे में शरण लेनी पड़ी । इस बिगड़ी परिस्थिति में राजा ने बादशाह से बल्लभगढ़ चलने का आग्रह किया किन्तु इलाहीबख्श नामक एक अंग्रेज एजेन्ट के बहकाने से बादशाह ने हुमायूं के मकबरे से आगे बढ़ना अस्वीकार कर दिया ।

राजा नाहरसिंह की बात न मानने का प्रतिफल यह हुआ कि 21 सितंबर को कप्तान हडसन ने चुपचाप बहादुरशाह को गिरफ्तार कर लिया । फिर भी राजा ने बहादुरी दिखाई और अंग्रेजी फौज को ही घेरे में डाल लिया । खतरे को पहचान कर कप्तान हडसन ने शाहजादों को गोली मार दी और सम्राट् को भी मार डालने की धमकी दी । अतः राजा ने सम्राट् की प्राणरक्षा की दृष्टि से घेराबन्दी उठा ली । दिल्ली के तख्त का यह अन्तिम अध्याय था ।

रणबांकुरे नाहरसिंह ने तब भी हिम्मत नहीं हारी । उसने रातों रात पीछे हटकर बल्लभगढ़ के किले में घुसकर नए सिरे से मोर्चा लगाया और आगरे की ओर से दिल्ली को बढ़ने वाली गोरी पलटनों की धज्जियां उड़ाई जाने लगीं । हजारों गोरे बन्दी बना लिये गए और अगणित बल्लभगढ़ के मैदान में धराशायी हुए । कहा जाता है कि बल्लभगढ़ में रक्त की नाली बहने लगी थी जिससे राजकीय तालाब का रंग रक्तिम हो गया था । सम्राट् के शहजादों के रक्त का बदला बल्लभगढ़ में ले लिया गया ।

धोखा

परन्तु चालाक अंग्रेजों ने धोखेबाजी से काम लिया और रणक्षेत्र में सन्धिसूचक सफेद झंडा दिखा दिया । चार घुड़सवार अफसर दिल्ली से बल्लभगढ़ पहुंचे और राजा से निवेदन करने लगे कि सम्राट् बहादुरशाह से सन्धि होने वाली है, उसमें आपका उपस्थित होना आवश्यक है । अंग्रेज आपसे मित्रता ही रखना अभीष्ट समझते हैं ।

भोला जाट नरेश अंग्रेजी जाल में फंस गया । उसने अंग्रेजों का विश्वास कर 500 चुने हुए जवानों के साथ दिल्ली की ओर प्रस्थान कर दिया ।

इस प्रकार अंग्रेजी कूटनीति बल्लभगढ़ की स्वतन्त्रता का अभिशाप बनकर राजा नाहरसिंह के सम्मुख उपस्थित हुई । दिल्ली में प्रवेश करते ही छिपी हुई गोरी पलटन ने अचानक राजा नाहरसिंह को बन्दी बना लिया । उनके बहादुर साथियों को मार-काट दिया गया ।

दूसरे ही दिन पूरी शक्ति से अंग्रेजों ने बल्लभगढ़ पर आक्रमण कर दिया । वह सुदृढ़ दुर्ग जिसे अंग्रेज लौह द्वार कहते थे, तीन दिन तोप के गोलों से गले मिलता रहा । राजा ने अपने दुर्ग को गोला-बारूद का केन्द्र बना रखा था । बरसों तक लड़ने

की क्षमता थी उस छोटे से किले में । किन्तु बिना सेनापति के आखिर कब तक लड़ा जा सकता था ?

उधर स्वाभिमानी राजा ने अंग्रेजों का मित्र बनने से साफ इन्कार कर दिया । उसने कहा - "शत्रुओं को सिर झुकाना मैंने सीखा नहीं है" । 36 वर्षीय राजा की सुन्दर लुभावनी मुखाकृति को देखकर हड़सन ने बड़ा दयाभाव दर्शाते हुए समझाया "नाहरसिंह ! मैं तुम्हें अब भी फांसी से बचा सकता हूँ । थोड़ा सा झुक जाओ ।" राजा ने हड़सन की ओर पीठ करते हुए उत्तर दिया - "कह दिया, फिर सुन लो । गोरे मेरे शत्रु हैं, मेरे देश के शत्रु हैं, उनसे क्षमा मैं कदापि नहीं मांग सकता । लाख नाहरसिंह कल पैदा हो जायेंगे ।"

नाहर के उपर्युक्त उत्तर से अंग्रेज बौखला गए । उन्होंने राजा को फांसी देने का निश्चय किया और चांदनी चौक में आधुनिक फव्वारे के निकट, जहां राजा नाहरसिंह का दिल्ली स्थित आवास था, उनको खुले आम फांसी देने की व्यवस्था की गई । दिल्ली की वह जनता जो किसी दिन राजा को शक्ति का देवता मानकर उसे अपनी सुरक्षा और सुव्यवस्था का अधिष्ठाता समझती थी, उदास भाव से गर्दन झुकाए, बड़ी संख्या में अन्तिम दर्शन को उपस्थित थी । उस दिन राजा की 36वीं वर्षगांठ थी जिसे मनाने के लिए वह वीर इस प्रकार फांसी के तख्ते के निकट आया मानो अपनी वर्षगांठ के उपलक्ष्य में तुलादान की तराजू के निकट आकर खड़ा हुआ हो । राजा के साथ उसके तीन अन्य विश्वस्त साथी और थे - खुशालसिंह, गुलाबसिंह और भूरासिंह । बल्लभगढ़ के ये चार नौनिहाल देशभक्ति के अपराध में साथ-साथ फांसी के तख्ते पर खड़े हुए ।

दिल्ली की जनता नैराश्यभाव से साश्रु इस हृदयविदारक दृश्य को देख रही थी । परन्तु राजा नाहरसिंह के मुखमंडल पर मलिनता का कोई चिन्ह न था, वरन् एक दिव्य तेज शत्रुओं को आशंकित करता हुआ उनके मुख-मंडल पर छाया हुआ था ।

चिंगारी बुझने न देना

अन्त में फांसी की घड़ी आई और हड़सन ने सिर झुका कर राजा से उनकी अन्तिम इच्छा पूछी । राजा ने सतेज स्वर में उत्तर दिया, "तुम से कुछ नहीं मांगना । परन्तु इन भयत्रस्त दर्शकों को मेरा यह सन्देश दो कि जो चिंगारी मैं आप लोगों में छोड़े जा रहा हूं उसे बुझने न देना । देश की इज्जत अब तुम्हारे हाथ है ।"

हड़सन समझ नहीं सका । उसने दुभाषिये की ओर इशारा किया । किन्तु दुभाषिये ने जब उसे राजा की यह इच्छा सुनाई तब वह सन्न रह गया और राजा की इस अन्तिम इच्छा को उपस्थित दर्शकों को कहने में अपनी असमर्थता प्रकट की ।

इस प्रकार राजा नाहरसिंह निस्वार्थ भाव से देश की बलिवेदी पर चढ़कर अमर हो गए । उनका पार्थिव उनके परिवार को नहीं दिया गया । अतः उनके राजपुरोहित ने राजा का पुतला बनाकर, गंगा किनारे अन्तिम संस्कार की रस्म पूरी की ।

हरियाणा प्रान्त के महान् योद्धा राव राजा तुलाराम

इस असार संसार में कितने ही मनुष्य जन्म लेते हैं और अपना सांसारिक जीवन समाप्त कर मृत्यु के ग्रास बन जाते हैं । संस्कृत के एक कवि का वचन है –

परिवर्तिनि संसारे मृतः को वा न जायते ।

स जातो येन जातेन याति वंशः समुन्नतिम् ॥

अर्थात् इस संसार में वह मनुष्य ही पैदा हुआ है जिसके पैदा होने से वंश वा जाति उन्नति को प्राप्त होती है । वैसे तो इस संसार में कितने ही नर पैदा होते हैं और मरते हैं । इस वचन के अनुसार रेवाड़ी के राव राजा तुलाराम अपनी अपनी उद्दात कार्यावली से अपने प्रान्त एवं जाति को प्रकाशित कर गए ।

आज से 101 वर्ष पूर्व, जबकि ऋषियों एवं महान् योद्धाओं की पवित्र भूमि भारत विदेशी अंग्रेज जाति द्वारा पददलित की जा रही थी और अंग्रेज जाति इस राष्ट्र की फूट की बीमारी का पूर्ण लाभ उठाकर अपनी कूटनीति द्वारा इस राष्ट्र के विशाल मैदानों की स्वामिनी बन बैठी थी । इस विदेशी जाति ने मुसलमान बादशाहों एवं हिन्दू राजाओं को अपनी कूटनीति से बुरी तरह कुचला और इतना कुचला कि वे अपनी वास्तविकता को भूल ग्ये । किन्तु किसी जाति के अत्याचार ही दूसरी जाति को आत्म-सम्मान एवं आत्म-गौरव के रक्षार्थ प्रेरित करते हैं ।

ठीक इसी समय जबकि अंग्रेज जाति भारतीय जनता पर लोम-हर्षण अत्याचार कर रही थी और भारतीय जनता इसका बदला लेने की अन्दर ही अन्दर तैयारी कर रही थी, उसी समय 10 मई 1857 को चर्बी वाले कारतूस के धार्मिक जोश की आड़ में मेरठ में भारतीय सैनिकों ने अंग्रेजों के विरुद्ध विद्रोह का झंडा बुलन्द कर ही तो दिया । प्रसुप्त भावनायें जाग उठीं, देश ने विलुप्त हुई स्वतन्त्रता को पुनः प्राप्त करने के लिए करवट बदली, राजवंशों ने तलवार तान स्वतन्त्रता देवी का स्वागत किया, समस्त राष्ट्र ने फिरंगी को दूर करने की मन में ठान ली ।

भला इस शुभ अवसर को उपस्थित देख स्वाधीन भावनाओं के आराधक राव राजा तुलाराम कैसे शान्त बैठते ? उन्होंने भी उचित अवसर देख स्वतन्त्रता के लिए शंख ध्वनि की । वीर राजा तुलाराम की ललकार को सुन हरियाणा के समस्त रणबांकुरे स्वतन्त्रता के झण्डे के नीचे एकत्रित हो, अपने यशस्वी नेताओं के नेतृत्व

में चल दिए, शत्रु से दो हाथ करने के लिए दिल्ली की ओर ।

जब राव तुलाराम अपनी सेना के साथ दिल्ली की ओर कूच कर रहे थे, तो मार्ग में सोहना और तावड़ू के बीच अंग्रेजी सेना से मुठभेड़ हो गई, क्योंकि फिरंगियों को राव तुलाराम के प्रयत्नों का पता चल गया था । दोनों सेनाओं का घमासान युद्ध हुआ । आजादी के दीवाने दिल खोल कर लड़े और मैदान जीत लिया । मिस्टर फोर्ड को मुंह की खानी पड़ी और उसकी सारी फौज नष्ट हो गई और वह स्वयं दिल्ली भाग आया ।

उधर मेरठ में स्वाधीनता यज्ञ को आरम्भ करने वाले राव राजा तुलाराम के चचेरे भाई राव कृष्ण गोपाल जो नांगल पठानी (रेवाड़ी) के राव जीवाराम के द्वितीय पुत्र थे और मेरठ में कोतवाल पद पर थे, उन्होंने समस्त कैदखानों के दरवाजों को खोल दिया तथा नवयुवकों को स्वतन्त्रता के लिए ललकारा और समस्त वीरों को स्वाधीनता के झण्डे के नीचे एकत्र किया । अपने साथियों सहित जहां अंग्रेज विद्रोह का दमन करने के लिए परामर्श कर रहे थे, उस स्थान पर आक्रमण किया तथा समस्त अंग्रेज अधिकारियों का सफाया कर दिया और फिर मार-धाड़ मचाते अपने साथियों सहित दिल्ली की तरफ बढ़े ।

दिल्ली आये । भारत के अन्तिम मुगल सम्राट् बहादुरशाह के समीप पहुंचे । अकबर, जहांगीर आदि के चित्रों को देख-देख ठण्डी आहें भरकर अपने पूर्वजों के वैभव को इस प्रकार लुटता देख बहादुरशाह चित्त ही चित्त में अपने भाग्य को कोसा करता था । आज उसने सुना कि कुछ भारतीय सैनिक मेरठ में स्वाधीनता का दीपक जलाकर तेरे पास आये हैं । उनका सोया हुआ मुगल-शौर्य जाग उठा । तुरन्त वीर सेनापति कृष्णगोपाल ने आगे बढ़कर कहा - जहांपनाह ! उठो, अपनी तलवार संभालो, अपना शुभाशीर्वाद दो, जिससे हम अपनी तलवार द्वारा भारतभूमि को फिरंगियों से खाली कर दें । बादशाह ने डबडबाई सी आंखें खोलकर कहा - मेरे वीर सिपाही ! क्या करूं? आज मेरे पास एक सोने की ईंट भी नहीं जो तुम्हें पुरस्कार में दे सकूं ।

वीर कृष्णगोपाल साथियों सहित गर्ज उठे - "महाराज, हमें धन की आवश्यकता नहीं है, हम इस प्रशस्त मार्ग में आपका शुभाशीर्वाद चाहते हैं । हम संसार की धन-दौलत को अपनी तलवार से जीतकर आपके चरणों पर ला डालेंगे ।"

वीर की सिंहगर्जना सुनकर वृद्ध बादशाह की अश्रुपूर्ण आंखें हो गईं और कह ही तो दिया कि –

"गाजियों में बू रहेगी जब तलक ईमान की ।

तख्ते लंदन तक चलेगी तेग हिन्दुस्तान की ।"

राव कृष्णगोपाल को तब यह समाचार मिला कि रेवाड़ी में राजा तुलाराम स्वतन्त्रता के लिए महान् प्रयत्न कर रहे हैं, तो वे स्वयं अपने साथियों सहित रेवाड़ी पहुंच गए । उन्हीं दिनों मि० फोर्ड से युद्ध के ठीक उपरान्त राजा तुलाराम ने अपने प्रान्त की एक सभा बुलाई । इस सभा में महाराजा अलवर, राजा बल्लभगढ़ राजा निमराणा, नवाब झज्जर, नवाब फर्रुखनगर, नवाब पटौदी, नवाब फिरोजपुर झिरका शामिल हुए । राम तुलाराम ने अपने विशेष मित्र महाराजा जोधपुर को विशेष रूप से निमन्त्रित किया किन्तु उन्होंने राव तुलाराम को लिखकर भेज दिया कि अंग्रेज बहादुर से लोहा लेना कोई सरल कार्य नहीं है । नवाब फरुखनगर, नवाब झज्जर एवं नवाब फिरोजपुर झिरका ने भी नकारात्मक उत्तर दे दिया । इस पर उनको बड़ा क्रोध आया और उन्होंने सभा में ही घोषणा कर दी कि "चाहे कोई सहायता दे या न दे, वह राष्ट्र के लिए कृत-प्रतिज्ञ हैं ।" अपने अन्य वीर साथियों की तरफ देखकर उनका वीर हृदय गर्ज उठा - "हे भारतमाता ! मैं सब कुछ तन, मन, धन तुम्हारी विपत्तियों को नष्ट करने में समर्पित कर दूंगा । यह मेरी धारणा है । भगवान् सूर्य ! मुझे प्रकाश दो । भूमि जननी ! मुझे गम्भीरता दो, वायु शान्ति दो और दो बाहुओं में अपार बल, जो सच्चे चरित्र के नाम पर मर मिटे तथा मार भगाये कायरता को हृदय मंदिरों से ।" आओ वीरो ! अब सच्चे क्षत्रियत्व के नाते इस महान् स्वाधीनता युद्ध (यज्ञ) को पूरा करें ।" उनकी इस गर्जना से प्रभावित होकर उपरोक्त राजा, नवाबों के भी पर्याप्त मनचले नवयुवक योद्धा राजा तुलाराम की स्वाधीनता सेना में सम्मिलित हो गये जिनमें नवाब झज्जर के दामाद समदखां पठान भी थे ।

राजा तुलाराम ने अंग्रेजों के विरुद्ध और नई सेना भी भरती की और स्वातन्त्र्य-संग्राम को अधिक तेज कर दिया । उन्होंने अपने चचेरे भाई गोपालदेव को सेनापति नियत किया । जब अंग्रेजों को यह ज्ञात हुआ कि राव तुलाराम हम से लोहा लेने की पुरजोर तैयारी कर रहे हैं और आस-पास के राजाओं एवं नवाबों को हमारे विरुद्ध उभार रहे हैं तो मि० फोर्ड के नेतृत्व में पुनः एक विशाल सेना राव तुलाराम के दमन के लिए भेजी । जब राव साहब को यह पता चला कि इस बार मि० फोर्ड बड़े दलबल के साथ चढ़ा आ रहा है तो उन्होंने रेवाड़ी में युद्ध न करने की सोच महेन्द्रगढ़ के किले में मोर्चा लेने के लिए महेन्द्रगढ़ की ओर प्रस्थान किया । अंग्रेजों ने आते ही गोकुलगढ़ के किले तथा राव तुलाराम के निवासघर, जो रामपुरा (रेवाड़ी) में स्थित है, को सुरंगें लगाकर नष्ट-भ्रष्ट कर दिया और तुलाराम की सेना के पीछे महेन्द्रगढ़ की तरफ कूच किया ।

राव तुलाराम ने पर्याप्त प्रयत्न किया कि किसी प्रकार महेन्द्रगढ़ किले के फाटक खुल जावें, किन्तु दुर्ग के अध्यक्ष ठाकुर स्यालुसिंह कुतानी निवासी ने हजार विनती करने पर भी किले के द्वार आजादी के दीवानों के लिए नहीं खोले । (बाद में अंग्रेजों ने दुर्ग न खोलने के उपलक्ष्य में स्यालुसिंह को समस्त कुतानी ग्राम की भूमि प्रदान कर दी ।)

वीर सेनापति तुलाराम दृढ़ हृदय कर, असफलताओं को न गिनते हुए नारनौल के समीप एक पहाड़ी स्थान नसीबपुर के मैदान में साथियों सहित वक्षस्थल खोलकर रणस्थल में डट गये । अंग्रेजों के आते ही युद्ध ठन गया । भीषण युद्ध डटकर हुआ । रणभेरियां बज उठीं । वीरों के खून में उबाल था । गगनभेदी जयकारों से तुमुल निनाद गुंजार करने लगा । साधन न होने पर भी सेना ने संग्राम में अत्यन्त रणकौशल दिखाया । रक्त-धारा बह निकली । नरमुंडों से मेदिनी मंडित हो गई । शत्रु सेना में त्राहि-त्राहि की पुकार गूंज उठी ।

तीन दिन तक भीषण युद्ध हुआ । तीसरे दिन तो इतना भीषण संग्राम हुआ कि हिन्दू कुल गौरव महाराणा प्रताप के घोड़े की भांति राव तुलाराम का घोड़ा भी शत्रु सेना को चीरते हुए अंग्रेज अफसर (जो काना साहब के नाम से विख्यात थे) के हाथी के समीप पहुंचा । पहुंचते ही सिंहनाद कर वीरवर तुलाराम ने हाथी का मस्तक अपनी तलवार के भरपूर वार से पृथक् कर दिया । दूसरे प्रहार से काना साहब को यमपुर पहुंचाया ।

काना साहब के धराशायी होते ही शत्रु सेना में भगदड़ मच गई । शत्रु सेना तीन मील तक भागी । मि० फोर्ड भी मैदान छोड़ भागे और दादरी के समीप मोड़ी नामक ग्राम में एक जाट चौधरी के गहां शरण ली । बाद में मि० फोर्ड ने अपने शरण देने वाले चौधरी को जहाजगढ़ (रोहतक) के समीप बराणी ग्राम में एक लम्बी चौड़ी जागीर दी और उस गांव का नाम फोर्डपुरा रखा, वहां पर आजकल उस चौधरी के वंशज निवास करते हैं ।

परन्तु इस दौरान में पटियाला, नाभा, जींद, एवं जयपुर की देशद्रोही नागा फौज के अंग्रेजों की सहायता के लिए आ जाने से पुनः भीषण युद्ध छिड़ गया । वीरों ने अन्तिम समय सन्निकट देखकर घनघोर युद्ध किया परन्तु अपार सेना के समक्ष अल्प सेना का चारा ही क्या चलता ? इसी नसीबपुर के मैदान में राजा तुलाराम के महान् प्रतापी योद्धा, मेरठ स्वाधीनता-यज्ञ को आरम्भ करने वाले, अहीरवाल के एक-एक गांव में आजादी का अलख जगाने वाले, राव तुलाराम के चचेरे भाई वीर शिरोमणि राव कृष्णगोपाल एवं कृष्णगोपाल के छोटे भाई वीरवर राव रामलाल जी और राव किशनसिंह, सरदार मणिसिंह, मुफ्ती निजामुद्दीन,

शादीराम, रामधनसिंह, समदखां पठान आदि-आदि महावीर क्षत्रिय जनोचित कर्त्तव्य का पालन करते हुए भारत की स्वातन्त्रय बलिवेदी पर बलिदान हो गये । उन महान् योद्धाओं के पवित्र रक्त से रंजित होकर नसीबपुर के मैदान की वीरभूमि हरियाणा का तीर्थस्थान बन गई । दुःख है कि आज उस युद्ध को समाप्त हुए एक शताब्दि हो गई किन्तु हरियाणा निवासियों ने आज तक उस पवित्र भूमि पर उन वीरों का कोई स्मारक बनाने का प्रयत्न ही नहीं, साहस भी न किया । यदि भारत के अन्य किसी प्रान्त में इतना बलिदान किसी मैदान में होता तो उस प्रान्त के निवासी उस स्थान को इतना महत्व देते कि वह स्थान वीरों के लिए आराध्य-भूमि बन जाता तथा प्रतिवर्ष नवयुवक इस महान् बलिदान-भूमि से प्रेरणा प्राप्त कर अपना कर्त्तव्य पालन करने के लिए उत्साहित होते ।

आज मराठों की जीवित शक्ति ने सन् 1857 के स्वातन्त्रय युद्ध की अमर सेनानी लक्ष्मीबाई एवं तांत्या टोपे नाना साहब के महान् बलिदान को अंग्रेजों के प्रबल दमनचक्र के विपरीत भी समाप्त नहीं होने दिया । अंग्रेजों के शासन काल में भी उपर्युक्त वीरों का नाम भारत के स्वातन्त्रय-गगन में प्रकाशित होता रहा । बिहार के बूढ़े सेनापति ठा. कुंवरसिंह के बलिदान को बिहार निवासियों ने जीवित रखा । जहां कहीं भी कोई बलिदान हुआ, किसी भी समय हुआ, वहां की जनता ने अपने प्राचीन गौरव के प्रेरणाप्रद बलिदानों को जीवित रखा । आज मेवाड़ प्रताप का ही नहीं, अपितु उसके यशस्वी घोड़े का "चेतक चबूतरा" बनाकर प्रतिष्ठित करता है । चूड़ावत सरदार के बलिदान को "जुझार जी" का स्मारक बनाकर जीवित रखे हुए हैं । परन्तु अपने को भारत का सबसे अधिक बलशाली कहने वाला हरियाणा प्रान्त अपने 100 वर्ष पूर्व के बलिदान को भुलाये बैठा है । यदि यह लज्जा का विषय नहीं तो क्या है ? जर्मन के महान् विद्वान मैक्समूलर लिखते हैं - A nation that forgets the glory of its past, loses the mainstay of its national character. अर्थात् जो राष्ट्र अपने प्राचीन गौरव को भुला बैठता है, वह राष्ट्र अपनी राष्ट्रीयता के आधार स्तम्भ को खो बैठता है । यही उक्ति हरियाणा के निवासियों पर पूर्णतया चरितार्थ होती है ।

नसीबपुर के मैदान में राव तुलाराम हार गये और अपने बचे हुए सैनिकों सहित रिवाड़ी की तरफ आ गये । सेना की भरती आरम्भ की । परन्तु अब दिन प्रतिदिन अंग्रेजों को पंजाब से ताजा दम सेना की कुमुक मिल रही थी ।

निकलसन ने नजफगढ़ के स्थान में नीमच वाली भारतीय सेनाओं के आपसी झगड़े से लाभ उठाकर दोनों सेनाओं को परास्त कर दिया । सारांश यह है कि अक्तूबर 1857 के अन्त तक अंग्रेजों के पांव दिल्ली और उतरी भारत में जम

गये । अतः तुलाराम अपने नये प्रयत्न को सफल न होते देख बीकानेर, जैसलमेर पहुंचे । वहां से कालपी के लिए चल दिये । इन दिनों कालपी स्वतन्त्रता का केन्द्र बना हुआ था । यहां पर पेशवा नाना साहब के भाई, राव साहब, तांत्या टोपे एवं रानी झांसी भी उपस्थित थी । उन्होंने राव तुलाराम का महान् स्वागत किया तथा उनसे सम्मति लेते रहे । इस समय अंग्रेजों को बाहर से सहायता मिल रही थी । कालपी स्थित राजाओं ने परस्पर विचार विमर्श कर राव राजा तुलाराम को अफगानिस्तान सहायता प्राप्त करने के उद्देश्य से भेज दिया । राव तुलाराम वेष बदलकर अहमदाबाद और बम्बई होते हुए बसरा (ईराक) पहुंचे । इस समय इनके साथ श्री नाहरसिंह, श्री रामसुख एवं सैय्यद नजात अली थे । परन्तु खाड़ी फारस के किनारे बुशहर के अंग्रेज शासक को इनकी उपस्थिति का पता चल गया । भारतीय सैनिकों की टुकड़ी जो यहां थी, उसने राव तुलाराम को सूचित कर दिया और वे वहां से बचकर सिराज (ईरान) की ओर निकल गये । सिराज के शासक ने उनका भव्य स्वागत किया और उन्हें शाही सेना की सुरक्षा में ईरान के बादशाह के पास तेहरान भेज दिया । तेहरान स्थित अंग्रेज राजदूत ने शाह ईरान पर उनको बन्दी करवाने का जोर दिया, शाह ने निषेध कर दिया । तेहरान में रूसी राजदूत से राव तुलाराम की भेंट हुई और उन्होंने सहायता मांगी और राजदूत ने आश्वासन भी दिया । परन्तु पर्याप्त प्रतीक्षा के पश्चात् राव तुलाराम ने अफगानिस्तान में ही भाग्य परखने की सोची । उनको यह भी ज्ञात हुआ कि भारतीय स्वातन्त्रय संग्राम में भाग लेने वाले बहुत से सैनिक भागकर अफगानिस्तान आ गये हैं । राजा तुलाराम डेढ़ वर्ष पीछे तेहरान से अमीर काबुल के पास आ गये, जो उन दिनों कंधार में थे । वहां रहकर बहुत प्रयत्न किया परन्तु सहायता प्राप्त न हो सकी । राव तुलाराम को बड़ा दुःख हुआ और छः वर्ष तक अपनी मातृभूमि से दूर रहकर उसकी पराधीनता की जंजीरों को काटने के प्रयत्न में एक दिन काबुल में पेचिस द्वारा इस संसार से प्रयाण कर गये । उन्होंने वसीयत की कि उनकी भस्म रेवाड़ी और गंगा जी में अवश्यमेव भेजी जावे । ब्रिटिश शासन की ओर से 1857 के स्वातन्त्रय संग्राम में भाग लेने वालों के लिए सार्वजनिक क्षमादान की सूचना पाकर उनके दो साथी राव नाहरसिंह व राव रामसुख वापस भारत आये ।

लेख को समाप्त करते हुए अन्तरात्मा रो उठती है कि आज भारतीय जनता उस वीर शिरोमणि राव तुलाराम के नाम से परिचित तक नहीं । मैं डंके की चोट पर कहता हूं कि यदि झांसी की लक्ष्मीबाई ने स्वातन्त्रय-संग्राम में सर्वस्व की बलि दे दी, यदि तांत्या टोपे एवं ठाकुर कुंवरसिंह अपने को स्वतन्त्रता की बलिवेदी पर उत्सर्ग कर गये - यदि यह सब सत्य है तो यह भी सुनिर्धारित सत्य है कि

सन् 1857 के स्वातन्त्र्य महारथियों में राव तुलाराम का बलिदान भी सर्वोपरि है । किन्तु हमारी दलित भावनाओं के कारण राजा तुलाराम का बलिदान इतिहास के पृष्ठों से ओझल रहा । आज भी अहीरवाल में जोगी एवं भाटों के सितारे पर राजा तुलाराम की अमर गाथा सुनी जा सकती है । किं बहुना, एक दिन उस वीर सेनापति राव तुलाराम के स्वतन्त्रता शंख फूंकने पर अहीरवाल की अन्धकारावृत झोंपड़ियों में पड़े बुभुक्षित नरकंकालों से लेकर रामपुरा (रेवाड़ी) के गगनचुम्बी राजप्रसादों की उत्तुंग अट्टालिकाओं में विश्राम करने वाले राजवंशियों तक ने ब्रिटिश साम्राज्यवाद के विरुद्ध किये जा रहे स्वातन्त्र्य आन्दोलन में अपनी तलवार के भीषण वार दिखाकर क्रियात्मक भाग लिया था । आज भी रामपुरा एवं गोकुलगढ़ के गगन-चुम्बी पुरातन खंडहरावशेष तथा नसीबपुर के मैदान की रक्तरंजित वीरभूमि इस बात की साक्षी दे रहे हैं कि वे अपने कर्तव्य पालन में किसी से पीछे नहीं रहे ।

इस प्रान्त को स्वातन्त्र्य-युद्ध में भाग लेने का मजा तुरन्त ब्रिटिश सरकार ने चखा दिया । राव तुलाराम के राज्य की कोट कासिम की तहसील जयपुर को, तिजारा व बहरोड़ तहसील अलवर को, नारनौल व महेन्द्रगढ़ पटियाला को, दादरी जीन्द को, बावल तहसील नाभा को, कोसली के आस-पास का इलाका जिला रोहतक में और नाहड़ तहसील के चौबीस गांव नवाब दुजाना को पुरस्कार रूप में प्रदान कर दिया । यह था अहीरवाल का स्वातन्त्र्य संग्राम में भाग लेने का परिणाम, जो हमारे संगठन को अस्त-व्यस्त करने का कारण बना । और यह एक मानी हुई सच्चाई है कि आज अहीर जाति का न तो पंजाब में कोई राजनैतिक महत्व है और न राजस्थान में । सन् 1857 से पूर्व इस जाति का यह महान् संगठन रूप दुर्ग खड़ा था, तब था भारत की राजनीति में इस प्रान्त का अपना महत्व ।

अन्त में भारतवर्ष के स्वतन्त्रता संग्राम के इतिहास लेखकों से यह आशा करता हूं कि वे भारत के नवीन इतिहास में इस वीर प्रान्त की आहुति को उपयुक्त स्थान देना न भूलेंगे ।

जब करनाल के वीरों ने अंग्रेजों के दांत खट्टे किये- (पृष्ठ - 483-484)

प्रथम स्वातन्त्र्य समर में देहली से जब स्वतन्त्रता की लहरें उठीं तो इसका पूरा प्रभाव जिला करनाल पर भी पड़ा । देहली और अम्बाला के बीच में जिला करनाल एक प्रसिद्ध ऐतिहासिक नगर है और जिला करनाल को यह अधिकार

जगतप्रसिद्ध महाभारत-युद्ध के काल से ही पितृ-संपत्ति की भांति प्राप्त है । जिला करनाल भारत के इतिहास को सदा उज्जवल करता रहा है । सन् 1857 के स्वातन्त्रय समर में यह किस प्रकार पीछे रह सकता था ? सन् 1857 के युद्ध नेता श्री नाना साहब की दूरदर्शिता तथा अजीमुल्ला के सहयोग के कारण इलाहाबाद, झांसी और देहली के लोग सन् 1857 के स्वातन्त्रय युद्ध के लिए कटिबद्ध हो गये । 16 अप्रैल 1857 में नानासाहब और अजीमुल्ला तीर्थयात्रा के बहाने से थानेसर पधारे । उस समय अंग्रेज प्रधान सेनापति डानसन का केन्द्र अम्बाला ही था ।

नानासाहब की योजना थी कि जब देहली के लोग अंग्रेजों के विरुद्ध युद्ध की घोषणा करें तब अम्बाला से अंग्रेजी सेना और उनका प्रधान सेनापति अंग्रेजों की सहायता न कर सके । इसके लिए थानेसर, करनाल और पानीपत जैसे पुराने ऐतिहासिक नगर जो बड़ी सड़क देहली-अम्बाला विभाग पर निवास करते थे, उनको उत्साहित किया जिससे अंग्रेजी सर्प यदि देहली की ओर बढ़े तो मध्य में ही उसके सिर को कुचल दें । नानासाहब और इनके सहयोगी अजीमुल्ला अंग्रेजों की प्रत्येक कूटनीति को भली प्रकार से जानते थे । थानेसर के पश्चात् नानासाहब करनाल और पानीपत गये । इस नगर के निकटवर्ती देहातों के प्रसिद्ध व्यक्तियों से मिले । योजना तैयार की गई । थानेसर की ब्राह्मण पंचायत ने नानासाहब से प्रतिज्ञा की कि हम आपका यह सन्देश हरियाणा प्रान्त के प्रत्येक ग्राम में पहुंचायेंगे । वास्तव में ऐसा ही हुआ । एतत्पश्चात् कुरुक्षेत्र के पवित्र तीर्थों का 'लाल कमल' सन्देश हरियाणा प्रान्त के प्रत्येक घर पहुँचा ।

नानासाहब के चले जाने पर जिला करनाल के नेताओं ने गुप्त सभा करके अम्बाला के स्वतन्त्रता को दबाने वाले प्रत्येक कर्मचारी के घर को फूंकने का प्रस्ताव पारित किया । इसके पश्चात् प्रतिदिन कर्मचारियों के घरों में आग लगाने की सूचना प्रधान सेनापति अम्बाला के पास जाने लगी । अपराधियों की खोज के लिए सहस्रों रुपये का पारितोषिक रखा गया परन्तु सफलता प्राप्त न हुई और विवशतावश गवर्नर जनरल को लिखना पड़ा ।

जब 18 मई 1857 को करनाल में देहली पर आक्रमण की सूचना मिली तो थानेसर में स्थित सैनिकों ने जनता के साथ मिलकर अंग्रेज कर्मचारियों को मारकर शहर पर अधिकार कर लिया । 20 मई तक देहली अम्बाला सड़क सर्वथा बन्द रही और अंग्रेजी सेना देहली में सहायतार्थ जाने से रोकी गई । 21 मई 1857 को स्वतन्त्रता के शत्रु महाराजा पटियाला की सेना ने अंग्रेजों की सहायता की । स्वतन्त्रता प्रेमियों को कुचल दिया गया । स्वराज्य के दीवाने हिसार के रांघड़ों को जेल में बन्द करके कड़ा पहरा बिठाया गया । परन्तु अंग्रेजों को भय था कि कैथल

के राजपूत 31 मई को इनको छुड़ाने के लिए आक्रमण करेंगे । इसलिए स्वतन्त्रता के प्रेमियों को अम्बाला की जेल में भेजना पड़ा ।

19 जून 1857 को महाराजा पटियाला अपनी सेना सहित अपने राज्य की रक्षा के लिए चला गया । प्रान्त के लोगों ने पुनः थानेसर पर अधिकार कर लिया । थानेसर के देशद्रोही चौहान राजपूतों ने अंग्रेजों की सहायता की ।

सन् 1857 में कैथल में अंग्रेज रजिडेन्ट मिस्टर मैकब था । जून 1857 में पाटी के जाटों ने कैथल पर आक्रमण कर उस पर अपना अधिकार कर लिया । अंग्रेजी सेना को तलवार का पानी पिलाया । मिस्टर मैकब अपने परिवार सहित ग्राम मोढ़ी में छुपे । फतेहपुर के कलालों ने मिस्टर मैकब को परिवार सहित मार दिया । जिस समय अंस की आज्ञानुसार प्रधान सेनापति हडसन फतेहपुर को तोपों से उड़ाने के लिए करनाल से रोहतक जा रहा था, तब एक कलाल ने मिस्टर मैकब को मारने का उत्तरदायित्व लिया परन्तु उसे तोप के मुंह पर बांधकर उड़ाया गया । इस वीर के बलिदान ने समस्त ग्राम को बचा लिया, निर्दयी हडसन ग्रामों में जनता के साधारण लोगों को मारता हुआ रोहतक की ओर चला गया ।

कम्पनी सरकार की आज्ञा से महाराजा पटियाला और महाराजा जीन्द ने थानेसर और पानीपत को अधिकृत करके अंग्रेजों को पंजाब की ओर से निश्चिन्त कर दिया । सिख आरंभ से ही अंग्रेजों के साथ थे । जिला करनाल के जाटों और राजपूतों को बुरी तरह कुचला गया । 25 मई सन् 1857 को अंस अम्बाला से देहली की ओर जा रहा था परन्तु विसूचिका (हैजा) से मार्ग में ही हत्यारे को जीवन से हाथ धोने पड़े ।

अंग्रेजों ने करनाल को मेरठ पर आक्रमण करने का केन्द्र बनाया । जमना पार आक्रमण किया गया, परन्तु असफलता मिली । अम्बाला से देहली के मार्ग में हजारों लोगों को पकड़ कर कोर्ट मार्शल के पश्चात् अत्यन्त बुरे ढंग से मारा जाता था । हजारों हिन्दुस्तानियों को फांसी की रस्सी से लटका दिया गया । इनके सिरों के बाल एक-एक करके उखाड़े गये । इनके शरीरों को संगीनों से नोचा गया । भालों और संगीनों से हिन्दू व देहातियों के मुख में गोमांस डालकर उनका धर्म भ्रष्ट किया गया । इस प्रकार जिला करनाल के असंख्य लोगों ने असंख्य बलिदान इस स्वतन्त्रता युद्ध में दिये ।

12

जाट वंश के बलिदान

जाट वंश के बलिदान (पृष्ठ - 325-334)-

लेखक (स्वामी ओमानन्द सरस्वती (आचार्य भगवान् देव)) ने यह लेख जाटवंश के वीरों की कुछ घटनाओं को लेकर ही लिखा है । इसका अर्थ यह नहीं कि अन्य वंशीय लोगों के बलिदानों को भुला दिया । वह स्वयं लिखता है कि "इस लेख में मैं केवल जाटों से सम्बन्धित कुछ बातें लिखूंगा । बाकी लोगों के संबन्ध में अन्य लेखों में ।" वैसे लेखक ने जाट, अहीर, राजपूत, ब्राह्मण और वैश्य आदि सभी का सामान्यतः इसमें उल्लेख किया है । जाति-पांति के झंझट में फंसना हमारा सिद्धान्त नहीं परन्तु पृथक-पृथक नामों से कुछ समूह प्रसिद्ध हो चुके हैं । उनका उसी नाम से वर्णन करने में कुछ सुविधा रहती है । जाट एक क्षत्रिय वंश है । उसके नाम मात्र को सुनकर नाक भौं सिकोड़कर साम्प्रदायिक कहना उचित नहीं । लेखक को इतिहास सामग्री से लाभ उठाना ही अभिप्रेप्सित होना चाहिये । - वेदव्रत सम्पादक

पिछले पांच हजार साल से भारत के भाग्य निर्णायक युद्ध हरियाण की वीर-भूमि में लड़े जाते रहे हैं । धर्मक्षेत्र कुरुक्षेत्र में भाई से भाई का जो युद्ध हुआ उसमें ऐसी परम्परा पड़ी कि आज भी इस धरती पर भाई से भाई लड़ता कतराता नहीं । और इसी हरियाणे की पवित्र भूमि के ठीक मध्य में दिल्ली है जो न्यूनाधिक अपनी स्थापना से आज तक इस राष्ट्र की राजधानी चली आई है । हजारों साल से वे देश के स्वातन्त्र्य युद्धों में सामूहिक रूप से भाग लेते आये हैं । परन्तु इतिहास में उनके अमर बलिदानों की कहानी का उल्लेख नहीं हुआ है । जाट रणभूमि में

अपने जौहर बार - बार दिखला चुका है, फिर भी राजपूत, सिख, मराठों जैसे युद्ध सम्बन्धी प्राचीन दन्त - कथायें उसके भाग्य में नहीं हैं । परन्तु अपनी मातृभूमि के लिए जिस दृढ़ता से जाट लड़ सकता है, उनमें से कोई भी नहीं लड़ सकता । अधिक से अधिक प्रतिकूल परिस्थिति में भी पूर्ण रूप से शान्त बने रहने और घबरा न उठने की प्राकृतिक शक्ति से जाट भरपूर होता है । भय तो जाट को छू भी नहीं सकता । जो भी चोट उस पर पड़ती है, उससे वह और भी कड़ा बन जाता है । उद्योग और साहस में तो जाट अद्वितीय होता है । शारीरिक संगठन, भाषा, चरित्र, भावना, शासन-क्षमता, सामाजिक परिस्थिति आदि के विचार से जाट ऊँचा स्थान रखता है ।

भारतीय इतिहास के निर्माण में जाट वंश का महत्त्वपूर्ण भाग रहा है । हिन्दू जाति और हिन्दू धर्म के लिए जाटों ने जो जो कार्य किये हैं, वे सदैव स्वर्णाक्षरों में लिखे जाने योग्य हैं । परन्तु आज भी आम हिन्दू में जाटों के प्रति जो भावना है उसे भला नहीं कहा जा सकता है । प्रेस और प्लेटफार्म से राजपूत, मराठा, सिख, गोरखों का यशोगान करते रहिये । आपको कोई कुछ न कहेगा परन्तु आपने भूल कर भी जाट के लिये कुछ लिख दिया या कह दिया तो आप फौरन साम्प्रदायिक घोषित कर दिये जावेंगे । जिन जाटों के लिए देश पर बलि देना बायें हाथ का खेल रहा है, जिनके रक्त में पवित्र कर्त्तव्य-पालन और देशभक्ति के भावों के परमाणु पूरी तरह से मिले हुए हैं, जो आन पर लड़ना और जान पर मरना खूब जानते हैं, आन के लिये घर बिगाड़ना जिस जाट के लिए साधारण बात रही है, उसके यशोगान से नफरत करना क्या हिन्दू जाति की ऐसान-फरामोशी नहीं है ?

विशाल हिन्दू जाति में से प्रसिद्ध इतिहासज्ञ श्री कालिका रंजन कानूनगो ही ऐसे हैं जिन्होंने इस ऋण से अनृण होने का प्रयत्न किया है । जाटों के सम्बन्ध में श्री कानूनगो के जो विचार हैं, उन्हें मैं उद्धृत करना आवश्यक समझता हूं । वे लिखते हैं -

"एक जाट उतना कल्पनाशील और भावुक नहीं होता जितना सुदृढ़ और धर्मशाली । शब्द प्रमाण की अपेक्षा उस पर प्रत्यक्ष उदाहरण का विशेष प्रभाव पड़ता है । स्वातन्त्र्य-प्रियता और परिश्रम-शीलता उसके विशेष गुण हैं । उसे अपने व्यक्तित्व का बड़ा ध्यान रहता है । वह स्वजाति सत्ता का समर्थक होने के साथ संगठन-कला में भी दक्ष होता है । जाट जिस बात को ठीक समझता है उसे करने में तुरन्त प्रवृत हो जाता है । यद्यपि वह स्वतन्त्र प्रकृति का होने के कारण, अपनी इच्छानुसार ही सब कुछ कर डालता है, तथापि वह उचित बात को सुनने, समझने और तदनुसार काम करने के लिए सदैव तैयार रहता है ।"

भारतीय इतिहास में जाटों की जो उपेक्षा की गई है, उसके दोषी जाट स्वयं किसी से कम नहीं है । जाटों ने लेखकों का कभी सम्मान नहीं किया, न ही कभी खुद लिखा । पीढ़ियों से उनके दो ही काम रहे हैं - देश की पुकार पर युद्ध करना और शान्ति के समय हल चलाकर, अन्न पैदा कर देश का पेट भरना । आज जाटों में पढ़े लिखों की कमी नहीं । उनमें अनेक डी.लिट., पी-एच.डी., एम.ए., बी.ए., आचार्य, शास्त्री, प्रभाकर, ज्ञानी इत्यादि हैं । उनके अपने अनेक कालिज हैं, जिनमें अनेक नवयुवक सुन्दर सुखद भविष्य की कल्पना में लीन हैं । आज जाटों के पास साधनों की भी कमी नहीं है । उनमें अनेक शक्तिशाली पुरुष हैं । पर क्या उनमें से कोई माई का लाल नहीं जो जयचन्द्र विद्यालंकार की तरह अपने जीवन को शोध में लगा दे ? क्या जाटों की कोई संस्था है जो ऐसे जन की रोटी, कपड़े, निवास की व्यवस्था कर सके ? ईरान से इलाहाबाद तक के विशाल भूखंड में जाटों के वीरत्व-पूर्ण बलिदानों की कहानियाँ चप्पा-चप्पा भूमि में बिखरी पड़ी हैं । उनका संग्राहक चाहिये । जीवन की बाजी लगाने वाला चाहिये जो भारतीय इतिहास की अनेक टूटी कड़ियों को मिला सके, अपनी शोध द्वारा ।

दो हजार वर्ष पूर्व दुर्दान्त हूणों के आक्रमण से अपने प्रबल पराक्रम द्वारा जाटों ने भारत की रक्षा की और उन्हें देश से निकाल बाहर किया ।

छठी शताब्दी में जाट राजा हर्षवर्धन उत्तर भारत के सर्वशक्तिमान् सम्राट् थे जिनके राज्य-प्रबन्ध की प्रशंसा चीनी यात्रियों ने भी की है । इन्हीं के राज्य में बाण जैसा कवि था जिसके सम्बन्ध में प्रसिद्ध है कि "बाणोच्छिष्टं जगत् सर्वम्" । संस्कृत साहित्य का कोई ऐसा शब्द न होगा जिसका बाण ने प्रयोग न किया हो । सौलह सौ वर्ष पूर्व उत्तर भारत में जाटों के अनेक उदाहरण थे जिनमें रोहतक का यौधेयगण राज्य सर्वाधिक प्रसिद्ध था । यहाँ के वीर क्षत्रियों ने अपने रक्त की अन्तिम बूंद तक बहाकर पंचायती राज्य की रक्षा के लिए अकथनीय बलिदान दिये । उनके समृद्धिशाली राज्य की कहानी रोहतक का खोखरा कोट पुकार-पुकार कर कह रहा है । थानेसर, कैथल, अग्रोहा, सिरसा, भादरा आदि इनके प्रसिद्ध जनपद थे ।

1025 में जब महमूद गजनवी गुजरात के संसार-प्रसिद्ध देवालय सोमनाथ को लूटकर रेगिस्तान के रास्ते वापिस गजनवी जा रहा था तब भटिंडा के जाट राजा विजयराव ने उसे सिन्ध के मरुस्थल में घेरा और उसकी असंख्य धनराशि अपने कब्जे में की तथा उसे खाली हाथ लौटने के लिए (प्राण बचाकर भागने के लिए) विवश किया । नौ सौ साल पहले बुटाना के जाटों ने अत्याचारी मुगलों को घातरट (सफीदों के पास) के मुकाम पर हराया और गठवाले (मलिक) जाटों ने पठानों को

कलानौर में शिकस्त दी ।

मुगलिया सल्तनत के दौरान में हरियाणा के वीर-पुत्रों ने सर्वखाप पंचायत के मातहत अनेक लड़ाइयां लड़ीं और महत्वपूर्ण बलिदान दिये जो अलग ही लेख का विषय है । औरंगजेब ने ब्रज के गोकुला जाट को मुसलमान न बनने पर जिन्दा चर्खी पर चढ़ा दिया था और माडू जाट की जिन्दा जी खाल (चमड़ी) उतरवा ली थी । उसी समय बोदर के महन्तों की वैरागी फौजों में शामिल होकर जाट मुगलों से निरन्तर संघर्षरत होते रहे ।

महाराजा सूरजमल ने हिन्दू धर्म की रक्षा के लिए जो किया उसे भुलाना कृतघ्नता होगी । ढीली पड़ती मुगलिया सल्तनत की कमजोरी से लाभ उठा उन्होंने विशाल राज्य स्थापित किया । वे शरणागत-वत्सल थे । जिस समय जयपुर पर राजपूताने के राजाओं और मराठों की सम्मिलित शक्ति का आक्रमण हुआ तो महाराजा ईश्वरी सिंह की करुण कथा सुन तथा दूत द्वारा केवल पत्र पुष्प ही ग्रहण कर, बीस सहस्र जाट सैनिकों के साथ आमेर जा पहुंचे । राजपूतों तथा मराठों की सम्मिलित शक्ति को पराजित कर ईश्वरीसिंह को निष्कंटक राजा तो बना ही दिया, अपने शक्ति की धाक भी सब पर जमा दी । वे उस समय उत्तर भारत के सबसे शक्तिशाली राजा थे । जिस समय अहमदशाह अब्दाली ने भारत पर 1761 में चतुर्थ आक्रमण किया और पेशवा के प्रतिनिधि सदाशिवराव भाऊ ने उसके आक्रमण का प्रतिशोध करने के लिए हिन्दू शक्ति का आह्वान किया, उस समय जहाँ राजपूत राजाओं ने भाऊ का साथ देने से इन्कार किया, वहां महाराजा सूरजमल अपने पचास हजार रणबांकुरों को लेकर मैदान में आ पहुंचे । यही नहीं, उन्होंने विशाल मराठा वाहिनी के लिए अपने खजाने से एक महीने का राशन भी दिया ।

बादली के युद्ध में घायल दत्ता जी सिंधिया को उठाकर जाट सैनिक कुम्भेर के दुर्ग में ले गये । अब्दाली के आतंक के कारण दिल्ली के जिस वजीर गाजीउद्दीन को कोई शरण देने के लिए तैयार न था और जो महाराजा सूरजमल का प्रबल विरोधी था, उसे भी उन्होंने शरण दी । यदि सदाशिवराव भाऊ महाराजा सूरजमल की सलाह मान गुरिल्ला युद्ध ठान लेते तथा प्रतापी जाट राजा को अपमानित नहीं करते, तो भारतवर्ष का इतिहास ही दूसरा होता । महाराजा सूरजमल के जाने के बाद भाऊ जब पानीपत के मैदान में खेत रहे, उनका खजाना लुट गया । आज भी हरियाणे में भाऊ की लूट मुहावरे के रूप में प्रसिद्ध है । मराठा सैनिकों और स्त्रियों को कहीं ठिकाना न रहा, तब महाराजा भरतपुर ने अपने दुर्ग के द्वार शरणागतों के लिए खोल दिये । अपने राज्य की प्रजा को आदेश दिया कि वे युद्ध से बचकर

भागे मराठा सैनिकों का यथाशक्ति सम्मान करें । स्वयं भरतपुर दुर्ग से महारानी किशोरी अपनी देख रेख में चालीस-चालीस हजार आहत सैनिकों को दोनों समय भोजन कराती थी । एक पखवाड़े तक यह क्रम जारी रहा । इसके उपरान्त उनको विदा करते समय प्रत्येक बड़े सरदार को एक सहस्र रुपये, प्रत्येक सैनिक को सौ रुपये, लत्ते-कपड़े तथा अन्न दिया और अपनी सेना की देख-रेख में ग्वालियर दुर्ग तक भेजा । यदि महाराजा सूरजमल आड़े न आते तो बहुत थोड़े मराठे नर्मदा पार कर अपने देश को पहुंच पाते । यदि वे बदला लेने पर उतारू होते तो एक भी मराठा सैनिक बचकर ग्वालियर न पहुँच पाता । एक मराठा सरदार लिखता है "महाराजा सूरजमल ने हाथ जोड़ कर हम से कहा - मैं तुम्हारे पास का हूँ, मैं तुम्हारा एक सेवक हूं, यह राज्य तुम्हारा ही है ।" सूरजमल जैसे उदार प्रवृति के मनुष्य संसार में बहुत कम हुए हैं ।

जब महाराजा सूरजमल शाहदरा के पास धोखे से मारे गये तो महारानी किशोरी (होडल के प्रभावशाली सोलंकी जाट नेता चौ. काशीराम की पुत्री) ने महाराजा जवाहरसिंह को एक ही ताने में यह कहकर कि "तुम पगड़ी बांधे हुए फिरते हो, तुम्हारे पिता की पगड़ी शाहदरा के झाऊओं में उलटी पड़ी है", युद्ध के लिए तैयार कर दिया । महाराजा जवाहरसिंह ही पहले हिन्दू नरेश थे जिन्होंने आगरे के किले और दिल्ली के लाल किले को जीतकर विजय वैजयन्ती फहराई थी । दिल्ली के लाल किले के युद्ध में जब किसी भी तरह किला फतह न हो पा रहा था तब महाराजा जवाहरसिंह के मामा और महारानी किशोरीबाई के भाई वीरवर बलराम ने किले के फाटकों के लम्बे-लम्बे कीलों पर छाती अड़ा हाथी के मस्तिष्क पर बड़े-बड़े तवे बन्धवा पीलवान से हाथी हूलने को कहा । हाथी की मार से किले के किवाडों और तवों के बीच में बलराम का शरीर निर्जीव हो उलझ गया पर उनके अमर बलिदान से अजेय दुर्ग के फाटक टूट गए और वह जीत लिया गया । भारतीय इतिहास में ऐसे अपूर्व बलिदान की एक ही कहानी और मिलती है और वह है उदयपुर के महाराणा अमरसिंह के समय रणथम्भोर के आक्रमण में चूड़ावतों व शेखावतों के झगड़े में शेखावत सरदार की आत्माहुति ।

कौन नहीं जानता कि भारतेन्द्र महाराजा जवाहरसिंह ही एकमात्र ऐसे हिन्दू नरेश थे जिन्होंने हिन्दू जाति के मुसलमानों द्वारा नष्ट किये हुए गौरव की रक्षा करके हमारी मान मर्यादा को सुरक्षित किया था । इतिहास-वेत्ता और इतिहास-प्रेमी पाठकों से यह बात छिपी हुई नहीं है कि महमूद गजनवी, चंगेज खां, तैमूरलंग, औरंगजेब आदि मुगल आक्रान्ताओं, लुटेरों और बादशाहों ने हिन्दुओं के अनेक मन्दिरों को तोड़ा, मूर्तियों को खण्डित किया, मंदिरों में शंख, घड़ियाल व घण्टों का

बजाना बंद कर के उनमें आरती होने तक को बंद करा दिया था । अनेक हिन्दुओं को बलात् मुसलमान बना लिया था । यहां तक कि हिन्दुओं की बहिन-बेटियों को छीनकर मुसलमान बना लिया था । यदि इन अत्याचारों का बदला किसी ने लिया तो सच्चे वीर क्षत्रिय महाराजा जवाहरसिंह ने । उन्होंने आगरा आदि नगरों में अपने राज्य बल से मुल्लाओं को प्रातः-सायं बांग देने से रोक दिया था । आगरा की जामा मस्जिद में बाजार लगवा दिया था परन्तु उसे तुड़वाया नहीं । इससे उन्होंने अपनी बुद्धिमत्ता का परिचय दिया था । अन्यथा वे चाहते तो क्षण भर में नष्ट भ्रष्ट करा देते और उसका चिन्ह तक मिटा देते । देहली से लौटते हुए उन्होंने सैंकड़ों नव-मुस्लिमों को जाट बना लिया था, जो आज भी हिन्दू जाति का गौरव बढ़ा रहे हैं । वही एक ऐसे प्रातः स्मरणीय हिन्दू नरेश हुए हैं जिन्होंने सच्चे अर्थों में हिन्दुत्व की रक्षा की तथा अकबर के सिंहासन पर बैठकर आगरे में शासन किया ।

1805 में भरतपुर के दुर्ग पर जब अंग्रेजों ने आक्रमण किया तो महाराजा रणजीत सिंह ने अंग्रेजों के जिस तरह दांत खट्टे किये वह तो इतिहास की अद्वितीय गाथा बन गया है । और उसी समय से यह कहावत प्रसिद्ध हो गई है कि - आठ फिरंगी, नौ गोरे, लड़ें जाट के दो छोहरे । कविवर वियोगी हरि ने भी अपनी वीर सतसई में लिखा है "एही भरतपुर को दुग्ग है, जहं जट्टन के छोहरे .....दिये अंग्रेज सुभट्ट पछारी ।"

मातृभूमि के पैरों में से दासता की बेड़ियाँ उतरवाने के लिए, उसकी स्वतन्त्रता प्राप्ति के हित जो अंग्रेजों के विरुद्ध 1857 का युद्ध लड़ा गया, उसमें सबसे बढ़-चढ़ कर भाग अहीरों और जाटों ने लिया जिसका फल इन्हें अंग्रेजों के राज्य में बहुत बुरे तरह भोगना पड़ा और इन्हें अनेक राज्यों में विभक्त कर दिया गया ।

102 वर्ष पूर्व जींद राज्य के प्रसिद्ध गाँव लजवाना में भूरा अन्द निघांईया दो जाट चौधरी बसते थे । मजदा और दुर्गा के बहकाने से महाराजा जीन्द ने उन पर आक्रमण कर दिया । यह युद्ध छः महीने तक चला । भूरा और निघांईया की मदद चारों ओर की जटैत करती थी जो समय के अनुसार घटती, बढ़ती रहती थी । धन, जन की कभी कमी न रहती थी । भूरा और निघांईया अपने मातहत काम करने वालों को आठ रुपये महीना देते थे । तोपची को सोलह रुपये महीना । सात सौ हेड़ी उनकी फौज में तोपची का काम करते थे । गोला, बारूद, रसद उन्हें रिठाना, फड़वाल और खुडाली (किला जफरगढ़) के ठिकानों से पहुंचती थी । खुडाली में तो पुराने घरों में अब तक शोरा, गन्धक, पुरानी बन्दूक, गंडासे आदि बड़ी तादाद में खुदाई पर निकल आते हैं । इस युद्ध में पटियाला, नाभा, जीन्द आदि राज्यों की बीस हजार से अधिक फौज काम आई थी । अंग्रेजी फौज ने आकर बड़ी कठिनाई से

लजवाना को फतह किया था । आज भी पटियाला के देहात में बहनें यह गीत बड़े दर्द के साथ गाती हैं कि –

"लजवाने, तेरा नाश जाइयो, तैने बड़े पूत खपाये"

हरियाणा के स्वाभिमानी पुरुष अंग्रेजी राज्य की स्थापना के कितने विरुद्ध थे, यह उपर्युक्त घटना से अच्छी तरह ज्ञात हो जाता है । अन्त में भूरा और निघांईया पकड़े गये तथा उन्हें कालवा (जींद राज्य का प्रसिद्ध गांव) में फांसी पर लटका दिया गया । फांसी गांव के बाहर वृक्षों पर दी गई तथा सारे इलाके के लोगों को बुलाकर, जिससे अंग्रेज की दहशत सब पर छा जावे और कोई भी ब्रिटिश प्रभु के खिलाफ सिर न उठ सके ।

सन् 1809 में जब कर्नल वारिन पलटन लेकर भिवानी फतह के लिए गये, उस समय उसके चारों ओर बसने वाले जाटों, राजपूतों, ब्राह्मणों और वैश्यों ने डटकर लोहा लिया था । और तो और, जिन वैश्यों की व्यापारी कहकर उपेक्षा की जाती है, उनके अगुआ ला. नन्दराम अपने चार बेटों के साथ युद्ध में काम आये। कोसली के प्रसिद्ध पंडित तुलसीराम जी अपने भाई तोताराम के साथ अंग्रेजों के विरुद्ध युद्ध में जूझे थे । 1802 में जार्ज थामस ने पहले पहल हरियाणा की भूमि पर कब्जा किया । उसने बेरी, झज्जर, तथा महम अपने अधीन किये, तथा सारे पंजाब पर कब्जा करने का विचार करने लगा । उसकी सफलता का कारण था तत्कालीन राजाओं व नवाबों का आपसी विग्रह । परन्तु हरियाणा वाले जल्दी ही संभल गये और उन्होंने बापू जी सिंधिया तथा भरतपुर के जाट नरेश महाराजा रणजीतसिंह की अध्यक्षता में युद्ध करके जार्ज थाम्स को इस प्रदेश पर से भगा दिया था । बाद में ईस्ट इंडिया कम्पनी की शासन सत्ता छा गई और यहाँ के निवासी सन् 57 तक अन्दर ही अन्दर अंग्रेज के विरुद्ध धधकते रहे । 1857 के स्वातन्त्र्य युद्ध में हरयाणे के राजाओं, नवाबों, सैनिकों और जन साधारण ने जो महत्त्वपूर्ण भाग लिया है, वह अलग ही लेख (लेख नहीं, पुस्तक) का विषय है । इस में कोई सन्देह नहीं कि हरियाणा के वीर पुत्रों (सभी जातियों) ने जो भाग आजादी की लड़ाई में लिया उसका उल्लेख बहुत कम हुआ है । रामपुरा, रिवाड़ी, फर्रुखनगर, बहादुरगढ़, झज्जर, बल्लभगढ़, नसीरपुर (नारनौल), श्यामडी, रोहतक, थानेसर, पानीपत, पानीपत, करनाल,पाई, कैथल, सिरसा, हांसी,नंगली,जमालपुर, हिसार आदि सभी स्थान विद्रोहियों के केन्द्र रहे हैं । उपरोक्त सभी स्थानों पर कुछ न कुछ दिन आजादी के दीवानों की हकूमत रही है । इस लेख में मैं केवल जाटों से सम्बन्धित कुछ बातें लिखूंगा । बाकी लोगों के संबन्ध में अन्य लेखों में ।

10 मई को मेरठ से जो चिन्गारी छूटी वह 11 को देहली आ पहुँची । मेरठ की फौजों

में सबसे अधिक हरियाणे के जाट और राजपूत थे । उनके बाद अहीर । उन फौजी सिपाहियों द्वारा यह आग सारे प्रदेश में व्याप्त हो गई । उस समय तक रोहतक बंगाल के गवर्नर के मातहत था, तथा कमिश्नरी का हेड-क्वार्टर आगरा । यहाँ के डिप्टी कमिश्नर जॉन एडमलौक थे । 23 मई को बहादुरगढ़ में शाही फौज ने प्रवेश किया और 24 मई को रोहतक पहुंची । डिप्टी कमिश्नर गोहाने के रास्ते करनाल भाग गया । रहे हुए अंग्रेज अधिकारी मारे गये । जेल के दरवाजे खोल दिये गये, कचहरी को आग लगा दी गई । शाही दस्ते ने शहर के हिन्दुओं को लूटना चाहा पर जाटों ने ऐसा न करने दिया । दो दिन ठहर कर विद्रोहियों ने खजाने से दो लाख रुपया निकाल लिया । मान्दौठी, मदीना, महम की चौकियाँ लूट ली गईं । सांपला तहसील में आग लगा दी गई । सभी अंग्रेज स्त्रियों को जाटों ने मुस्लिम राजपूतों (रांघड़ों) के विरोध के बावजूद सही सलामत उनके ठिकानों पर पहुंचा दिया । गोहाना पर गठवाले जाटों ने कब्जा जमा लिया । 30 मई को अंग्रेजी फौज अंबाला से रोहतक चली, पर देशी फौजों के बिगड़ने से श्यामडी के जंगल में हार गई । बचे खुचे अंग्रेज दिल्ली को भागे । लुकते-छिपते ये लोग 10 जून को सांपला पहुंचे । डिप्टी कमिश्नर सख्त धूप न सह सकने के कारण अंधा हो गया । रोहतक के विद्रोही 14 जून को दिल्ली पहाड़ी की लड़ाई में सम्मिलित हुए थे । जब अंग्रेज रोहतक पर किसी तरह भी काबू न पा सके तो मजबूर होकर उन्होंने 26 जुलाई सन् 57 को एक घोषणा द्वारा जींद के महाराजा स्वरूपसिंह को सौंप दिया । दिसम्बर के अन्त तक जहां लोग अंग्रेज से लड़ते रहे, वहां जाटों की खापें आपस में भी एक दूसरे पर आक्रमण करती रहीं और बीच-बीच में रांघड़ों और कसाइयों से भी लड़ते रहे ।

जब गदर समाप्त हुआ तो प्रायः सभी गांवों के मुखिया लोगों और खासकर नम्बरदारों को फांसी पर चढ़ा दिया गया था । झज्जर के चारों ओर की सड़कें उल्टे लटके मनुष्यों की लाशों से सड़ उठीं थीं । मुसलमान राजपूत गांवों के नम्बरदारों को तथा श्यामडी गांव के 10 जाट नम्बरदारों व 1 ब्राह्मण को रोहतक की कचहरियों व शहर के बीच नीम के वृक्षों पर (वर्तमान चौधरी छोटूराम की कोठी के सामने के वृक्षों पर) फांसी पर लटका दिया गया था । फांसी देने से पहले दसों जाट नम्बरदारों को बुलाकर अंग्रेज हाकिमों ने पूछा - बोलो क्या चाहते हो ? जाटों ने कहा कि हमारे ग्यारहवें साथी मुल्का ब्राह्मण को छोड़ दो । मुल्का ब्राह्मण ने अपने साथियों से अलग होने से इन्कार कर दिया । उसे भी उनके साथ ही फाँसी दे दी गई । सारी लाशें गाँव में लाकर जलाई गईं । फांसी पाने वालों के खोज करने के बाद 9 नाम जान सका, दो का पता न चला । क्रमशः नाम ये हैं - मुल्का ब्राह्मण,

हरदयाल, श्योगा, हरकू, बहादुरचन्द, जमनासिंह, हरिराम, शिल्का, भाईय्या (सब जाट)।

कप्तान हडसन 16 अगस्त सन् 57 को 12 बजे रोहतक पहुंचा था। उसने कुछ लोगों को इकट्ठे देखकर गोली चला दी जिससे 16 आदमी मारे गये। यह घटना चारों ओर के देहात में फैल गई। अगले दिन 17 अगस्त को सिंहपुरा, सुन्दरपुर, टिटौली आदि के 1500 आदमी चढ़ आये, जिनमें से 50 रणभूमि में ही खेत रहे। झज्जर के नवाब अब्दुर्रहमान को 23 दिसम्बर 1857 को फांसी के तख्ते पर लटका दिया गया। 21 अप्रैल 1958 को बल्लभगढ़ नरेश नाहरसिंह फांसी पर झुला दिये गये और उन्हीं के साथ नवाब झज्जर के तीन वजीरों में से एक वजीर बादली के गुलाबसिंह जाट भी फांसी पर चढ़ा दिये गये। राव तुलाराम व राव कृष्णगोपाल ने जो अतुल पराक्रम दिखाया, वह स्वर्णाक्षरों में अंकित होने योग्य है। इसी अर्से में बहादुरगढ़, दादरी, फरुखनगर के नवाब समाप्त कर दिये गये। फरुखनगर के नवाब मुहम्मद अली खाँ को फांसी दी गई और उनके 11 साथियों को गोली से उड़ा दिया गया। महाराजा नाहरसिंह के साथ फांसी पाने वालों में कुंवर खुशहालसिंह और ठाकुर भूरेसिंह भी थे।

हिसार में सन् 57 में हरियाणवी फौज की लाइट पलटन तैनात थी और 14वां घुड़सवार रिसाला था। पंजाब के तत्कालीन चीफ कमिश्नर सर जान लारेन्स ने एक अनुभवी सेना नायक जनरल वान कोटलैंड को भेजा। हिसार, सिरसा, हांसी और उनके देहात में जहाँ भी, जो भी अंग्रेज फंसा, समाप्त कर दिया गया। जहाँ रोहतक-करनाल के युद्धों में सिक्खों ने अंग्रेजों की सहायता की, वहां हिसार के युद्ध में महाराजा बीकानेर के 800 सिपाही अंग्रेज की ओर से लड़े। हांसी के देहात में जो मारकाट मची, वह रोंगटे खड़े करने वाली है। जो अमानवीय अत्याचार यहाँ हुए, वह लिखे नहीं जा सकते। यदि उनका मुकाबला किया जा सकता है तो सन् 1947 के नरमेध से। जमालपुर मंगली आदि गांव राख के ढेर बना दिये गये। युद्ध की समाप्ति पर देहात से पकड़कर 150 के लगभग लोगों को फांसी पर सरे आम लटका दिया गया।

कुरुक्षेत्र के ब्राह्मणों के आदेश से हरियाणवी फौज ने इलाके के जाटों के साथ मिलकर थानेसर की सरकारी इमारतें जला दीं और तहसील पर कब्जा कर लिया। पाई के जाटों ने कैथल जीत लिया। असन्ध के मुसलमान राजपूत पानीपत तक चढ़ आये। खरखोदा (रोहतक) के लोग दिल्ली की बादशाही फौजों से जा मिले। खरखोदा की देहात के 20 आदमी गोली से उड़ा दिये गये और 14 फाँसी पर लटका दिये गये।

इस तरह हरियाणा के अन्दर फैले विद्रोह को दबाने के लिये सिक्ख व राजपूत फौज के साथ अंग्रेजी फौज ने भारी अत्याचार किये तथा सन् 57 के अन्त तक सम्पूर्ण प्रदेश पर अधिकार कर लिया । लार्ड केनिंग चाहते थे कि हरियाणे की शूरवीर जातियों का सम्मान करना चाहिये । पर जनरल नील और मिंटगुमरी सम्मान करना तो दूर रहा, उजाड़ने पर तुले हुए थे ।

क्रान्ति 1857 में हुई थी पर सन् 1902 तक हरियाणा की सड़कें व जंगल उजाड़े जाते रहे । ग्रामों में संस्कृत की पाठशालायें बंद की गईं । मन्दिर उजाड़े गये । दो और तीन हजार के बीच पंचायतें तोड़ीं गईं । न्यायालयों में हिन्दी के स्थान पर उर्दू जारी की गई । जिन पंजाब वालों से हरियाणा का न रहन-सहन मिलता है न बोल-चाल, उन्हीं के साथ हरयाणा को आगरा से अलग कर मिला दिया गया । कुछ भाग जीन्द, नाभा, पटियाला की रियासतों के साथ मिला दिये गये । पंजाब के मुकाबले में इस प्रदेश की भारी उपेक्षा की गई । नये-नये कर लगाये गये । यहाँ के पैसे से पंजाब में नहरें निकाली गईं । कर्नल रैनक अंग्रेज को डिप्टी कमिशनर बनाकर, 20 वर्ष तक बारी-बारी करनाल, रोहतक, हिसार, गुडगाँव जिलों में भेजा जाता रहा जो इस प्रदेश के स्वाभिमानी वीर क्षत्रियों के हृदयों को ठेस लगाता रहा । उसने क्रान्ति में भाग लेने वाले अनेकों वंशों की जागीरें छीनीं, अमानुषिक दंड दिये । पर कर्नल रैनक के अत्याचार भी इस प्रदेश की वीरतापूर्ण भावना को दबा न सके ।

ऋषि दयानन्द की कृपा इस प्रदेश पर हुई, आर्यसमाज का प्रचार धीरे-धीरे बढ़ा । सभी जाट आर्यसमाजी हो गये । स्वदेशी की भावना पनपी । जहाँ उन्होंने सन् १९१४ के विश्व युद्ध में फौज में भरती होकर जर्मनी जैसी विश्वशक्ति को युद्ध में पछाड़ा (पहले विश्व-युद्ध में 6 नं. जाट पलटन के जौहर प्रसिद्ध हैं, उनके शौर्य की प्रशंसा शत्रुओं ने भी की है), वहाँ उन्हीं दिनों उनके कानों में जाट सरदार अजीत सिंह की यह आवाज भी पड़ी कि "पगड़ी संभाल ओ जट्टा, पगड़ी संभाल" । उन्होंने गांधी जी के आन्दोलनों में बढ़ चढ़ कर भाग लिया तथा अनेक लोगों ने घर-द्वार छोड़ देश की आजादी के लिये सर्वस्व न्यौछावर किया ।

राजा महेन्द्र प्रताप आजादी की चसक में रियासत छोड़कर 33 साल तक संसार के अनेक देशों की खाक छानते फिरे परन्तु उनके बलिदान की कीमत किसने की ? आज अनेकों नकारा राजनीतिज्ञ राज्यपाल बने बैठे हुए हैं पर राजा जी लोकसभा में आये तो कांग्रेस के विरोध में ।

द्वितीय विश्वयुद्ध में जब जनरल मोहनसिंह ने आजाद हिन्द फौज बनाई और नेता जी सुभाषचन्द्र बोस ने उसका नेतृत्व संभाला तब उसमें सबसे बड़ी संख्या जाटों की थी । यह बात दूसरी है कि इन्हें वह यश नहीं मिला जो दूसरे लोगों

को । कर्नल दिलसुखमान इतने सीनियर आफीसर थे कि वे आज स्थल सेनाध्यक्ष होते । पर आज वे आजाद हिन्द फौज के कारण घर बैठे हैं, उन्हें कोई पूछने वाली नहीं । मान्दौठी के कप्तान कंवलसिंह ने नेता जी सुभाषचन्द्र के साथ बर्लिन से टोकियो तक पनडुब्बी में यात्रा की और रंगून से जापान के लिए उड़ने से पहले तक उनके साथ रहे, इस बात को कौन जानता है ? काश्मीर युद्ध में रिटौली, कबूलपुर के जमादार हरद्वारीलाल ने 10 हजार फुट की उंचाई पर टैंक चढ़ाकर संसार में अद्भुत आश्चर्य उत्पन्न किया था । आज तक कोई भी इतनी उंचाई तक टैंक नहीं चढ़ा सका है । समाल गाँव के हुशियारसिंह अभी पिछले दिनों नागा पहाड़ियों में नागाओं से लड़ते हुए काम आये । भगत सिंह क्रांति की ज्वाला जलाते-जलाते फाँसी पर झूल गये । ऊधमसिंह सात समुद्र पर जनरल ओडायर को मारकर बलि हो गये । ऊधमसिंह- ताराचन्द अभी पिछले दिनों जोधपुर में डाकू कल्याणसिंह के मुकाबले में कुर्बान हो गये और उनकी कुर्बानी का ही यह परिणाम है कि आज राजस्थान, पाकिस्तान की सीमा डाकू-विहीन हो गई है ।

जिन मिस्टर जिन्ना से सारे हिन्दुस्तान के राजनीतिज्ञ मुकाबला करते घबराते थे, उन्हीं जिन्ना साहब को विचक्षण जाट राजनीतिज्ञ चौधरी छोटूराम ने कान पकड़कर पंजाब से निकाल दिया था । सन् 42 में भक्त फूलसिंह जी आतताइयों के हाथ कत्ल हो गये । स्वामी स्वतंत्रानंद जी महाराज गोरक्षा के लिए बलि हो गये ।

सन् 1947 के गृह-युद्ध में यदि जाट गिरिराजशरणसिंह उर्फ़ बच्चू सिंह के नेतृत्व में मेव आक्रमण का मुकाबला न करते तो भारतीय इतिहास की धारा ही दूसरी होती और शायद दिल्ली हमारी न होती । इस गृह-युद्ध में जाट लोगों ने जिस वीरता के साथ भाग लिया है, वह किरी जानकार की लेखनी ही लिख सकती है । यह लम्बी कहानी है । वर्तमान हिन्दी सत्याग्रह संग्राम में जाटों ने ही सब से बढ़-चढ़कर बलिदान दिया । हैदराबाद में घर्मयुद्ध में सबसे अधिक सत्याग्रही हरियाणा से गये और उनमें भी सबसे ज्यादा थे जाट । पर जो यश उन्हें मिलना चाहिए था, नहीं मिला । आज भी जाटों में बलिदाताओं की कमी नहीं है । यदि कमी है तो उनको प्रकाश में लाने वालों की । हो सकता है नई पढ़ी-लिखी सन्तति इस तरफ कुछ ध्यान देकर विशाल भू-प्रदेश में बिखरे अपने इतिहास को संग्रहीत करने का प्रयत्न करे । जाटों का इतिहास उत्तर भारत का इतिहास है । आर्यों के विशाल साम्राज्य का इतिहास है ।

काश ! जाट तलवार की तरह कलम का भी धनी होता तो उनका इतिहास यों छिन्न-भिन्न न होता । इस धर्म-निरपेक्ष गणतन्त्र में ते संभल जायें तो भी अच्छा

है । आशा है दूसरे लोग भी जाटों से बिदकना छोड़कर इनकी उदारता से नाजायज लाभ उठाना छोड़ेंगे ।

जिला रोहतक के पश्चिम में (जहाँ रोहतक की सीमा समाप्त होकर जींद की सीमा प्रारम्भ होती है), रोहतक से 25 मील पश्चिम और पटियाला संघ के जीन्द शहर से 15 मील पूर्व में लजवाना नाम का प्रसिद्ध गांव है । सौ साल पहले उस गांव में दलाल गोत के जाट बसते थे । गांव काफी बड़ा था । गांव की आबादी पांच हजार के लगभग थी । हाट, बाजार से युक्त गाँव धन-धान्य पूर्ण था । गांव में 13 नम्बरदार थे । नम्बरदारों के मुखिया भूरा और तुलसीराम नाम के दो नम्बरदार थे । तुलसीराम नम्बरदार की स्त्री का स्वर्गवास हो चुका था । तुलसी रिश्ते में भूरा का चाचा लगता था । दोनों अलग-अलग कुटुम्बों के चौधरी थे । भूरे की इच्छा के विरुद्ध तुलसी ने भूरे की चाची को लत्ता (करेपा कर लिया) उढ़ा लिया जैसा कि जाटों में रिवाज है । भूरा के इस सम्बंध के विरुद्ध होने से दोनों कुटुम्बों में वैमनस्य रहने लगा ।

समय बीतने पर सारे नम्बरदार सरकारी लगान भरने के लिये जींद गये । वहाँ से अगले दिन वापिसी पर रास्ते में बातचीत के समय भोजन की चर्चा चल पड़ी । तुलसी नम्बरदार ने साथी नम्बरदारों से अपनी नई पत्नी की प्रशंसा करते हुए कहा कि "साग जैसा स्वाद (स्वादिष्ट) म्हारे भूरा की चाची बणावै सै, वैसा और कोई के बणा सकै सै ?" भूरा नम्बरदार इससे चिड़ गया । उस समय तक रेल नहीं निकली थी, सभी नम्बरदार घर पैदल ही जा रहे थे । भूरा नम्बरदार ने अपने सभी साथी पीछे छोड़ दिये और डग बढ़ाकर गांव में आन पहुंचा । आते ही अपने कुटुम्बी जनों से अपने अपमान की बात कह सुनाई । अपमान से आहत हो, चार नौजवानों ने गांव से जीन्द का रास्ता जा घेरा । गांव के नजदीक आने पर सारे नम्बरदार फारिग होने के लिए जंगल में चले गए । तुलसी को हाजत न थी, इसलिए वह घर की तरफ बढ़ चला । रास्ता घेरने वाले नवयुवकों ने गंडासों से तुलसी का काम तमाम कर दिया और उस पर चद्दर उढ़ा गांव में जा घुसे । नित्य कर्म से निवृत्त हो जब बाकी के नम्बरदार गांव की ओर चले तो रास्ते में उन्होंने चद्दर उठाकर देखा तो अपने साथी तुलसीराम नम्बरदार को मृतक पाया । गांव में आकर तुलसी के कत्ल की बात उसके छोटे भाई निघांईया को बताई । निघांईया ने जान लिया कि इस हत्या में भूरा का हाथ है । पर बिना विवाद बढ़ाये उसने शान्तिपूर्वक तुलसी का दाह कर्म किया तथा समय आने पर मन में बदला लेने की ठानी ।

कुछ दिनों बाद रात के तीसरे पहर तुलसीराम के कातिल नौजवानों को निघांईया नम्बरदार (भाई की मृत्यु के बाद निघांईया को नम्बरदार बना दिया

गया था) के किसी कुटुम्बीजन ने तालाब के किनारे सोता देख लिया और निघांईया को इसकी सूचना दी । चारों नवयुवक पशु चराकर आये थे और थके मांदे थे । बेफिक्री से सोए थे । बदला लेने का सुअवसर जान निघांईया के कुटुम्बीजनों ने चारों को सोते हुए ही कत्ल कर दिया । प्रातः ही गांव में शोर मच गया और भूरा भी समझ गया कि यह काम निघांईया का है । उसने राजा के पास कोई फरियाद नहीं की क्योंकि जाटों में आज भी यही रिवाज चला आता है कि वे खून का बदला खून से लेते हैं । अदालत में जाना हार समझते हैं । जो पहले राज्य की शरण लेता है वह हारा माना जाता है और फिर दोनों ओर से हत्यायें बन्द हो जाती हैं । इस तरह दोनों कुटुम्बों में आपसी हत्याओं का दौर चल पड़ा ।

तहसीलदार साहब को जीन्द के आस-पास के खतरनाक गांव-समूह "कंडेले और उनके खेड़ों" (जिनके विषय में उस प्रदेश में मशहूर है कि "आठ कंडेले, नौ खेड़े, भिरड़ों के छते क्यों छेड़े") की जमीन के बंटवारे का काम सौंपा गया । तहसीलदार ने जाते ही गाँव के मुखिया नम्बरदारों और ठौळेदारों को बुला कर डांट दी कि "जो अकड़ा, उसे रगड़ा" । सहमे हुए गांव के चौधरियों ने तहसीलदार को ताना दिया कि - ऐसे मर्द हो तो आओ 'लजवाना' जहाँ की धरती कटखानी है (अर्थात् मनुष्य को मारकर दम लेती है) । तहसीलदार ने इस ताने (व्यंग) को अपने पौरुष का अपमान समझा और उसने कंडेलों की चकबन्दी रोक, घोड़ी पर सवार हो, "लजवाना" की तरफ कूच किया । लजवाना में पहुंच, चौपाल में चढ़, सब नम्बरदारों और ठौळेदारों को बुला उन्हें धमकाया । अकड़ने पर सबको सिरों से साफे उतारने का हुक्म दिया । नई विपत्ति को सिर पर देख नम्बरदारों और गांव के मुखिया, भूरा व निघांईया ने एक दूसरे को देखा । आंखों ही आंखों में इशारा कर, चौपाल से उतर सीधे मौनी बाबा के मंदिर में जो कि आज भी लजवाना गांव के पूर्व में एक बड़े तालाब के किनारे वृक्षों के बीच में अच्छी अवस्था में मौजूद है, पहुंचे और हाथ में पानी ले आपसी प्रतिशोध को भुला तहसीलदार के मुकाबले के लिए प्रतिज्ञा की । मन्दिर से दोनों हाथ में हाथ डाले भरे बाजार से चौपाल की तरफ चले । दोनों दुश्मनों को एक हुआ तथा हाथ में हाथ डाले जाते देख गांव वालों के मन आशंका से भर उठे और कहा "आज भूरा निघांईया एक हो गये, भलार (भलाई) नहीं है ।" उधर तहसीलदार साहब सब चौधरियों के साफे सिरों से उतरवा उन्हें धमका रहे थे और भूरा तथा निघांईया को फौरन हाजिर करने के लिए जोर दे रहे थे । चौकीदार ने रास्ते में ही सब हाल कहा और तहसीलदार साहब का जल्दी चौपाल में पहुंचने का आदेश भी कह सुनाया । चौपाल में चढ़ते ही निघांईया नम्बरदार ने तहसीलदार साहब को ललकार कर कहा, "हाकिम साहब, साफे मर्दों के बंधे हैं, पेड़

के खुंडों (स्तूनों) पर नहीं, जब जिसका जी चाहा उतार लिया ।" तहसीलदार बाघ की तरह गुर्राया । दोनों ओर से विवाद बढ़ा । आक्रमण, प्रत्याक्रमण में कई जन काम आये । छूट, छुटा करने के लिए कुछ आदमियों को बीच में आया देख भयभीत तहसीलदार प्राण रक्षा के लिए चौपाल से कूद पड़ौस के एक कच्चे घर में जा घुसा । वह घर बालम कालिया जाट का था । भूरा, निघांईया और उनके साथियों ने घर का द्वार जा घेरा । घर को घिरा देख तहसीलदार साहब बुखारी में घुसे । बालम कालिया के पुत्र ने तहसीलदार साहब पर भाले से वार किया, पर उसका वार खाली गया । पुत्र के वार को खाली जाता देख बालम कालिया साँप की तरह फुफकार उठा और पुत्र को लक्ष्य करके कहने लगा–

जो जन्मा इस कालरी, मर्द बड़ा हड़खाया । तेरे तैं यो कारज ना सध, तू बेड़वे का जाया ॥

अर्थात् - जो इस लजवाने की धरती में पैदा होता है, वह मर्द बड़ा मर्दाना होता है । उसका वार कभी खाली नहीं जाता । तुझसे तहसीलदार का अन्त न होगा क्योंकि तेरा जन्म यहां नहीं हुआ, तू बेड़वे में पैदा हुआ था । (बेड़वा लजवाना गांव से दश मील दक्षिण और कस्बा महम से पाँच मील उत्तर में है । अकाल के समय लजवाना के कुछ किसान भागकर बेड़वे आ रहे थे, यहीं पर बालम कालिए के उपरोक्त पुत्र ने जन्म ग्रहण किया था)।

भाई को पिता द्वारा ताना देते देख बालम कालिए की युवति कन्या ने तहसीलदार साहब को पकड़कर बाहर खींचकर बल्लम से मार डाला ।

मातहतों द्वारा जब तहसीलदार के मारे जाने का समाचार महाराजा जीन्द को मिला तो उन्होंने "लजवाना" गाँव को तोड़ने का हुक्म अपने फौज को दिया । उधर भूरा-निघांईया को भी महाराजा द्वारा गाँव तोड़े जाने की खबर मिल चुकी थी । उन्होंने राज-सैन्य से टक्कर लेने के लिए सब प्रबन्ध कर लिये थे । स्त्री-बच्चों को गांव से बाहर रिश्तेदारियों में भेज दिया गया । बूढ़ों की सलाह से गाँव में मोर्चे-बन्दी कायम की गई । इलाके की पंचायतों को सहायता के लिए चिट्ठी भेज दी गई । वट-वृक्षों के साथ लोहे के कढ़ाये बांध दिये गए जिससे उन कढ़ाओं में बैठकर तोपची अपना बचाव कर सकें और राजा की फौज को नजदीक न आने दें । इलाके के सब गोलन्दाज लजवाने में आ इकट्ठे हुए । महाराजा जीन्द की फौज और भूरा-निघांईया की सरदारी में देहात निवासियों की यह लड़ाई छः महीने चली । ब्रिटिश इलाके के प्रमुख चौधरी दिन में अपने-अपने गांवों में जाते, सरकारी काम-काज से निबटते और रात को लजवाने में आ इकट्ठे होते । अगले दिन होने वाली लड़ाई के लिए सोच विचार कर प्रोग्राम तय करते । गठवालों के चौधरी रोज झोटे में भरकर

गोला बारूद भेजते थे । राजा की शिकायत पर अंग्रेजी सरकार ने वह भैंसा पकड़ लिया ।

जब महाराजा जीन्द (सरदार स्वरूपसिंह) किसी भी तरह विद्रोहियों पर काबू न पा सके तो उन्होंने ब्रिटिश फौज को सहायता के लिए बुलाया । ब्रिटिश प्रभुओं का उस समय देश पर ऐसा आतंक छाया हुआ था कि तोपों के गोलों की मार से लजवाना चन्द दिनों में धराशायी कर दिया गया । भूरा-निघांईया भाग कर रोहतक जिले के अपने गोत्र बन्धुओं के गाँव चिड़ी में आ छिपे । उनके भाइयों ने उन्हें तीन सौ साठ के चौधरी श्री दादा गिरधर के पास आहूलाणा भेजा । (जिला रोहतक की गोहाना तहसील में गोहाना से तीन मील पश्चिम में गठवाला गौत के जाटों का प्रमुख गांव आहूलाणा है । गठवालों के हरियाणा प्रदेश में 360 गांव हैं । कई पीढ़ियों से इनकी चौधर आहूलाणा में चली आती है । अपने प्रमुख को ये लोग "दादा" की उपाधि से विभूषित करते हैं । इस वंश के प्रमुखों ने कभी कलानौर की नवाबी के विरुद्ध युद्ध जीता था । स्वयं चौधरी गिरधर ने ब्रिटिश इलाके का जेलदार होते हुए भी लजवाने की लड़ाई तथा सन् 1857 के संग्राम में प्रमुख भाग लिया था) ।

जब ब्रिटिश रेजिडेंट का दबाव पड़ा तो डिप्टी कमिश्नर रोहतक ने चौ. गिरधर को मजबूर किया कि वे भूरा-निघांईया को महाराजा जीन्द के समक्ष उपस्थित करें । निदान भूरा-निघांईया को साथ ले सारे इलाके के मुखियों के साथ चौ. गिरधर जीन्द राज्य के प्रसिद्ध गांव कालवा (जहां महाराजा जीन्द कैम्प डाले पड़े थे), पहुंचे तथा राजा से यह वायदा लेकर कि भूरा-निघांईया को माफ कर दिया जावेगा, महाराजा जीन्द ने गिरधर से कहा - मर्द दी जबान, गाड़ी दा पहिया, टुरदा चंगा होवे है"। दोनों को राजा के रूबरू पेश कर दिया गया । माफी मांगने व अच्छे आचरण का विश्वास दिलाने के कारण राजा उन्हें छोड़ना चाहता था, पर ब्रिटिश रेजिडेंट के दबाव के कारण राजा ने दोनों नम्बरदारों (भूरा व निघांईया) को फांसी पर लटका दिया ।

दोनों नम्बरदारों को 1856 के अन्त में फांसी पर लटकवा कर राजा ने ग्राम निवासियों को ग्राम छोड़ने की आज्ञा दी । लोगों ने लजवाना खाली कर दिया और चारों दिशाओं में छोटे-छोटे गांव बसा लिए जो आज भी "सात लजवाने" के नाम से प्रसिद्ध हैं । मुख्य लजवाना से एक मील उत्तर-पश्चिम में "भूरा" के कुटुम्बियों ने "चुडाली" नामक गांव बसाया । भूरा के बेटे का नाम मेघराज था ।

मुख्य लजवाना ग्राम से ठेठ उत्तर में एक मील पर निघांईया नम्बरदार के वंशधरों ने "मेहरड़ा" नामक गांव बसाया ।

जिस समय कालवे गांव में भूरा-निघांईया महाराजा जीन्द के सामने हाजिर किये गए थे, तब महाराजा साहब ने दोनों चौधरियों से पूछा था कि "क्या तुम्हें हमारे खिलाफ लड़ने से किसी ने रोका नहीं था ?" निघांईया ने उत्तर दिया - मेरे बड़े बेटे ने रोका था । सूरजभान उसका नाम था । राजा ने निघांईया की नम्बरदारी उसके बेटे को सौंप दी । अभी दो साल पहले निघांईया के पोते दिवाना नम्बरदार ने नम्बरदारी से इस्तीफा दिया है । इसी निघांईया नम्बरदार के छोटे पुत्र की तीसरी पीढ़ी में चौ. हरीराम थे जो रोहतक के दस्युराज 'दीपा' द्वारा मारे गए । इन्हीं हरीराम के पुत्र दस्युराज हेमराज उर्फ 'हेमा' को (जिसके कारण हरियाणे की जनता को पुलिस अत्याचारों का शिकार होना पड़ा था और जिनकी चर्चा पंजाब विधान सभा, पंजाब विधान परिषद और भारतीय संसद तक में हुई थी), विद्रोहात्मक प्रवृत्तियाँ वंश परम्परा से मिली थीं और वे उनके जीवन के साथ ही समाप्त हुईं ।

लजवाने को उजाड़ महाराजा जीन्द (जीन्द शहर) में रहने लगे । पर पंचायत के सामने जो वायदा उन्होंने किया था उसे वे पूरा न कर सके, इसलिए बड़े बेचैन रहने लगे । स्वतंत्रता के बाद 1947 में सरदार पटेल ने रियासतें समाप्त कर दीं । महाराजा जीन्द के प्रपौत्र जीन्द शहर से चन्द मील दूर भैंस पालते हैं और दूध की डेरी खोले हुए हैं । समय बड़ा बलवान है । सौ साल पहले जो लड़े थे, उन सभी के वंश नामशेष होने जा रहे हैं । समय ने राव, रंक सब बराबर कर दिये हैं । समय जो न कर दे वही थोड़ा है । समय की महिमा निराली है ।

लेखक

लेखक

रनवीर सिंह (तोमर) आत्मज स्व. श्री दिलीप सिंह

बी.ई. (इलेक्ट्रिकल), एफ.आई.ई., चार्टर्ड इंजिनियर .

जन्म – 02 जुलाई 1955

जन्म स्थान - गांव - नगला भूपसिंह, डाकघर - पिसावा, जिला अलीगढ़, उत्तर प्रदेश 202155.

शिक्षा – बी. एस सी. इंजीनियरिंग (इलेक्ट्रिकल) अलीगढ़ मुस्लिम यूनिवर्सिटी अलीगढ़ उ.प्र. (1978).

सेवा – मध्य प्रदेश विद्युत मंडल (1979 से 2015), 36 वर्ष, सेतानिवृत्त - अति. मुख्य अभियन्ता.

वर्तमान – फेकल्टी मेम्बर पावर डिस्ट्रीब्यूशन ट्रेनिंग सेंटर भोपाल.

वर्तमान निवास – मकान न. डुप्लेक्स - 11, कुटुम्ब अपार्टमेंट बलवन्त नगर, यूनिवर्सिटी रोड ठाठीपुर, ग्वालियर म.प्र. 474002.

अभिरुचि – पुस्तक अध्ययन, इलेक्ट्रिकल विषयों पर लेक्चर देना, सामाजिक गतिविधियाँ, वृक्षारोपण कार्य आदि.

अणु डाक – er.rsingh55@gmail.com , चलित दूरभाष +91 9425137463 .

प्रकाशित पुस्तकें – चौरासी का चक्कर, ऊर्जा संरक्षण एवं अक्षय उर्जा, विद्युत – सुरक्षा एवं उपचार, जाट संत, विद्युत वितरण संचालन और संधारण, जटवारा चम्बल सिंध, ज्योतिष और भारतीय पर्व, विद्युत ऊर्जा मीटर, अर्थिंग (भू

संयोजन), विद्युत वितरण ट्रांसफार्मर, जाट कवि, विद्युत उपकेन्द्र, तोमर(तंवर – तनवर) (प्रकाशक – नोशन प्रेस/Notion Press, वितरक – नोशन प्रेस, अमेज़न, फ्लिपकार्ट).